北京航空航天大学网络教育规划教材

西方经济学

（宏观部分）

主　编　宋晓东

北京航空航天大学出版社

内容简介

宏观经济学是现代西方经济学的重要分支，重点考察国民经济各有关总量的决定及其变动，包括经济资源的利用问题、国民收入决定理论、就业理论、通货膨胀理论、经济周期理论、经济增长理论以及财政与货币政策等。

为了适应高等教育改革的需要，本书在内容安排上突出理论与实践的结合，增加案例和拓展阅读模块，适合作为本科生宏观经济学的教材，同时也可作为非经济专业学生和对经济学感兴趣的自学者学习宏观经济学的参考书。

图书在版编目(CIP)数据

西方经济学. 宏观部分 / 宋晓东主编. -- 北京 :
北京航空航天大学出版社，2015.1
ISBN 978-7-5124-1612-3

Ⅰ. ①西… Ⅱ. ①宋… Ⅲ. ①西方经济学—高等学校—教材②宏观经济学—高等学校—教材 Ⅳ. ①F091.3 ②F015

中国版本图书馆 CIP 数据核字(2014)第 241221 号

西方经济学(宏观部分)
主 编 宋晓东
责任编辑 王慕冰
*
北京航空航天大学出版社出版发行
北京市海淀区学院路 37 号(邮编 100191) http://www.buaapress.com.cn
发行部电话:(010)82317024 传真:(010)82328026
读者信箱：goodtextbook@126.com 邮购电话:(010)82316936
北京时代华都印刷有限公司印装 各地书店经销
*
开本:787×1 092 1/16 印张:12.75 字数:326 千字
2015 年 1 月第 1 版 2015 年 1 月第 1 次印刷 印数:3 000 册
ISBN 978-7-5124-1612-3 定价:26.00 元

西方经济学(宏观部分)

编委会

主　编:宋晓东

副主编:张　广　刘德生

编委会委员:(按姓氏笔画排序)

乐小云　冯文全　陈志英　林贵平　姚小玲

胡象明　赵延永　贾国柱　曹　炎

序

现代远程教育是运用计算机网络和多媒体技术、卫星和电子通信技术等现代信息技术进行系统教学和通信交互的一种新型教育形式。国务院在1999年1月13日批准的《面向21世纪教育振兴行动计划》中，明确提出了“实施‘现代远程教育工程’，形成开放式教育网络，构建终身学习体系”的任务。为了大力发展远程教育，1999年教育部先后批准了68所高等学校开展现代远程教育试点工作，到2013年，网络教育注册学生数高达900多万，试点高校开发的网络课程超过1万门，开发的网络课件超过2万个。今天，网络教育已成为人们接受继续教育和终身学习的重要形式，成为构建终身教育体系和学习型社会的基础和平台。特别是试点高校通过网络技术将优质教育资源向西部纵深传播，有力地促进了全国高等教育的均衡发展，在逐渐形成自己独特的理论体系，成为我国高等教育重要组成部分的同时，实现了数万学生的大学梦，为我国高等教育大众化和全民终身教育做出了重要贡献。可以毫不夸张地说，网络教育已经成为中国在新世纪增强综合国力、实现高等教育跨越式发展的重要手段。

北京航空航天大学作为教育部正式批准开展现代远程教育试点工作的高校之一，于2002年成立现代远程教育学院。学院始终秉承“尚德务实、求真拓新”的优良传统，秉承“德才兼备、知行合一”的北航校训，坚持以区域行业建设需求为导向，利用现代信息技术，充分整合自身的教育资源，不断完善现代远程教育的开放教学体系，竭诚为渴望继续学习寻求知识的学子们提供突破时空限制的学习机会。经过十多年的发展，北京航空航天大学现代远程教育学院已经成为具有先进的办学理念、完善的教学管理平台、健全的学科专业体系、丰富的课件资源，并拥有一支高素质管理团队的特色鲜明的网络学院。

为了满足广大网络教育学生对学习资源的需求，保证网络教育学习资源的质量，北京航空航天大学现代远程教育学院组织了一批相关专业的教授、专家，与北京航空航天大学出版社合作，成立了专门的编审委员会，按照教育部关于网络教育要“积极发展，规范管理，强化服务，提高质量，改革创新”的指导方针，共同进行北京航空航天大学现代远程教育规划教材的编写、设计和出版工作。旨在积极发掘信息技术飞速发展时代远程教育学习者学习方式的新特点和新需求，以印刷版、光盘版和网络版立体化教材的范式探索、构建符合现代远程教育学习的优质资源。

出版现代远程教育系列教材,不仅是一项创新工程,也是进一步发展北京航空航天大学网络教育的基础工程。本系列教材的使用对象主要是现代远程教育本、专科学生。作为一套网络学历教育的系列教材,编写的总体原则是重视学生自学能力的培养,提高学生的实践应用能力。教材内容适应对成人高等教育应用型、技能型人才培养上的需要。教学设计适应地域多元、特征独特的远程教育学生自主学习的需要,培养适应学习型社会的终身学习者。另外,在组织相关专业领域专家、学者对远程教材进行一体化设计和开发中,强调发挥多种媒体教材各自独特的教学功能,实现优势互补,突出与远程教育的教学环境、教学系统、教学平台相结合的特点,注重对学生学习过程、学习活动、教学交互、学习评价及其反馈的设计和实现,为广大学生提供远程教育优质教材资源。

最后,衷心祝愿我国的现代远程教育发展愈来愈好,为社会输送更多应用型、技能型人才。

限于网络教育的不断发展和编者的水平,书中难免有不足之处,诚恳希望广大读者与同行提出宝贵意见。

魏志敏

2014 年 5 月 16 日

前　言

正如本套教材的微观部分所言，经济学的研究包含两个方面的内容：一是微观经济学，二是宏观经济学。如果说微观经济学重点是关注个人和家庭等的个量研究，那么宏观经济学则多是注重从整体上对一国的经济进行总量考察。进一步讲，宏观经济学研究的问题主要有：一国的经济增长是由什么决定的；是什么引起一国经济的周期性波动；是什么导致了失业；为什么会产生通货膨胀；全球经济体系对一国经济的运行有何影响；宏观经济政策如何才能改善一国的经济运行状况……

政府与市场的关系是宏观经济学的一条永恒的主旋律。我国从经济体制改革开始，就在探索建立有中国特色的社会主义市场经济体制，怎样将西方经济运营功能之所长为我所用，这是当前我国经济建设的重大课题。在市场经济发展方面，发达资本主义国家拥有系统的理论与丰富的实践经验，学习经济学不仅可以帮助我们了解资本主义经济的基本内容和实质，了解经济学家分析问题和解决问题的思维方式，还有助于更好地进行经济决策。

本书作为教科书，编者力图按照国家教育部高等学校教学大纲的要求编写，使之能全面和系统地介绍经济学的基本理论和方法。在编写中，编者借鉴和参考了国内外近年来的宏观经济学教科书，并采取了实用主义的观点，对名家大师的理论进行了整合。为了适应短学时的教学实际，书中没有更多地说明理论的发展过程和不同学派的争论，而是采用了简洁易懂的语言或者通俗的定义，直接介绍原理和应用，直接提出问题与解决问题。所以，全书以比较少的篇幅覆盖了较多内容。

本书在编写过程中有如下几大特点：

第一，提纲挈领，深入浅出。在章节伊始，通过“本章知识结构框架图”、“知识导引”、“本章学习目标”和“关键概念”引领读者进入本章的学习，提醒读者把握本章的核心知识和精髓。

第二，体系完备，内容详实。在章节当中，丰富的知识点能使读者形成完整的知识体系，并且知识点与相应案例及计算例题结合，引导读者理论联系实际，适合远程教育和继续教育的学生学习。

第三，夯实重点，开阔视野。在章节结束，通过“本章小结”、“自测题”帮助读者复习和记忆本章的知识并检查自己的学习效果；通过“拓展阅读”培养读者独特的分析视角,增强读者的经济学思维。

全书由北京航空航天大学宋晓东担任主编,并负责审核、修改和定稿。感谢方卫国教授以及胡婷婷、王丹、刘瑞琪、李佳鸿、王越、方研、曹宏鹏、闫琦、石小倩、黄河、于晓、张钊等同志为本书编写提供的帮助及宝贵意见;感谢北京航空航天大学出版社编辑老师们的悉心工作。

本书参阅了大量的国内外文献,这里谨向文献作者深表谢意!由于时间仓促,编者的水平和经验有限,书中难免有疏漏或者不足之处,恳请读者斧正。

编　者

2014 年 8 月 18 日

本书配有教学课件,请发邮件至 goodtextbook@126.com 或致电 010 - 82317036 申请索取。

目　录

第一章　导　论

◎ **本章知识结构框架图**

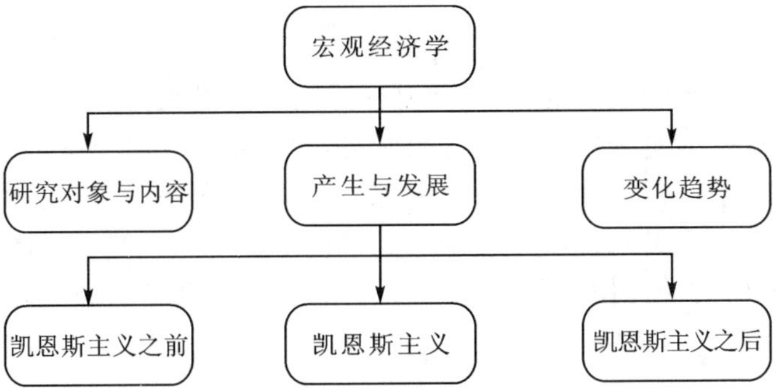

◎ **知识导引**

宏观经济学又称总量经济学、大经济学，是现代西方经济学的重要分支，重点考察国民经济各有关总量的决定及其变动。本章主要介绍宏观经济学的研究对象、研究内容和研究方法，并梳理了宏观经济学理论体系的产生、发展及其变化趋势。

◎ **本章学习目标**

◇ 掌握宏观经济学研究的对象、内容和方法。

◇ 了解宏观经济学的产生和发展。

◇ 了解现代宏观经济学的变化趋势。

◎ **关键概念**

宏观经济学	总量分析	合成推理错误
增长经济学	发展经济学	国际经济学

第一节　宏观经济学的研究内容与方法

"宏观"一词来源于希腊文(Makros)，表示"大"的意思。宏观经济通常是指一国的整体经济。宏观经济学，从字面上简单理解就是指有关宏观的、大的经济问题的理论。从各国的情况看，宏观经济问题主要有：一国的经济增长是由什么决定的；是什么引起一国经济的周期性波动；是什么导致了失业；为什么会产生通货膨胀；全球经济体系对一国经济的运行有何影响；宏观经济政策如何才能改善一国的经济运行状况等。宏观经济学正是要通过对整体经济运行的分析来说明产生这些问题的原因，宏观经济政策也正是要寻求解决这些问题的方法。

一、宏观经济学的研究对象

宏观经济学也研究经济行为，但它不是像微观经济学那样研究家庭和企业等单个经济单位的经济行为，而是在总量水平上研究社会整体的经济行为。进一步讲，宏观经济学的研究对象是一国长期经济增长问题和短期经济周期波动中的失业和通货膨胀问题。它通过对一国经济系统的总产出量、价格水平和就业水平的研究,说明这些总量是如何决定和变动的;研究怎样使一国的总产出达到最大值,即潜在水平或充分就业水平;研究制约一国总产出量增长的主要因素、增长规律以及长期增长趋势中为什么会呈现出周期性波动;研究决定一般物价水平的因素,以及它在较长一段时期内发生通货膨胀或通货紧缩的原因;在开放经济条件下,还要研究怎样兼顾国内目标和改善国际收支目标;宏观经济学也研究政府的宏观经济政策以及相关的理论。

然而,需要说明的是,尽管微观经济学与宏观经济学有上述不同,但作为经济学的两个组成部分,它们之间并不是互相割裂的,而是相互联系的。这是因为经济活动本身以及经济学实际上是一个有机的整体,只是为了分析问题的便利,才区分出宏观经济学和微观经济学。我们说宏观经济学侧重研究总量,微观经济学侧重研究个量,但任何总量都是由个量组成的,都是以个量为基础的,而任何个量也都不可避免地受到总量变动的影响。从这个意义上说,如果我们把微观经济学研究的对象比作一棵棵树木的话,那么宏观经济学的研究对象就是整个森林,因此二者的相互联系就不言而喻了。

二、宏观经济学的研究内容

由于宏观经济学的研究对象是整个国民经济,因此,宏观经济学的研究内容也必然是与国民经济运行相关联的各种经济变量,诸如总产出、总支出、总收入、总储蓄、总投资、总消费等。这些变量都具有我们前面提到的"总量"特点。其中,作为核心的变量是国民生产总值,其他变量要么是用来说明国民生产总值是如何决定和影响的,要么是由国民生产总值影响和决定的,国民生产总值在宏观经济学的研究内容中处于核心、枢纽地位。因此,通常的宏观经济分析从对国民生产总值的研究开始。此外,与上述总量及其变动相联系的其他经济问题,包括经济周期、经济增长、失业、通货膨胀等,也是宏观经济学的重要研究内容。与此同时,一国经济的运行还受到政府经济行为以及外国经济的影响,所以在宏观经济学中,也要研究政府的宏观经济政策及影响,包括财政收支状况、货币当局发行的货币数量和货币政策等;国际收支和汇率决定作为外国经济影响的关键课题,也同样是宏观经济学研究内容的范畴。

三、宏观经济学的研究方法

总体而言,宏观经济学的研究方法是总量分析法。这种总量分析虽然要以个量分析为基础,而且和个量分析一样,也要与边际分析、均衡分析、静态分析、动态分析、比较静态分析、模型分析等方法结合起来,但其区别也是显而易见的。总量往往并不是个量的简单相加;对于单个经济单位是合理的东西,有时对于整个国民经济则不一定合理。比如说,在微观经济学中,我们往往认为一个企业的工资水平下降,有利于该企业的成本下降、利润增加;但在宏观经济分析中,我们却会发现,全社会工人工资水平的下降,会导致居民的可支配收入下降,并引起社会总购买力的下降,即社会总需求的下降,这对于一国的经济增长是十分不利的。萨缪尔森在其《经济学》一书中也曾提醒人们注意避免这种由个体到整体的"合成推理的谬误"。

【案例 1-1】　　"合成谬误"与"理性冲突"

亚当·斯密的"看不见的手",是从个性的角度出发,深信"人是理性的"行为假设,"看不见的手"无形中引导着个人从自利行为向公共利益自动促成,那么,市场经济就不会出现问题。

然而市场经济的发展早已超越了亚当·斯密所描述的一致性的初期景象。由自利行为驱动的种种“市场失灵”现象在社会中的一再上演，迫使人们怀疑“看不见的手”是不是总值得信赖？

美国当代著名的经济学家萨缪尔森通过“合成谬误”强调了与“看不见的手”相左的基本原理，即“在社会经济生活和日常生活中，对个体来讲是正确的事物、事情，对总体来讲则不一定正确。”美国当代著名的经济学家萨缪尔森在其十分畅销的教科书《经济学》中提出了“合成谬论”的命题，他在经济思维方法上对“看不见的手”的修正意义十分鲜明。萨缪尔森在《经济学》第一章中指出：对于部分来说是对的事情，误认为对于整体来说也是对的，这一错误就是“合成谬误”。经济生活中会经常出现“合成谬误”问题。例如：①个人在经济萧条时试图多储蓄一些，但是可能会减少社会的总储蓄；②如果一个人获得了更多的货币，那么他的境况会变好，如果每个人多获得了更多的货币，那么没有一个人的境况会变好；③即使其他国家拒绝降低它们自己的关税，但减少进口物品的关税也可以使美国得益；④虽然所有的农民都获得了丰收，但是农民的总收入可能会下降。

萨缪尔森通过“合成谬误”强调了与“看不见的手”相左的基本原理，即“在社会经济生活和日常生活中，对个体来讲是正确的事物、事情，对总体来讲则不一定正确。”其原因在于：“对个体来说是正确的”结论的取得是存在前提条件的，而这一前提条件在总体情况下却不一定存在。正是由于前提条件的不同，所以我们在分析“总体”事物或现象时要小心谨慎，不能简单地将“个体”分析中所得到的结论照搬过来。这就如同经济学家中“囚徒困境”的故事，“个人理性”与“集体理性”之间构成了一种“理性冲突”。“理性冲突”和“合理谬误”有异曲同工之妙，其包含的经济学思想能够深刻地揭示一个组织运行绩效的根源。例如：一支球队总是打不出好成绩，人们往往会从体能、技术、体制等因素方面分析，可实际上真正关键的原因可能在于某种文化传统下的“理性冲突”和“合成谬论”，当球员在赛场所想的只是自己的风采，或者自己的位置，或者自己在俱乐部的前途的时候，这只球队就不会有希望了。一个在个体之间热衷于窝里斗而不善于团结的国家或民族，其凝聚力和战斗力一定是不强的。

（摘自：李仁君，《海南日报》，2007 年 10 月 8 日）

第二节　宏观经济学的产生和发展

一般来说，现代宏观经济学产生于 20 世纪 30 年代，“宏观经济学”一词最早是由挪威经济学家弗里希(R. Frisch)在 1933 年提出来的。但宏观经济学的一些思想，以及对宏观经济问题的研究分析，实际上很早就有了。例如法国重农学派创始人魁奈(F. Quesnay)的《经济表》，就是对经济活动总体过程所做的考察；此外，斯密(A. Smith)对国民财富性质的研究，配第(W. Petty)对人口、财富和劳动收入同一国财政收支关系的考察，李嘉图(D. Ricardo)对国民财富增长和物价水平的分析，主要也是以整个国民经济活动为研究对象的。随着 20 世纪 30 年代资本主义经济危机的爆发，1936 年英国经济学家凯恩斯(J. Keynes)的《就业、利息和货币通论》一书的出版，将宏观经济学向前推动了很大一步，并标志着现代宏观经济学作为一门独立的学科正式诞生。20 世纪 60 年代以来，出现了一系列不同于凯恩斯主义的宏观经济学理论学派和学说，对宏观经济学的发展和完善起到了非常重要的推动作用。鉴于凯恩斯对于宏观经济学这一学科的突出贡献，我们将宏观经济学的产生和发展，以凯恩斯学说为界，划分为三个阶段进行论述。

一、凯恩斯以前的宏观经济学(17 世纪中期至 20 世纪 30 年代)

宏观经济理论的思想可以追溯到 17 世纪中期，这一时期可以划分为古典宏观经济学和现代宏观经济学奠基阶段两个部分。除了前文所述的魁奈、斯密、配第等的研究外，法国经济学家萨伊(J. Say)也是其中很有代表性的一位，他在 1803 年出版的《政治经济学概论》中提出了著名的萨伊定律，即供给自身可以创造需求，这一观点被后世认为是古典经济学的基础。

19 世纪 70 年代以后，新古典经济学悄然兴起，对古典经济学在西方经济学中的主导地位发起了挑战，为现代宏观经济学的形成产生了深刻的影响，标志着宏观经济理论进入了现代宏观经济学的奠基阶段。这期间形成了许多宏观经济学说，其中货币数量论的影响较大，其代表人物有美国经济学家费雪(I. Fisher)、英国经济学家马歇尔(A. Marshall)等。费雪在《货币的购买力》一书中提出了著名的“货币交易方程式”，强调了预期通货膨胀对名义利率的影响；马歇尔的学说主张自由放任的原则，认为资本主义制度可以通过市场力量的调节达到充分就业均衡；此外，北欧学派的动态均衡理论、米歇尔对国民收入及其变动的研究也都属于这一阶段宏观经济学的内容。尽管这些理论在当时并未成为绝对的主流，也没有形成完整、严谨的思想体系，但对于以后宏观经济学的建立却产生了举足轻重的关键作用。

二、凯恩斯的《通论》及其现代宏观经济学(20 世纪 30 年代至 60 年代)

尽管瑞典经济学家维克赛尔最先提出了具有相对完整意义的现代宏观经济学理论体系，但由于其著作在语言上的局限性，使得其在经济理论发展中的应有作用并没有得到充分发挥。实际上，最有影响的、也是为大多数西方经济学家所公认的现代宏观经济学的创始人和奠基人是英国经济学家凯恩斯，其在《通论》中提出的宏观经济理论直接构成了现代宏观经济学的框架和主体。

凯恩斯主义的理论体系是以解决就业问题为中心的，建立在对古典经济学的批判上。目睹了资本主义大萧条后，他否定了萨伊定律。凯恩斯认为供给并不能创造自己的需求，需求具有相对独立性。通过对有效需求理论的分析，说明了有效需求对社会总产出和总就业的决定作用，以及有效需求不足和市场机制无法使经济达到充分就业均衡，得出了资本主义市场自动调节机制无法有效解决高失业问题而必须依靠国家干预才能克服萧条，稳定经济，达到充分就业的政策性结论。现代宏观经济学与传统宏观经济学的一个显著区别在于：现代宏观经济学所研究的是国民收入的变动及就业、经济周期波动、通货膨胀等的关系，因此它又称作收入分析。凯恩斯通过收入分析所得出的论断是：资本主义经济不可能通过自动调节以实现充分就业均衡，并且在通常情况下小于充分就业均衡。他认为，如果刺激投资和消费，就能提高总需求，增加就业。在《通论》中，他提出了三大基本理论：“边际消费倾向递减规律”、“资本边际效率递减规律”和“流动性偏好陷阱”，否定了古典理论将货币与实际活动分开的“两分法”，为宏观经济政策，即财政政策和货币政策的实施，特别是赤字财政政策对克服经济衰退，保持充分就业的重要性，为宏观经济理论和分析方法开辟了一条重要途径。《通论》提出了一个较为完整的理论框架，其中的主要思想和观点得到了西方国家的认可，并付诸于实践，这就是所谓的“凯恩斯革命”。

三、凯恩斯以后的宏观经济学发展(20世纪60年代至今)

凯恩斯的经济理论产生以后,在西方经济学界产生了巨大的影响,成为20世纪50—60年代西方各国开展宏观调控的理论依据。然而,在凯恩斯之后,凯恩斯主义一方面得到了其拥护者的补充和发展,甚至出现了一些分化较大的分支学派;另一方面,从20世纪60年代后,一些凯恩斯主义的反对派也纷纷产生,对凯恩斯主义进行了根本性的否定和强有力的挑战。

从凯恩斯主义的追随者和改进者阵营讲,主要的代表有:一是以美国经济学家萨缪尔森(P. Samuelson)为首的一些经济学家,把凯恩斯主义和新古典经济学的微观经济学结合形成了新古典综合派;二是以英国经济学家罗宾逊(J. Robinson)为首的"新剑桥学派"。这一时期非凯恩斯宏观经济学尽管存在,但其影响很小。这一情况在20世纪60年代末70年代初开始发生扭转。

由于20世纪60年代后期,西方各主要国家纷纷陷入经济停滞与通货膨胀并存的"滞胀"的怪圈,特别是在石油危机的冲击下,并发了通货膨胀加剧、失业增加、生产衰退、收入分配失调等现象,也无法提供应付策略,使得人们开始对凯恩斯理论重新审视,动摇了正统的凯恩斯宏观经济学的地位,一场非凯恩斯宏观经济学与凯恩斯宏观经济学展开了争论。到了20世纪70年代中期,非凯恩斯宏观经济学迅速发展并显露头角,开始受到官方和经济学界的重视。其中最重要的是货币主义学派、理性预期学派和供给学派,这些学派都倾向于市场调节,反对国家干预经济,其基本思想大体上与19世纪末新古典经济学的立场一致,认同新古典经济学家关于市场力量具有促使一个社会维持充分就业倾向的基本观点。

货币主义学派是最早站出来反对凯恩斯主义宏观经济政策的,也是最有力的挑战者,其代表人物是美国经济学家米尔顿·弗里德曼。他们认为"滞胀"现象的出现是政府频繁使用凯恩斯主义政策所导致的。实际上,财政政策在长期内只对经济中的名义变量起作用而对实际变量没有什么影响,所以必然会破坏市场经济自发的运行机制,导致市场信息扭曲。加上政府频繁交替使用紧缩和扩张的货币政策,使得通货膨胀日益严重。因此,货币学派强烈反对国家干预经济,主张实行一种"单一规则"的货币政策。

理性预期学派是货币学派的延续和发展,在20世纪70年代产生了一场"理性预期革命"。理性预期学派的主要代表人物是美国经济学家罗伯特·卢卡斯(Robert Lucas)。理性预期学派的基本观点是:人们可以做出理性的预期,并以这一预期指导自己的行为。因此,当人们正确地预期到政策效果并及时调整自己的经济行为时,政策就会失效,只有预期不到的政策才会起作用。也就是说,在长期内宏观经济政策是基本无效的,即使在短期内宏观经济政策起效用了,其效果也是不可靠的,而市场机制的自发作用要比政策可靠得多。

20世纪60年代末,在美国崛起了一个新学派即"供给学派",该学派强调经济的供给方面,认为需求会自动适应供给的变化,因而得名。与其他经济学派不同的是,供给学派并没有建立理论和政策体系,只是学派的倡导者对于资本主义经济产生"滞胀"的原因以及政策主张有着共同的看法。其代表人物之一的阿瑟·拉弗(Arthur B. Laffer)提出的描述税收与税率之间关系的曲线"拉弗曲线",说明存在一个最佳税率,税率过高和税率过低都会使税收减少。因此,按照供给学派的政策减税,不但可以减轻"滞胀",还可以增加政府税收、减少赤字。此外,供给学派并不像其他新古典主义经济学派一样强烈反对一切形式的国家干预经济,而是主张政府应该从供给的方面制定宏观经济政策,即强调政策在生产方面的作用。因为他们的政策简单明了,供给学派对西方一些国家特别是美国的经济政策曾产生了较大影响。

20世纪70—80年代,随着新古典理论影响的不断扩大,西方发达国家经济学家先后开始了宏观经济政策的转型,政策方向基本上向自由化转变。但是,20世纪80年代,西方各国实行经济的自由化政策,对控制严重的通货膨胀起到了一定作用,但经济增长一直缓慢,失业问题也没有得到有效解决。而与此同时,凯恩斯主义者也在积极探索新的政策途径和研究方法,在20世纪90年代,新凯恩斯主义在西方各国兴起,政府再次加强对经济的宏观干预。

综上所述,从现代宏观经济学的产生、发展和演变的过程中,可以看出:经济规律的发展是遵循着唯物辩证法的否定之否定规律的,没有任何一种经济理论是横空出世的,都产生于各自的历史渊源和历史背景之下;宏观经济学发展到今天经历了并且正在经历着深刻的演变,尤其是经过20世纪70—80年代的大争论后,经济学家们在一定程度上逐渐接受了对立面的观点和方法,在一些问题上产生了一定的共识,在理论和方法上出现趋同。当然,这绝不意味着凯恩斯宏观经济学和非凯恩斯宏观经济学的分歧消失了,事实上,国家干预主义和经济自由主义的鸿沟是难以逾越的,二者的理论论战还将继续下去。

第三节　现代宏观经济学的变化趋势

一、现代宏观经济学研究的发展特点

第一,在对宏观总体进行研究的基础上,逐渐注重对微观基础的研究。传统的宏观经济学,尽管流派不一,理论和观点也不尽相同,但大多数都是以国民经济整体的运行作为研究对象,或者研究整个国民收入和就业情况,或者研究宏观经济运行的某一特征、某一领域,如经济周期、通货膨胀、货币问题、对外贸易等。而在现代西方经济学界,除了继续研究上述问题之外,还加强了对宏观经济运行的微观基础的研究,比如对消费、投资、储蓄、汇率等方面问题的研究。

第二,在运用总量分析方法的基础上,结构分析方法呈现出逐渐被加强的趋势。如果说凯恩斯及其追随者对宏观经济运行的研究,侧重于运用总量分析的方法,那么当今的西方宏观经济研究则出现了与总量分析相对应的结构分析方法被加强的趋势,并形成了所谓的结构主义学派。

第三,制度因素作为影响宏观经济运行的重要变量越来越受到重视。在现代西方经济学中,无论是对微观经济行为的分析,还是对宏观经济行为的研究,经济学家们都不再沿用制度因素既定的假设,而是越来越关注研究制度因素对于经济运行的重要影响,产权理论的诞生就是很好的证明。

第四,宏观经济学不同学派之间呈现出明显的融合吸收特征。在凯恩斯学派中,新古典综合派的做法最为明显,他们不仅以凯恩斯主义为基础,还兼容了新古典经济学有关微观经济行为的一系列理论,并且也采用了非凯恩斯主义的一些有益、合理的观点。

二、现代宏观经济学的衍生学科

在现代宏观经济理论研究出现大综合、大融合趋势的同时,也出现了一些新的衍生学科,这些学科不同程度、不同角度地展示了宏观经济理论深化的结果,也增强了经济学理论对实际

问题的解释能力。下面简要介绍宏观经济学三个主要的衍生学科。

1. 增长经济学

增长经济学是西方经济学的一个新分支，该学科产生于第二次世界大战以后，主要研究发达国家再生产和长周期经济发展等相关问题，包括对发达国家经济均衡增长条件的研究、对经济增长影响因素的分解分析、对增长趋势的预测等。

2. 发展经济学

发展经济学是20世纪40年代后期在西方国家逐步形成的一门综合性经济学分支学科，是适应时代的需要兴起，在经济学的体系中逐渐形成的一门新兴学科，是主要研究贫困落后的农业国家或发展中国家如何实现工业化、摆脱贫困、走向富裕的经济学。相对于增长经济学而言，它更侧重于从发展中国家经济落后的各种因素来分析走向经济快速发展的道路、战略和政策，比较注重于国际比较研究和对非经济因素的研究。

3. 国际经济学

国际经济学是宏观经济学中关于开放经济分析的一种展开和延伸，它是以经济学的一般理论为基础，研究国际经济活动和国际经济关系，是一般经济理论在国际经济活动范围中的应用与拓展，是经济学体系的有机组成部分。国际经济学的主要研究对象有国际贸易理论与政策、国际收支理论、汇率理论、要素的国际流动、国际投资理论、开放的宏观经济均衡等。

本章小结

1. 宏观经济通常是指一国的整体经济。宏观经济学是指有关宏观的、大的经济问题的理论。宏观经济问题主要有：一国的经济增长是由什么决定的；是什么引起一国经济的周期性波动；是什么导致了失业；为什么会产生通货膨胀；全球经济体系对一国经济的运行有何影响；宏观经济政策如何才能改善一国的经济运行状况等。

2. 宏观经济学也研究经济行为，但它不是像微观经济学那样研究家庭和企业等单个经济单位的经济行为，而是在总量水平上研究社会整体的经济行为。但作为经济学的两个组成部分，它们之间并不是互相割裂的，而是相互联系的。这是因为经济活动本身以及经济学实际上是一个有机的整体，只是为了分析问题的便利，才区分出宏观经济学和微观经济学。

3. 1936年英国经济学家凯恩斯(J. Keynes)的《就业、利息和货币通论》一书的出版，将宏观经济学向前推动了很大一步，并标志着现代宏观经济学作为一门独立的学科正式诞生。20世纪60年代以来，出现了一系列不同于凯恩斯主义的宏观经济学理论学派和学说，对宏观经济学的发展和完善起到了非常重要的推动作用。

4. 现代宏观经济学研究的发展特点：在对宏观总体进行研究的基础上，逐渐注重对微观基础的研究；在运用总量分析方法的基础上，结构分析方法呈现出逐渐被加强的趋势；制度因素作为影响宏观经济运行的重要变量越来越受到重视；宏观经济学不同学派之间呈现出明显的融合吸收特征。

自测题

1. 简述宏观经济学研究的主要对象和内容。

2. 简述宏观经济学的产生和发展过程。

3. 现代宏观经济学研究的发展特点有哪些?

【拓展阅读】 **谈谈凯恩斯主义的局限性**

现代宏观经济学肇始于凯恩斯的思想,虽然它是建立在历史悠久的货币论传统上面的。凯恩斯及其前辈的理论是高度总量性质的,主要集中探讨西方世界高度发展的和实质上是自由市场经济的短期不稳定问题。在某一重要意义上,这就是分析"商业循环问题"——产量与就业的比较短期的波动问题。我们曾经指出,这恰是比较简单的、高度总量性质的宏观经济模型最适于处理的问题。在这一类变动中,总需求的构成和收入的结构可以认为是相当稳定的(和总量大小变动有系统关系的变化除外)。不论特殊的劳动不足的情形还是厂房与设备的瓶颈现象,都未必是特定产量实行扩充的严重障碍。在这种经济中,农业和采矿部门——它们的供应情况在许多方面是独特的——是相对不重要的。劳动供给有相对的限制,资本是相对充裕的。工人失业是典型的同厂房与设备没有充分利用相联系的。对于大部分产品来说,驱使充分就业的过程只涉及适度递减的报酬。

但若我们研究的是迅速或强制发展状态下的资本缺乏的经济社会,则宏观经济假定也许要遭到比较严重的破坏。即使对于比较富裕的、已经充分发展的经济社会来说,长期增长问题的研究也会提出一连串不同的分析和政策问题,或许还会要求另一不同的变量与关系体系。因为从增长角度来看,任何经济社会的富有资本都只不过是暂时的。凯恩斯模型假定一特定数量的资本并把就业当作和生产变化相联系的变量,用它来分析增长问题显然是不适当的。资本和要求权的存量变数以及它们的结构是头等重要的事情。产量的增长必然要带来产量结构和构成的变化。

这并不意味着我们必须放弃宏观经济分析,反倒意味着我们需要进一步的非总合化或在另一个基础上进行非总合化。我们无法避免这一事实,即我们最迫切的经济问题有许多一直是宏观性质的问题。所以在制定公共政策时,某种宏观经济分析是不可缺少的。因凯恩斯著作而产生的宏观经济模型有这样一些显著的优点:将为了分析目的而隔离开来的变量数目减少到容易支配的程度;它的假设(大部分)是用可以进行经验验证和计量的字眼作出的;在被隔离的变量当中,有一些至少就货币和财政政策的传统工具来说具有战略的意义。如果模型或政策不适当的话,它们需要改进;但目前世界上各国政府的政策都是坚定不移地致力于在相当短期内,保持产量与物价的稳定,经济不断迅速增长,应用宏观经济模型已成为一种必然的趋势。

【案例评析】

凯恩斯理论的应用是有条件的,它主要探讨西方高度发展的和自由市场经济的短期不稳定问题,对迅速或强制发展状态下的资本缺乏的经济社会并不适用。

凯恩斯理论虽然存在许多缺陷,如只注重总量分析、忽视了结构变化等,但是它的分析方法是值得借鉴的。

(摘自:祁华清,《宏观经济学》)

第二章　国民收入核算

本章知识结构框架图

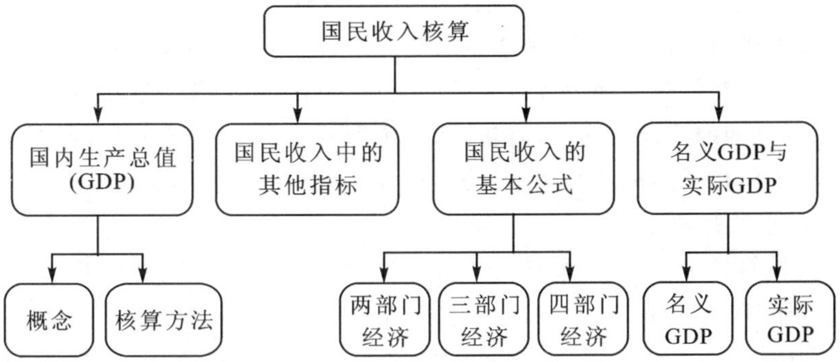

知识导引

宏观经济学研究的是整个社会的经济活动，首先要有定义和计量总产出或总收入的一套方法。国民收入核算研究的就是这套方法，其中国内生产总值(Gross Domestic Product，简称GDP)是核心指标。本章主要介绍国民收入核算体系、国内生产总值的含义、核算方法、从GDP到个人可支配收入等6个经济总量、国民收入的基本公式以及名义GDP和实际GDP的区别及换算方法。

本章学习目标

◇ 了解国民收入核算及其体系。

◇ 理解国内生产总值的概念并掌握核算GDP的两种方法。

◇ 理解GDP、GNP、NDP、NI、PI、DPI这6个经济总量的概念及其相互之间的关系。

◇ 掌握国民收入的基本公式。

◇ 理解名义GDP与实际GDP的不同及其换算方法。

关键概念

国内生产总值	政府购买	个人收入
支出法	净出口	个人可支配收入
成本法	国民生产总值	储蓄-投资恒等式
消费	国内生产净值	名义GDP
投资	国民收入	实际GDP

第一节　国民收入核算概述

宏观经济学在研究整体经济如何运行时，必须运用一些指标对经济体系的绩效进行测度。为此建立一个系统的国民收入核算的账户体系是必要的。所谓国民收入的核算，是指对综合反映社会经济活动状况的国民生产总值以及有关的经济总量进行测定，以便了解社会经济活动水平,探讨达到这种水平的原因,为经济发展做出正确的决策。

一、国民经济核算及其体系

国民经济核算是以整个国民经济为总体的全面核算,它以一定的经济理论为指导,综合应用统计核算、会计核算、业务核算,从实物资产、金融资产、物质产品和劳务等各个角度,以各种流量和存量的形式,对能反映整个国民经济状况的各种重要指标及其组成成分进行系统的测定,并把各种指标组成为一个系统来综合描述一国或一地区国民经济的联系和结构的全貌。

国民经济核算的工具是国民经济核算体系(SNA,System of National Accounting)。国民经济核算体系是指在一定经济理论的指导下,综合应用统计、会计、数学等方法,为测定一个国家(地区、部门)在特定时期内的经济活动(流量)和特定时点上的经济成果(存量)所构成的一个相互联系的系统。其各项总量指标及其组成,是进行经济分析、经济预测和决策研究的重要依据。

国民经济核算体系有两层含义:

(1) 国民经济核算体系是指国家或国际组织为统一国民经济核算而制定的核算标准和规范。它以一定的经济理论为基础,明确规定一系列核算概念、定义和核算原则,制定一套反映国民经济运行的指标体系、分类标准和核算方法以及相应的表现形式,形成一套逻辑一致和结构完整的核算标准和规范。这些标准和规范是保证国民经济核算的科学性、统一性和可比性所不可缺少的,同时也是正确理解和使用国民经济核算资料进行国际比较所必需的。

(2) 国民经济核算体系是指全面、系统地反映国民经济运行的数据体系。它是遵循一定的国民经济核算标准和规范对国民经济进行核算的结果。它通过一系列的经济总体数据和分部门数据,系统地反映从生产、分配到交换、使用的经济循环全过程,以及各部门在社会再生产中的地位、作用和相互联系,因而是国家宏观经济决策和调控的重要依据。

国民经济核算体系的基本思想是:第一,要素价值论,即认为社会生产过程中使用的各种稀缺性要素(劳动、资本和土地)均可创造价值,并且按照各自的贡献率参与分配;第二,服务价值论,即不仅承认有形的物质产品具有使用价值和价值,而且全部无形的服务也具有使用价值和价值。

二、国民经济运行的循环流动

西方经济学者认为,要进行国民收入的核算,首先要弄清楚国民经济运行中商品、劳务与货币的连续不断的循环运动,现在通过国民经济活动循环流动图加以说明。

首先,介绍简单的国民经济运行的循环流动。简单的国民经济运行循环模型假设一个社会只有两个经济部门,即居民和企业。居民当年的收入全部用于消费,没有投资和储蓄。在这种简单的经济模型中,一年内的生产(或收入)与消费(或支出)之间的循环流动如图 2-1 所示。

在图 2-1 中,外圈表示实物(生产要素以及消费品等)的流向。劳动、土地、资本与企业家才能作为生产要素,由居民流向企业;商品与服务等消费品是企业用生产要素生产出来的,由企业流向居民。内圈表示与外圈实物相对应的货币流向。当生产要素由居民流向企业时,企业需要向提供这些生产要素的居民支付货币,构成居民的收入,货币由企业流向居民;当消费品由企业流向居民时,居民需要向企业为购买这些消费品支付货币,形成购买支出,构成企业的收入,货币由居民流向企业。图形的上半部分计量的是产品成本或要素收入的年流动量,下半部分计量的是产品流量和消费开支总额。假定人们当年的收入全部用于个人消费,那么,企

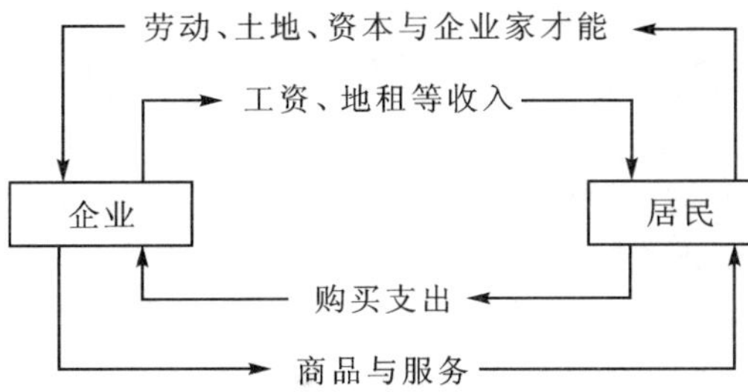

图 2-1 简单的国民经济运行循环流动模型

业的产品和服务的销售总额(即居民的总开支)与居民的总收入(包括企业主的利润收入)总是相等的。

接下来,介绍完整的国民经济运行循环流动,如图 2-2 所示。此时,居民不把全部的收入用于消费,而是将一部分用于储蓄,一部分以税收形式交给政府,一部分用来购买国外进口的消费品。此时的经济体系有四个部门:居民、企业、政府以及国外经济体,这四个经济部门分别通过商品和服务市场、要素市场和金融市场建立联系。

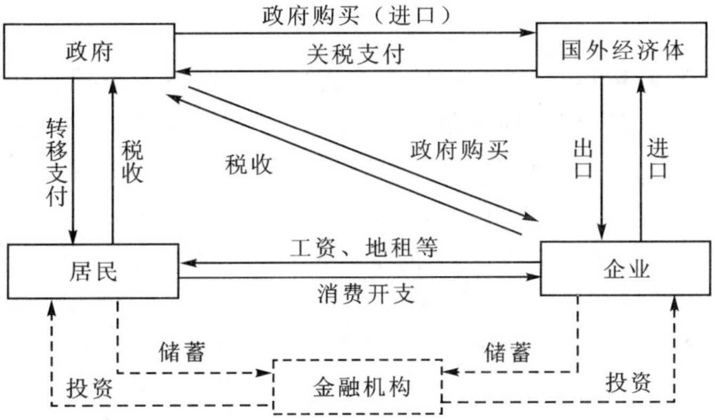

图 2-2 完整的国民经济运行循环流动模型

在图 2-2 中,箭头方向表示货币流动方向。居民和企业之间的货币流动依然和两部门经济中相同,但同时,居民和企业都有一部分收入用于储蓄,即货币流向金融机构,而居民和企业也可以通过向金融机构贷款的方式获得货币资金,从而用于投资或消费,此时货币由金融机构流向企业或居民。加入政府之后,居民和企业需要将一部分收入以税收的形式上交给政府,此时货币由居民和企业流向政府,政府通过转移支付的形式将一部分税收归还居民,此时货币由政府流向居民,同时,政府还通过政府购买的形式向企业购买一定的产品和服务,此时货币由政府流向企业。接着,引入国外经济体,国内居民和企业购买国外的商品和劳务,即国内进口国外的商品和服务,此时货币由企业和居民流向国外;另一方面,国外向国内企业购买商品和服务,或者购买国内居民的劳务、资本等,即国内向国外出口,此时货币由国外流向国内企业和居民。在进出口的过程中,需要向政府支付关税,此时货币流向政府,而政府也可以通过政府购买的形式向国外企业购买商品和服务,此时货币由政府流向国外经济体。

以上两个经济运行循环流动模型虽然看起来简单,却与宏观经济运行的本质相吻合。这种经济循环图能为宏观经济学家测度经济社会的产量和收入提供一个清晰而便捷的思路。

第二节 国内生产总值

国内生产总值(简称GDP)通常被认为是对经济运行状态的最好衡量,是国民收入核算中的核心指标。因此,首先有必要弄清楚什么是GDP。

一、最终产品与中间产品

首先,从一个企业的生产谈起。假设某服装制造厂在某年生产和销售了1 000万元的衣服,能否说这1 000万元的衣服价值都是该服装制造厂生产或创造的呢?当然不能,因为生产衣服的过程中必然消耗原材料、能源等,如布料、电力等。假定这些消耗价值400万元,那么该服装制造厂新生产的价值充其量只有600万元(其实这600万元中还有厂房设备消耗即折旧的部分没有扣除,这些会在以后进行讨论)。这600万元的价值是服装制造厂生产的产品价值与从其他企业购进的原材料、能源等价值之间的差额。这个差额称为价值增值。这一价值增值部分才被认为是该服装制造厂在该年所真正生产的,真正贡献给社会的。因此,说企业在某年的产出,是指价值增值。

认清价值增值的概念对于认识经济学所说的社会一年的总产出是至关重要的。还以服装制造厂为例,假定该服装制造厂生产的一种上衣从生产到消费者最终使用要经过5个阶段:种棉、纺纱、织布、制衣、销售。假设棉花价值是30元,并假定它都是当年新生产的价值,不再包含为生产棉花费的肥料、种子等价值(当然,这事实上不可能,但为说明问题起见,需要这样的假定)。再假定棉花纺成纱售价60元,于是纺纱厂生产的价值是30元,即增值30元。60元纱织成布售价80元,于是织布厂生产的价值是20元,即增值20元。80元布制成成衣卖给售衣商为130元,于是服装制造厂生产的价值是50元,即增值50元。售衣商卖给消费者为200元,于是售衣商在售卖中增值70元。可见,这件上衣在5个阶段中的价值创造即增值共计:30+30+20+50+70=200元,正好等于这件上衣的最后售价。现在这件上衣不再出售,由其最后使用者即顾客消费了。像这样一种在一定时期内生产的,并由其最后使用者购买的产品和劳务就称为最终产品,而棉花、纱、布则称为中间产品,中间产品是指用于再出售而供生产别种产品用的产品。

二、国内生产总值的内涵

上衣的例子说明,一件最终产品在整个生产过程中的价值增值,就等于该最终产品的价值。一个国家在一定时期内(通常指一年)生产千千万万种最终产品。按照西方经济学的说法,这些最终产品的价值总和就等于生产这些最终产品的各行各业新创造的价值的总和。这被认为是该国在该时期内真正生产的价值,称为国内生产总值。因此,在西方经济学中,国内生产总值是指经济社会(即一国或一地区)在一定时期内运用生产要素所生产的全部最终产品(物品和劳务)的市场价值。

在理解GDP时,应该注意把握以下几点:

第一,国内生产总值是一个市场价值的概念,它是按市场价格来进行计算的。换言之,GDP的计量单位是货币单位。产品的市场价值就是用这些最终产品的产量乘以单位价格获得的。这种处理方式一方面可以将不同度量单位的实物形态用相同的价值形式统一起来,使经济学家能很方便地测度一国的整体经济水平，而不用再为如何把面包产量与经济学家的演讲进行加总而犯难；另一方面，基于市场价值的GDP概念本身就表明，该总量指标衡量的仅仅是市场活动导致的价值，不进入市场交易的产品和劳务没有市场价格，因此也就无法计入国内生产总值，这就是说，国内生产总值并不能反映所有的经济活动。家务劳动，自给自足的生产因为没有市场价格，无法计算其市场价值而被排除在GDP范围之外，而通过家政服务机构雇人来进行的家务劳动，其服务价值就应该计入国内生产总值。

第二，"最终产品"说明国内生产总值测度的是最终产品和劳务的价值，中间产品价值不应该计入国内生产总值，因为它会造成重复计算。例如，在服装生产的例子中，纱的价值中已经包含了棉花和其他辅助材料转移来的价值，布的价值中则包含了纱等材料转移来的价值，衣服的价值中则包含了布转移来的价值。如果把它们的价值都计入国内生产总值，势必会夸大经济运行的真实成果。

第三，"所生产的"说明计入国内生产总值的应该是在一定时期内所生产的最终产品价值，与实际销量无关。如果企业某年生产100万元的产品，而产销率只有85%，即只销售了85万元的产品，那么在核算其产出时应该将100万元计入GDP，没有卖出去的15万元的产品被认为是存货投资，即企业自己买下当期未售出的产品。相反，如果当期企业销售额为120万元，那么在核算其产出时依然只将100万元计入GDP，此时，该企业存货减少的20万元产品是"旧"产品，其价值已经在生产当期的GDP中体现，所以不能再计入本期的产品中。同样，当年发生的旧货交易也不能计入GDP中，但如果旧货交易产生了经纪人费用或佣金，则这部分费用应该计入当期的GDP中。

第四，"在本国领土上"蕴含着地域原则。国内生产总值指的是一国在本国领土内所生产的产品与服务，既包括本国企业所生产的产品与服务，又包括外国企业或合资企业在本国生产的产品和服务，但是在其他经济社会所生产的最终产品不应计入本经济社会的国内生产总值。如居民购买的化妆品，如果是在本国生产的，就应该计入本国国内生产总值；如果是从国外进口的，就不应该计入本国国内生产总值。与之相对应的是国民生产总值(Gross National Product，简称GNP)的概念。GNP统计中采用的是居民标准，即它考察的是某国居民所生产的最终产品和服务的市场价值。例如，中国人在美国工作，其创造的产品或服务价值不应该计入我国GDP中，但应该计入我国GNP中。如果某国的GDP超过了GNP，则说明外国居民从该国获得的收入超过了该国居民从外国获得的收入；当GNP大于GDP时，说明情况正好相反。

第五，"一定时期"说明计入国内生产总值的是核算期内(往往是一年)所生产的产品和服务，不包括以前生产、当前仍在使用的产品。如果是当年生产的而转到以后年度使用的产品和服务的价值，应该计入当年的国内生产总值；如果是以前年度生产转到当年使用的，则不应计入当年的国内生产总值。

第六，GDP是流量概念，而非存量概念。在宏观经济学中，经常会遇到流量和存量这两个概念。"流量"是指在某一段时期内经济活动的变动总量，往往表现为单位时间内发生的经济变动量的总值，如某季度的总产量、总工资量。某一年内一国的国内生产总值就是该国在这一年内所生产的所有最终产品和服务的总和，它是流量的概念。"存量"是指特定时点上一国的经济总量。在主要的宏观经济总量中，收入、支出、消费、投资、储蓄等都是流量，而劳动力、社会固定资产等都是存量。流量和存量之间有着密切的关系：流量的累积会形成存量，而存量的变动就是流量。

第三节　核算国内生产总值的两种方法

在图 2-2 中,已经用模型简单阐述了 GDP 的核算原理。对该收入支出循环流程模型的分析表明,经济社会的总收入、总支出与总产出 3 个变量的数值是相等的。原因有两个。首先,既定时期一国或地区的总产出,即最终产品和服务的市场价值,等于这些产品和服务的购买者的支付额。对于已经实现的销售而言,无论购买者是谁,总产出等于总支出是一定的。而对于本期已经生产出来但是尚未售出的产品而言,因为把这一部分价值定义为企业在存货上的投资支出,因此未售出部分的最终产品和服务的总产出也等于总支出。所以社会的总产出等于总支出。其次,西方经济学的要素价值论认为,最终产品和服务的价值是由各种生产要素共同创造的,即在这些产品和服务的售价中,各种要素会获得其相应的报酬,即劳动者获得工资,土地所有者获得地租等。经济学家将企业销售收入扣除要素收入和原材料、半成品等投入品成本之后的余额定义为经济利润,而经济利润是企业家所获得的报酬。所以,理论上讲,总产出等于要素所有者所获得的要素报酬之和。即总产出等于总收入。

认识了总产出等于总支出,总产出又等于总收入之后,便可以弄清如何计算 GDP 了。前面说过,GDP 是经济社会在一定时期内生产的全部最终产品的市场价值,因此,从理论上讲,似乎只要把所有最终产品的市场价值加总就可以得到 GDP 的值了。如果用 Q_i 代表各种最终产品的数量,P_i 代表各种最终产品的价格,那么 $\text{GDP}=\sum Q_i P_i$。然而实际上这种方法不太可行。上面说过,最终产品价值等于整个生产过程中价值增加之和,因此,GDP 可以通过核算各行各业在一定时期中生产的价值增值来求得。这种方法称为生产法。同时,通过以上分析得到总产出等于总支出,因此可以通过核算整个社会在一定时期内购买最终产品的支出总和来核算 GDP,这种方法称为支出法。同样,也可以通过核算整个社会在一定时期内获得的收入来核算 GDP,这种方法称为收入法。下面将对支出法和收入法分别进行介绍。

一、用支出法核算 GDP

用支出法核算 GDP,就是通过核算一定时期内整个社会购买最终产品和服务的支出总和来核算 GDP。首先,需要区分最终产品和服务的购买者,或者最后使用者。一般而言,社会最终产品和服务的购买者有 4 类:国内的居民、企业、政府以及国外经济体。因此,用支出法核算 GDP,就是核算经济社会在一定时期内居民消费、国内私人总投资、政府购买以及净出口这几方面支出的总和。

1. 消费支出

消费支出(Consumption,用 C 表示),即居民个人消费支出,指的是本国居民对最终产品和服务的购买支出,它构成一个国家或地区总需求中一个最主要的部分,一般占到国内生产总值一半以上。居民消费支出可以进一步划分为对耐用消费品(如彩电、冰箱、洗衣机、汽车等)的支出、对非耐用消费品(如食品、服装、药品等)的支出、对服务(如医疗、教育等)的支出三个方面。需要注意的是,居民购买的住宅支出一般不包括在消费支出内,而包括在投资支出内,因为住宅同其他固定资产一样,是慢慢被消耗的。

2. 投资支出

投资支出(Investment,用 I 表示)是指增加或替换资本资产(包括厂房和住宅建筑、机器设备以及存货)的支出,即购买实物资本用于扩大再生产(而不是金融投资)的支出。虽然资本设备也像中间物品一样是用来生产其他产品的,但资本物品(如厂房设备等)和中间物品有重大的区别,中间物品在生产其他产品时全部被消耗掉,但资本物品在生产其他产品过程中只是部分被消耗。投资可以分为固定资产投资、存货投资两大类。固定资产投资指在可以长期使用的资本品上的投资;存货投资则是一种暂时性的投资。

固定资产投资是社会固定资产再生产的主要手段,它包括两个部分:商业型固定资产投资和住宅投资。商业型固定资产投资是指一定时期内所增加的资本存量,包括厂房、设备、商业用房等的增加;住宅投资则是用于建造新的居民住宅的投资。住宅是一种相当耐用的产品,其效用在其很长的寿命周期中缓慢发挥出来,因此住宅被计入投资支出中,而不是消费支出。

固定资产在使用过程中会有消耗,从而导致资产价值的下降,即折旧。折旧又被称为重置投资,是指更新在生产过程中被消耗掉的那部分资本存量的投资。净投资是指资本存量的增加量。净投资与重置投资之和称为总投资,总投资被计入国内生产总值中。

存货投资,是指企业掌握的存货价值的增加或减少,它不代表产品和劳务的实际支出,而是企业持有存货数量的变化。有时候并不是企业主动增加存货,而是因为企业不能成功地出售其产品而使存货增加,销售不出去的产品作为企业的存货投资处理,这样才能使从生产角度核算的 GDP 和从支出角度核算的 GDP 一致。存货投资可能是正值,也可能是负值。当本期末存货量大于上期末存货量时,存货投资即为正值;反之,则为负值。

3. 政府购买

政府购买(Government Purchase,用 G 表示)是指各级政府购买产品和服务的支出。政府提供国防、法律与秩序、教育、公共设施等的费用,以及政府向公务员支付的薪酬都属于政府购买支出,并计入国内生产总值中。但是,值得注意的是,政府购买只是政府财政支出的一部分,对于政府的转移支付,如失业保险金、退休金等福利性支出以及国债利息的支出等,都不能计入国内生产总值中。这是因为计入国内生产总值中的政府支出是指政府购买最终产品和服务的支出,而转移支付只是简单地把收入从一些人或一些组织转移到另一些人或组织中,没有相应的产品或服务的交易发生。

4. 产品和服务的净出口

随着全球一体化趋势日益明显,国际贸易与国际投资在社会经济中将会占有越来越大的比重。因此,在国内生产总值核算中,必须考虑本国生产卖给外国的产品与服务的价值以及外国生产本国购买的产品与服务的价值。

在一定时期内,本国生产并卖给国外的产品的价值,加上本国向外国提供的劳务的收入,再加上本国在国外投资和贷款获得的股息和利息等收入,构成本国的出口总额(Export,用 X 表示)。在一定时期内,本国购买的外国生产的产品的价值,加上本国支付给外国提供的劳务的报酬以及向外国投资者支付的股息和利息,构成本国的进口总额(Import,用 M 表示)。净出口(Net Export,用 NX 表示)就是出口总额减去进口总额以后的差额,即 $\mathrm{NX}=X-M$。净出口可能是正值,也可能是负值。

把上述四个项目加总,就得到用支出法核算 GDP 的公式为

$$GDP = C + I + G + (X - M) \quad (2-1)$$

例 2-1 根据以下数据试用支出法计算某年某国的国内生产总值(单位:亿元)。

(1) 耐用品 6 350,非耐用品 15 350,服务 30 380;

(2) 住宅投资 3 090,企业投资 7 810,存货变动 260;

(3) 政府对产品和服务的购买 14 070;

(4) 出口 8 710,进口 9 660。

解: 用支出法核算 GDP 的公式为 $GDP=C+I+G+(X-M)$。

在该例题中,消费 $C=6\ 350+15\ 350+30\ 380=52\ 080$;

投资 $I=3\ 090+7\ 810+260=11\ 160$;

政府购买支出 $G=14\ 070$;

出口 $X=8\ 710$,进口 $M=9\ 660$,净出口 $NX=X-M=8\ 710-9\ 660=-950$。

代入公式(2-1)中可得

$$GDP = C + I + G + (X - M) = 52\ 080 + 11\ 160 + 14\ 070 + (8\ 710 - 9\ 660) = 76\ 360$$

因此,某年某国的国内生产总值为 76 360 亿元。

【案例 2-1】 拉动经济增长的"三架马车"

用支出法计算 GDP 为我们考察一国经济产出的流向提供了参考。国内媒体往往将居民消费支出与政府购买合并在一起统称为最终消费,将国内私人总投资和政府投资合称为投资。这样,从总需求的角度讲,经济增长的主要拉动力就是"(最终)消费、投资、净出口",于是就有了所谓的拉动经济增长的"三驾马车"一说。如果从需求的主体分,还可以把前两项统称为内需,后一项称为外需。

应该说,这种区分方法有一定的价值。20 世纪 90 年代末的东南亚金融危机对我国的外需产生了极大的冲击。为确保我国经济较快平稳增长,我国政府采取了扩大内需的政策。从大学扩招、"黄金周"、消费信贷增加消费的措施,到西部大开发、南水北调、西气东输等重大工程的启动,目的就在于尽可能地扩大消费和增加投资。2008 年爆发的全球经济危机再一次使我国的外需遭受重创。据统计,2009 年我国进出口总额 22 073 亿美元,比 2008 年下降13.9%。其中,出口 12 017 亿美元,下降 16%,进口 10 056 亿美元,下降 11.2%。面对国际局势,我国政府适时启动了 4 万亿的经济刺激政策,采取加大基础设施投资,实施新能源发展战略,加快收入体制改革、社会保障改革和医疗体制改革等措施,提升国内需求对经济的拉动作用。

(摘自:周清杰,《宏观经济学》)

二、用收入法核算 GDP

收入法就是通过把参加生产过程中所有生产要素的所有者的收入相加来获得国内生产总值的一种方法。在产品和服务的生产过程中,各生产要素会得到其回报,收入法又被称为要素收入法。为了弄清国内生产总值与收入之间的关系,需要分析一下企业的增加值是如何分配的。增加值的一部分付给企业的雇员作为工资和薪金;一部分付给企业租用的土地、房屋等的所有者作为租金;一部分付给银行等金融机构作为贷款利息;一部分付给政府作为税收;一部分是资本折旧;剩下的是企业利润。按收入法计算的各项要素收入的内容如下:

1. 雇员报酬、租金和利息等生产要素的报酬

雇员报酬包括所有对雇员支付的薪酬、津贴和福利费等，也包括雇员需要缴纳的所得税和社会保险税等。租金包括出租土地、房屋等的租赁收入以及专利、版权的收入。因为此处考察的是企业的成本，因此利息是指人们给企业提供货币资金所获得的利息收入，而政府公债利息以及消费信贷利息应排除在计算范围之外。

2. 非公司制企业的企业主收入

在业主制和合伙制企业中（如律师事务所、私人诊所等），企业主使用自己的资金、自我雇佣，其工资、租金、利息、利润等常常混杂在一起。要将这些要素报酬准确地分开是非常困难的，因此，国民收入统计学家在计算 GDP 时，就把这种所有者兼经营者、劳动者甚至更多身份的各种收入合并为企业主收入一项。

3. 公司制企业的税前利润

对于公司制企业（包括有限责任公司和股份有限公司）而言，公司的利润（税前利润）是收入法核算 GDP 的重要内容，它主要包括公司所得税、社会保险税、股东红利以及公司未分配利润等。

4. 企业转移支付及企业间接税

以上所说的要素收入，对于企业而言就是要素成本，然而，要素成本并不等于产品或服务的市场价值。企业转移支付和企业间接税是形成二者差别的主要原因之一，因为这些款项虽然不是生产要素创造的收入，但要通过产品价格转嫁给购买者，所以也应视为产品成本。企业转移支付包括企业对个人或非营利组织的社会慈善捐款和消费者呆账；企业间接税包括货物税或销售税、周转税等。

5. 资本折旧

资本折旧虽然被计入产品的价格中，但是这部分成本只是为了维持初期的资本存量规模不变，并非本期的要素成本。因而，资本折旧作为资本存量在计算期的损耗是没有被统计在以上介绍的要素收入中的，因此，还要在以上的基础上加入本期发生的资本折旧，才能得到较为完整的国内生产总值。

通过以上分析，可以得到用收入法核算 GDP 的公式：

$$\text{GDP}=\text{雇员报酬}+\text{租金}+\text{利息}+\text{利润}+\text{间接税和企业转移支付}+\text{折旧} \qquad (2-2)$$

例 2-2　假设某国某年发生如下经济活动：(1) 一银矿公司支付 8 万美元给矿工开采了 50 千克银卖给一银器制造商，售价 11 万美元；(2) 银器制造商支付 5 万美元工资给工人加工了一批首饰卖给消费者，售价 45 万美元。

求：(1) 每个生产阶段生产多少价值？用增值法计算 GDP。

(2) 在生产活动中赚到的工资和利润各为多少？用收入法计算 GDP。

解：(1) 该过程一共经历了如下阶段：开采阶段、银矿公司销售阶段、加工首饰阶段、制造商销售阶段。各阶段的生产增值情况如下：

① 开采阶段：增值 8 万美元。

② 银矿公司销售阶段：售价 11 万美元，其中支付给矿工的 8 万美元为成本，此过程增值 11－8＝3(万美元)。

③ 加工首饰阶段：给加工工人支付 5 万美元，增值 5 万美元。

④ 制造商销售阶段：共售价 45 万美元，其中，原材料成本为 11 万美元，工人工资为 5 万美元，因此此阶段增值 45－11－5＝29(万美元)。

因次，用增值法计算 GDP 可得：8＋3＋5＋29＝45 万美元。

(2) 在生产过程中，共支付两次工资：矿工工资 8 万美元，加工工人工资 5 万美元，共 8＋5＝13(万美元)。

银矿公司的利润：最终收入为 11 万美元，支付工人工资 8 万美元，利润为 11－8＝3(万美元)。

银器制造商的利润：最终收入 45 万美元，其中原材料成本 11 万美元，工人工资 5 万美元，最终获利 45－11－5＝29(万美元)。

因此生产活动中获得的利润为 3＋29＝32(万美元)。

用收入法计算 GDP＝工资＋利润＝13＋32＝45 万美元。

【案例 2-2】　　我国国内生产总值是如何确定的?

国家统计局每年公布的国内生产总值数据是怎么得到的呢？据国家统计局发布的《中国国内生产总值年度核算说明》，我国的国内生产总值计算需要经过以下几个过程：初步核算过程、初步核实过程和最终核实过程。由于我国季度 GDP 核算采用累计核算的方式，所以 1～4 季度的 GDP 初步核算即为年度 GDP 初步核算。年度 GDP 初步核算在次年 1 月 20 日之前完成。年度 GDP 初步核算采用季度 GDP 核算方法得到。年度 GDP 初步核实在次年 9 月底之前完成。之所以做年度 GDP 初步核实，是因为取得了更加全面、可靠的基础资料，这些资料包括国家统计局专业统计年报资料、部分行业的年度财务资料等。利用这些资料，可采用生产法或收入法分行业核算其增加值。年度 GDP 最终核实在隔年 1 月份完成。之所以做年度 GDP 最终核实，是因为在年度 GDP 初步核实之后，又取得了一些新的基础资料，主要包括财政决算资料和部分行业的年度财务资料。与年度 GDP 初步核算类似，利用这些资料，可采用生产法或收入法分行业核算其增加值。

根据国家统计局 2014 年 1 月发布的《国家统计局关于 2012 年 GDP 最终核实的公告》，2012 年 GDP 现价总量为 519 470 亿元，比初步核实数增加了 528 亿元，按不变价格计算，比上年增长 7.7%，与初步核实数相同。

根据国家统计局 2014 年 7 月发布的《2014 年上半年我国 GDP 初步核算情况》公告，2014 年上半年我国 GDP 初步核算绝对值为 269 044 亿元，其中第一产业为 19 812 亿元，第二产业为 123 871 亿元，第三产业为 125 361 亿元。

(资料来源：国家统计局)

第四节　国民收入中的其他指标

在国民经济核算体系中，除了国内生产总值外，还有几个与之相关联的指标，如国民生产总值、国内生产净值、国民收入、个人收入以及个人可支配收入。这几个总量概念是经济学家经常提到的指标，掌握这些指标有助于我们更好地理解经济学家的思想和相关政策的真正意图。另外，这些指标能更全面、准确地为我们刻画经济社会的特征。下面我们逐个介绍以上几个经济总量指标。

1. 国内生产总值

国内生产总值(Gross Domestic Product，GDP)计量的是一定时期内一个国家所有的生产活动的价值。“某年某国产出多少”就是指国内生产总值。国内生产总值中的“总”就是指在计算各个生产单位的产出时，未扣除当期的资本耗费即折旧，如果扣除资本耗费，那就是国内生产净值。

2. 国民生产总值

国民生产总值(Gross National Product，GNP)是和国内生产总值(GNP)相同但又有区别的经济范畴。国民生产总值是指一个国家所拥有的生产要素在一定时期内所生产的所有最终产品和所提供服务的价值总和。国民生产总值是按国民原则计算的。国民原则是指，凡是本国公民(指常住居民)所创造的收入，不管是否在国内，都计入国民生产总值。国内生产总值是按国土原则计算的。国土原则是指，凡是在本国领土上创造的收入，不管是否由本国国民所创造，都要被计入国内生产总值。

通过以上分析，可以得到国内生产总值和国民生产总值之间的关系：

$$GNP = GDP + \text{本国国民在国外取得的要素收入} - \text{外国人在本国取得的要素收入} \quad (2-3)$$

3. 国内生产净值

国内生产净值(Net Domestic Product，NDP)是指一个国家一年内新增加的产值，即在国内生产总值中扣除折旧之后的产值。在计算国内生产总值时，尽管只计算了最终产品的价值，但还是存在重复计算，折旧这部分价值就被两次计入国内生产总值。折旧作为资本消耗的补偿，它包括在总投资中，但它并没有增加资本存量。在国内生产总值的投资这一项中，投资是指一国资本存量的增加，是一国新增加的资本存量。但在投资中没有考虑经过一年的使用，资本的磨损和老化而产生的损耗。要计算资本的增加量即净投资，必须在国内私人总投资项目中减去折旧这一部分，总投资是一定时期内的全部投资，而净投资是总投资中扣除了资本消耗或者说重置投资部分，即总投资－折旧＝净投资。需要进一步说明的是，国内生产净值反映了一国一年内所生产的产品以及劳务价值的净增加额，理论上它比国内生产总值更能真实地反映实际情况，但由于国内生产总值比国内生产净值更容易统计，而且各国折旧的政策和计算方法不同，所以国际上还是经常使用国内生产总值这一总量指标。

通过以上分析，可以得到国内生产净值与国内生产总值之间的关系：

$$NDP = GDP - \text{折旧} \quad (2-4)$$

4. 国民收入

国民收入(National Income，NI)这一概念有广义和狭义两种用法。在广义上，国民收入指本章的一切概念，如国内生产总值、国内生产净值等。在狭义上，国民收入指一国生产要素在一定时期内提供生产性服务所得报酬，即工资、利息、租金和利润的总和。在这里所要介绍的国民收入是狭义的国民收入概念。由于使用生产要素的企业要从收益中减去向政府缴纳的各种间接税,如产品税,从而相应地减少了要素所有者的收入。由于间接税从形式上由企业负担,实际上是附加在成本之上的,在销售时转嫁出去了,既不是任何生产要素提供的,也不能为任何生产要素所获得。同理,企业转移支付虽然构成了产品价格,但不能成为要素收入。相反,政府给企业的补助金虽然不列入产品价格,但成为要素收入。因此,国内生产净值减去间接税和企业转移支付加政府补助金就是要素得到的全部收入。总之,国民收入表达的是一国所有生产要素所有者的收入,同时也表示这些生产要素对一国产出所作的贡献。

通过以上分析,我们可以得到国内生产净值与国民收入之间的关系:

$$\text{NI}=\text{NDP}-\text{间接税}-\text{企业转移支付}+\text{政府补助金} \tag{2-5}$$

5. 个人收入

个人收入(Personal Income,PI)指的是个人实际得到的收入。国民收入并不完全等于个人在一定时期内实际得到的收入。例如,利润收入中要给政府缴纳公司所得税,公司还要留下一部分利润,只有一部分利润才会以红利和股息形式分给个人,职工收入中也有一部分要以社会保险费的形式上缴有关机构。另一方面,人们也会以各种形式从政府那里得到转移支付,如退伍军人津贴、工人失业救济金、职工养老金等。因此,从国民收入中减去公司未分配利润、公司所得税及社会保险税,加上政府给个人的转移支付,大体上就得出个人收入。

通过以上分析,我们可以得到个人收入和国民收入之间的关系:

$$\text{PI}=\text{NI}-\text{公司所得税}-\text{公司未分配利润}+\text{政府给个人的转移支付} \tag{2-6}$$

6. 个人可支配收入

个人可支配收入(Disposable Personal Income,DPI)是从个人收入中派生出来的一项指标。它是指一个国家一年内个人可以支配的全部收入,即个人可以直接支配、用于消费或者储蓄的收入。从个人收入中减去个人所得税,就成为个人可以自由支配的收入。个人可支配收入不是用于消费,就是用于储蓄。

个人可支配收入与个人收入之间的关系如下:

$$\text{DPI}=\text{PI}-\text{个人收入所得税} \tag{2-7}$$

第五节 国民收入的基本公式

在这一节里,我们将介绍几个重要的国民收入关系式。从宏观经济角度看,参与国民经济运行的有企业、居民、政府和外国经济体这四个经济部门。我们的分析从简单的两部门经济出发,进而研究三部分、四部门经济,最后得出储蓄-投资恒等式。

一、两部门经济模型

在最简单的两部门经济模型中,经济活动的主题是企业和居民。企业是指提供最终产品和服务的所有生产经营者的总和;居民是指生产要素所有者的总和,也是所有消费者的总和。在该经济模型中,有三个假设:① 经济是封闭型的,不存在对外贸易,即没有国外经济体;② 政府和经济活动没有关系,即不存在各种税收;③ 暂时不考虑折旧和企业未分配利润。这样,国内生产总值就等于国内生产净值和国民收入,都用 Y 表示。在两部门经济中,没有税收、政府购买以及进出口贸易，国民收入的构成情况将是这样的：

从支出的角度看，由于把企业库存的变动作为存货投资，因此，国内生产总值等于消费加投资，即 $Y=C+I$。从收入的角度看，由于把利润看作是最终产品卖价超过工资、利息和租金后的余额，因此，国内生产总值就等于总收入，总收入一部分用于消费，一部分用于储蓄（用 S 表示），即 $Y=C+S$。

通过以上分析，可以得到 $C+I=Y=C+S$，于是

$$I = S \tag{2-8}$$

这就是储蓄-投资恒等式。

这里需要注意的是，储蓄-投资恒等式是根据储蓄和投资的定义得出的。根据定义，国内生产总值等于消费加投资，国民总收入等于消费加储蓄，而国内生产总值又等于国民总收入。于是，便有了投资等于储蓄的结论。只要遵循这些定义，储蓄和投资就一定相等，而不管经济是处于充分就业，还是萧条。此处推出的两部门经济中总供给（消费加储蓄）和总需求（消费加投资）的恒等关系，是从国民收入会计角度来看的。这种由定义而来的恒等关系绝不意味着人们的意愿（或者说事前计划的）储蓄总等于企业想要有的（或者说事前计划的）投资。事实上，计划储蓄与计划投资分别是由不同的经济主体实施的，因此两者在更多的时候并不相等。如果计划储蓄大于计划投资，则经济趋于收缩；反之，经济趋于扩张。在以后的章节中，我们分析宏观经济的均衡时，所说的投资和储蓄相等，是指计划投资等于计划储蓄，或者事前投资等于事前储蓄。

二、三部门经济模型

三部门经济是指在居民和企业以外加上政府部门的经济活动。政府的经济活动包括两个方面的内容：一是政府向居民和企业征税，获得政府收入；二是政府对最终产品和服务的购买，形成政府支出，以及政府的转移支付。

从支出的角度看，国内生产总值等于消费、投资和政府购买的总和，可用公式表示为 $Y=C+I+G$。按理说，政府给居民的转移支付同样要形成对产品的需求，从而应列入公式，但这一需求已包括在消费和投资中，因为居民得到了转移支付后，仍用于消费和投资，因此这里政府支出仅指政府购买。从收入角度看，国内生产总值等于要素收入工资、利息、租金与利润的总和。此时总收入的用途，除了消费和储蓄外，还需要向政府缴纳税收。但是，由于居民还会得到政府的转移支付，所以税金减去转移支付得到的才是政府的净收入，也就是国民收入中归于政府的一部分。假定用 T_0 表示全部税金收入，T_r 表示政府转移支付，T 表示政府的净收入，那么 $T=T_0-T_r$，这样，从收入角度来看，国民收入的构成就是 $Y=C+S+T$。

通过以上分析，可以得到 $C+I+G=Y=C+S+T$，于是，$I+G=S+T$，转换可得

$$I = S + (T - G) \tag{2-9}$$

这里，$(T-G)$ 可以看作政府储蓄，因为 T 表示政府净收入，G 表示政府购买性支出，二者的差额就是政府储蓄。于是公式 $I=S+(T-G)$ 的含义就是该经济社会的国民储蓄（私人储蓄和政府储蓄之和）等于投资。

三、四部门经济模型

在三部门经济中加入国外经济体这一经济部门就构成了四部门经济。

在四部门经济中，由于有了对外贸易，从支出的角度看，国民收入就等于消费、投资、政府购

买和净出口的总和,即 $Y=C+I+G+NX$。从收入的角度看,如果把 K_r 定义为本国居民对外国人的转移支付(如对国外的慈善捐款),那么国民收入的构成就可以表示为 $Y=C+S+T+K_r$。

通过以上分析,可以得到 $C+I+G+NX=Y=C+S+T+K_r$,于是 $I+G+NX=S+T+K_r$,转换可得

$$I=S+(T-G)+(K_r-NX) \tag{2-10}$$

从本国的立场来看,NX 代表净出口,代表其他国家与本国进行贸易的净支出,K_r 代表其他国家从本国获得的收入,因此(K_r-NX)表示外国对本国的储蓄。这样,公式 $I=S+(T-G)+(K_r-NX)$ 就表示四部门经济中总储蓄(私人储蓄、政府储蓄和国外经济体储蓄之和)等于投资。

上面我们逐一分析了两部门、三部门和四部门的国民收入构成的基本公式,从而得到了投资和储蓄恒等式。在分析时我们把折旧和企业间接税排除在外,实际上,即使把它们加入进来,投资和储蓄恒等式也是成立的。如果上述 Y 指 GDP,则上述所有等式两边的 I 和 S 分别表示包含了折旧的总投资和总储蓄;如果 Y 表示 NDP,则等式两边表示不包含折旧在内的净投资和净储蓄;如果 Y 表示 NI,则 C、I、G 是按出厂价计量的,等式两边减少了一个相同的等于间接税的量值。可见,无论 Y 表示哪一个国民收入总量,只要其他变量的意义能和 Y 的概念一致,储蓄-投资恒等式就是成立的。

第六节 名义 GDP 与实际 GDP

宏观经济学家在计算经济社会的总产出时,用最终产品和服务的价值形式解决了不同产品和服务在物质形态上的不可相加性。但是,市场价值会因价格的变化而变化,从而引起 GDP 的变化。为了剔除价格因素对 GDP 的影响,需要区分名义 GDP 与实际 GDP。

名义 GDP 是用生产物品和劳务的当年价格计算的全部最终产品和服务的市场价值。实际 GDP 是用从前某一年作为基期价格计算出来的全部最终产品的市场价值。下面以表 2-1 中的数据来具体说明名义 GDP 与实际 GDP 的计算方法以及它们之间的相互关系。

假设某经济社会只有美发服务和水杯这两个最终产品和服务。2006 年,美发服务业美发的单价为 20 元/次,共产生了 10 次服务,水杯的单价为 10 元/个,共生产了 15 个,因此 2006 年的名义 GDP 为 350 元。2013 年,美发服务的单价上涨为 35 元/次,共产生了 12 次服务,水杯的单价上涨为 15 元/个,共生产了 20 个水杯,那么 2013 年的名义 GDP 为 720 元。下面以 2006 年的价格为基期价格来计算 2013 年的实际 GDP,即美发服务的单价依然为 20 元/次,水杯的单价为 10 元/个,此时计算出的 2013 年实际 GDP 为 440 元。

表 2-1 名义 GDP 与实际 GDP 的区别:一个例证

项 目	2006 年的名义 GDP/元	2013 年的名义 GDP/元	2013 年的实际 GDP/元
美发服务	20×10=200	35×12=420	20×12=240
水 杯	10×15=150	15×20=300	10×20=200
合 计	200+150=350	420+300=720	240+200=440

2013 年名义 GDP 和实际 GDP 的差别,可以反映出这一时期和基期相比价格变动的程度。在上例中,720÷440=163.6%,说明从 2006 年到 2013 年,该经济社会上升了 63.6%。

在这里，163.6%称为GDP折算指数。GDP折算指数是指名义GDP和实际GDP的比率。如果知道了GDP折算指数，就可以在名义GDP与实际GDP之间进行转换，其公式为

实际GDP＝名义GDP÷GDP折算指数　　(2-11)

例2-3　假设一经济社会生产三种产品：房子、猪肉和青菜。它们在2007年和2013年的产量和价格分别如表2-2所列。

表2-2　三种产品在2007年和2013年的产量和价格

产　品	2007年		2013年	
	数　量	单位价格/美元	数　量	单位价格/美元
房子/平方米	100	1 000	110	1 050
猪肉/千克	200	4	200	6
青菜/千克	500	0.2	450	0.5

求：(1) 2007年和2013年的名义GDP。

(2) 如果以2007年作为基期，那么2007年和2013年的实际GDP为多少？

(3) 如果以2007年作为基期，那么2013年的GDP折算指数是多少？

解：(1) 2007年名义GDP＝100×1 000＋200×4＋500×0.2＝100 900(美元)。

2013年名义GDP＝110×1 050＋200×6＋450×0.5＝116 925(美元)。

(2) 2007年实际GDP＝100×1 000＋200×4＋500×0.2＝100 900(美元)。

2013年实际GDP＝110×1 000＋200×4＋450×0.2＝110 890(美元)。

(3) 2013年的实际GDP为110 890美元，名义GDP为116 925(美元)。

GDP折算指数＝名义GDP÷实际GDP＝116 925÷110 890＝1.054。

本章小结

1. 国民经济核算是以整个国民经济为总体的全面核算，它以一定的经济理论为指导，综合应用统计核算、会计核算、业务核算，从实物资产、金融资产、物质产品和劳务等各个角度，以各种流量和存量的形式，对能反映整个国民经济状况的各种重要指标及其组成成分做系统的测定，并把各种指标组成一个系统来综合描述一国或一地区国民经济的联系和结构的全貌。国民经济核算的工具是国民经济核算体系(SNA)。国民经济核算体系是指在一定经济理论的指导下，综合应用统计、会计、数学等方法，为测定一个国家(地区、部门)在特定时期内的经济活动(流量)和特定时点上的经济成果(存量)所构成的一个相互联系的系统。其各项总量指标及其组成，是进行经济分析、经济预测和决策研究的重要依据。

2. 国内生产总值(GDP)是指经济社会(即一国或一地区)在一定时期内运用生产要素所生产的全部最终产品(物品和劳务)的市场价值。理解该概念时注意以下几点：国内生产总值是一个市场价值的概念，它是按市场价格来进行计算的；“最终产品”说明国内生产总值测度的是最终产品和劳务的价值，中间产品价值不应该计入国内生产总值，因为它会造成重复计算；“所生产的”说明计入国内生产总值的应该是在一定时期内所生产的最终产品价值，与实际销量无关；“在本国领土上”蕴含着地域原则；“一定时期”说明计入国内生产总值的是核算期内(往往是一年)所生产的产品和服务，不包括以前生产、当前仍在使用的产品；GDP是流量概念，而非存量概念。

3. 核算 GDP 可用生产法、支出法和收入法,最常用的是后两种方法。用支出法核算 GDP=消费 C+投资 I+政府购买 G+净出口($X-M$)。用收入法核算 GDP=雇员报酬+租金+利息+利润+间接税和企业转移支付+折旧。

4. 在国民收入核算体系中,还有其他几个总量指标。国民生产总值(GNP)是指一个国家所拥有的生产要素在一定时期内所生产的所有最终产品和所提供服务的价值总和。国内生产净值(NDP)是指一个国家一年内新增加的产值,即在国内生产总值中扣除折旧之后的产值。国民收入(NI)指一国生产要素在一定时期内提供生产性服务所得报酬,即工资、利息、租金和利润的总和。个人收入(PI)指的是个人实际得到的收入。个人可支配收入(DPI)是指一个国家一年内个人可以支配的全部收入,即个人可以直接支配、用于消费或者储蓄的收入。这些概念通过一定的关系互相关联着。

5. 国民收入核算体系中存在着储蓄和投资恒等式。在两部门、三部门、四部门经济中,这一恒等式分别是 $I=S$;$I=S+(T-G)$;$I=S+(T-G)+(K_r-\mathrm{NX})$。

6. 国内生产总值有名义 GDP 和实际 GDP 之分。名义 GDP 使用生产物品和劳务的当年价格计算的全部最终产品和服务的市场价值。实际 GDP 使用从前某一年作为基期价格计算出来的全部最终产品的市场价值。某个时期名义 GDP 与实际 GDP 总值之间的差别,可以反映这一时期和基期相比的价格变动程度。实际 GDP=名义 GDP÷GDP 折算指数。

自测题

1. 什么是最终产品?什么是中间产品?
2. 说明经济中流量和存量的联系和区别。
3. 什么是国内生产总值?怎么核算国内生产总值?
4. 说明 GDP、GNP、NDP、NI、PI、DPI 的概念以及它们之间的联系和区别。
5. 说明两部门、三部门和四部门的储蓄-投资恒等式的含义。

【拓展阅读】　　GDP 增加等于生活福利水平提高吗?

有关资料显示,1978—2001 年,中国 GDP 剔除价格因素后年均增长 9.4%,与日本和亚洲四小龙高速增长时期增速相当,是同期世界经济增速的 3 倍,位居世界之首。中国经济在取得令世界瞩目的成就,但同时也有隐患令人担忧——发展中消耗了太多原材料。比如创造 1 万美元价值所需的原料,是日本的 7 倍,是美国的近 6 倍,或许更令人尴尬的结果是,比印度还多 3 倍。空气污染也成为困扰中国城市的主要问题。由于空气和水已经被污染,中国的 GDP 为此损失了 8%～15%,还没有包括健康问题的损失。此外,城乡收入差距明显。据国家统计局公布的年度数据,2013 年我国城镇居民家庭人均可支配收入为 26 955.1 元,农村居民家庭人均纯收入为 8 895.9 元,自 1978 年到 2013 年,我国城乡居民人均年收入的绝对额差距增加了 12 倍。2013 年,城镇居民家庭恩格尔系数为 35%,农村居民家庭恩格尔系数为 37.7%,相差近 3 个百分点,虽然相比于 2004 年近 10 个百分点的差距已有明显下降,但城乡收入差距依然是我国经济发展中一个重要问题。同期城乡居民人均收入相差近 2 万元。我国如此快的 GDP 增长速度与发展中存在的诸多问题,向我们展示了 GDP 既有其合理性,但同时也有一定的局限性。

【案例评析】

社会福利是指国家依法为所有公民普遍提供旨在保证一定生活水平和尽可能提高生活质量的资金和服务的社会保障制度。而GDP衡量的只是其中物质生活方面的内容，有关生活质量方面的内容并没有得到反映，如闲暇、自然资源消耗与环境质量、收入分配的公平性等。

闲暇与居民的福利水平有很大的关系。闲暇时间的增加，居民能够有更多时间和家人、朋友相聚以及从事有益于自己身心健康的其他活动。由于闲暇不创造收入，因此由闲暇带来的社会福利水平的增加并没有计入GDP指标。

自然资源和环境影响着一国居民的福利水平。自然资源是一个国家的财富，对其消耗应看作是一种负的存货投资，然而这种消耗并没有相应的账户进行计算。减少污染，甚至实现生产无害化，尽管会增加企业的成本，相应的减少GDP，但能提高人们的生活质量。

收入分配与居民的福利水平也有很大的关系。如果一个社会处于收入分配严重不均的状态，就会加快社会的分化，穷人与富人的对立，从而引发社会动荡，降低居民的社会福利水平。在人均收入相同的情况下，一个贫富差距相对较小的国家居民的整体福利水平显然要大于一个贫富差距过于悬殊的国家。

经济学家托宾(J. Tobin)与诺德豪斯(W. Nordhaus)提出了“经济福利尺度(Measure of Economic Welfare，MEW)”和萨缪尔森提出了“纯经济福利(Net Economic Welfare，NEW)”概念来解决国内生产总值所未能解决的问题。这些经济学家认为，经济活动的根本目的是增进社会的经济福利，既让人们在物质生活和精神生活上获得更大的满足，福利更多的取决于消费而不是生产。

“纯经济福利”和“经济福利尺度”的含义是一样的，都是反映人们实际得到的福利状况的指标。它们对于传统的国内生产总值指标的校正主要包括以下两个方面：

第一，将国内生产总值中未计算但有利于社会福利的活动计入经济福利尺度。

第二，估算出对福利有副作用的污染等，并将其从国内生产总值中扣除。

此外，由于国内生产总值是侧重于经济方面核算的总量指标，没有充分考虑资源与环境因素，随着可持续发展战略的实施，资源、环境、经济之间协调发展提到议事日程，绿色国内生产总值也应运而生。虽然许多国家都在研究绿色国内生产总值上取得了进展，但目前国际上还没有一套公认的绿色国内生产总值核算体系和核算统计方法。

第三章　简单国民收入决定理论

本章知识结构框架图

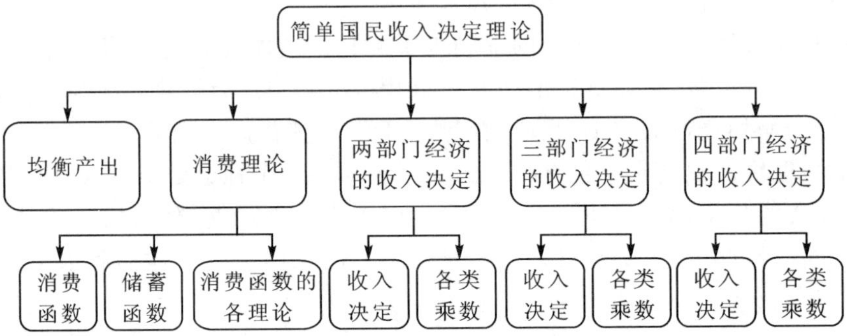

知识导引

本章将探讨经济社会的生产和收入水平是怎样决定的。简单国民收入决定理论，一般可以看作是凯恩斯宏观经济理论，其核心是国民收入的决定。凯恩斯主义的全部理论涉及四个市场：产品市场、货币市场、劳动市场和国际市场。仅包括产品市场的国民收入决定理论称为简单的国民收入决定理论。本章首先介绍了凯恩斯消费理论及有关消费函数的其他理论，而后分别介绍了两部门、三部门和四部门经济的收入决定及各乘数的计算。

本章学习目标

◇ 理解均衡产出的概念。

◇ 掌握凯恩斯消费理论、消费函数和储蓄函数的概念、意义及相互之间的关系。

◇ 理解有关消费函数的其他理论。

◇ 掌握两部门、三部门和四部门经济中收入的决定。

◇ 理解乘数理论，掌握各乘数的意义及计算方法。

关键概念

均衡产出	边际储蓄倾向	政府购买支出乘数
消费函数	平均储蓄倾向	税收乘数
边际消费倾向	相对收入理论	政府转移支付乘数
平均消费倾向	生命周期理论	平衡预算乘数
储蓄函数	投资乘数	对外贸易乘数

第一节　均衡产出

一、最简单的经济关系及其假设条件

分析一个国家的生产和收入如何决定，需要从最简单的经济关系开始。首先，需要作一些假设：

（1）经济中只有家庭（居民）和厂商（企业）两个部门，不存在政府，也不存在国外经济体。消费行为和储蓄行为都发生在居民部门，生产和投资行为都发生在企业部门。这样简单的经济关系称为两部门经济。

（2）企业投资是自主的或外生的，即不随利率和产量而变动。

（3）不管需求量为多少，经济社会均能以不变的价格提供供给。也就是说，当社会总需求变化时，只会引起产量和收入的变动，不会引起价格的变化。这个假设集中反映了凯恩斯对资本主义市场经济运行常态的看法，即资本主义市场经济中经常会出现生产过剩。因为凯恩斯主义理论产生的背景是20世纪30年代的大萧条，当时工人大量失业，资源大量闲置，总需求不足。在这样的情况下，对于总需求来说，供给能力是无限大的，总需求的增加只会使闲置的资源得到利用，从而引起产量的变动，而不会引起价格上升。这条凯恩斯定律被认为适用于萧条经济和短期分析。

（4）公司未分配利润和折旧为零，即企业没有参与总收入的分配，这样，GDP、GNP、NDP、NI和PI都是相等的。

二、均衡产出的概念

在假设条件下，经济社会的产量（国民收入）就决定于总需求。与总需求相等的产出称为均衡产出或均衡收入。也就是说，一个社会的产出取决于总需求，企业根据总需求来安排生产。当产出水平等于总需求水平时，企业生产就会稳定下来；若生产水平（供给）超过需求水平，企业非计划（非意愿）存货就会增加，企业就会减少生产；若生产水平（供给）低于需求水平，企业存货会减少，企业就会增加生产。总之，由于企业要根据产品销路来安排生产，一定会把生产定在和产品需求相一致的水平上。由于两部门经济中没有政府和国外经济体，总需求就由居民消费和投资组成。于是，均衡产出可用公式表示为

$$y = c + i \tag{3-1}$$

这里，y、c、i都用小写字母表示，分别表示剔除价格变动的实际产出或收入、实际消费和实际投资，而不是用大写字母表示的名义产出、名义消费和名义投资。c和i代表的是居民和企业想要有的消费和投资，即意愿消费和投资的数量，而不是国民收入构成公式中实际发生的消费和投资。

举例来说，假定企业由于错误估计形式，生产了1 400亿元的产品，而市场实际需要的只是1 100亿元的产品，于是企业就会有300亿元的产品没有销路，称为非意愿存货投资。存货是处于生产过程中的产品和待出售的成品的存量，包括原材料、在制品和待售产品。企业要正常持续生产经营，就必须保有一定数量的存货，符合生产经营所需要的存货变动是意愿存货投资或计划存货投资，超过生产经营所需要的存货变动就是非意愿或非计划存货投资。这部分存货投资在国民收入核算中是投资支出的一部分，但不是计划投资的一部分。因此，在国民收入核算中，实际产出等于计划（或称为计划需求）加非计划存货投资。但是均衡产出是指和计划需求相一致的产出。因此，在均衡产出水平上，非计划存货投资等于零。

上文已提到，和总需求相等的产出称为均衡产出，也就是经济社会的收入正好等于全体居民和企业想要有的支出。假定企业生产1 000亿元的产品，居民和企业要购买产品的支出也是1 000亿元，那么这1 000亿元的产出就是均衡产出或均衡收入。换句话说，社会经济要处

于均衡收入水平上，就有必要使实际收入水平引起一个相等的计划支出量。若用 E 表示支出，y 表示收入，则经济均衡的条件就是 $E=y$。

在现实经济中，由于总支出的主体，即居民、企业和政府等都是分散进行决策的，企业很难准确地预测出能够满足总支出的产出水平，因此，很容易出现产出水平不等于总支出的情形，但这种产出水平不会一直维持，企业将根据总支出水平调整产出水平，最终实现均衡。均衡收入的实现过程如图 3－1 所示。假定一经济社会居民和企业购买产品的总支出(总需求)为 1 000亿元，那么只有当社会生产的产品为 1 000 亿元时，社会生产才会达到均衡，此时，经济社会实现了均衡的条件，即 $y=E=c+i$。图中横轴表示收入 y，纵轴表示支出 E，从原点出发的 45°线上的各点都表示收入等于支出，因此，均衡产出一定位于 45°线上。若社会的支出水平为 1 000 亿元，则图中的 A 点就表示该水平下的均衡点，此时 $y=E=1\ 000$ 亿元，社会实现均衡，产出水平恰好能够满足经济社会的计划支出(居民的意愿消费加上企业的意愿投资)，此时企业不存在计划外的存货(用 IU 表示)增加或减少，即 IU＝0。

而当社会中总产出水平大于总支出水平，即 $y>E$ 时，整个经济存在商品和服务的过剩以及产品的积压现象，企业非意愿投资 IU＞0。此时企业会减少生产，降低产出水平，直至总产出水平与总支出水平相等为止，即达到均衡产出水平。

当社会中总产出水平小于总支出水平，即 $y<E$ 时，整个经济存在商品和服务的短缺现象，企业会存在非意愿的存货减少现象，即 IU＜0。此时企业会扩大生产，提高产出水平，直至总产出水平与总支出水平相等，即达到均衡产出水平。

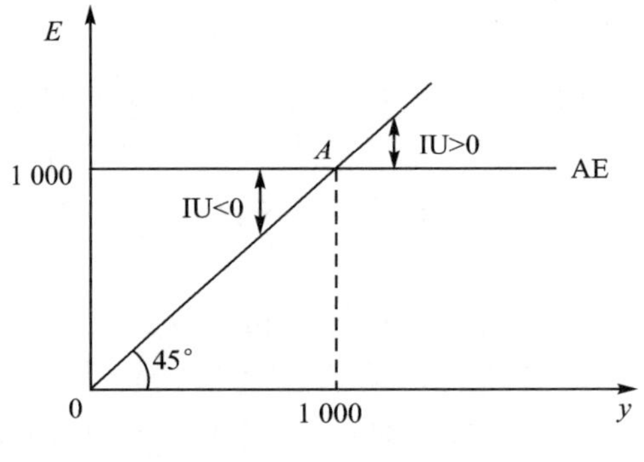

图 3－1　均衡国民收入实现过程

对均衡产出的特点总结如下：

① 均衡产出水平决定于总需求或者总支出水平；

② 在均衡时，非意愿存货为零，总需求全部得到满足；

③ 当总产出水平不等于总支出水平时，通过非意愿存货的调整过程，可以使产出水平收敛于均衡水平。

三、投资等于储蓄

通过以上分析，知道了均衡产出的条件是 $y=E$，也可以表示为企业非意愿存货投资为零，即 IU＝0。这意味着经济社会的产出等于居民和企业的计划支出。由于产出或收入等于计划消费加计划储蓄，即 $y=c+s$；计划支出等于计划消费加投资，即 $E=c+i$，因此 $E=y$ 即为 $c+i=$

$c+s$，消去两边的 c 就很容易推出均衡条件的另一种表达方式：

$$i = s \tag{3-2}$$

投资等于储蓄，意味着要达到均衡，计划投资必须等于计划储蓄，或非计划存货投资为零。这个式子不同于国民收入核算体系中的投资储蓄恒等式。后者所指的投资和储蓄都是根据国民收入核算中的定义得到的实际数字，并且从核算角度来讲总是恒等的。均衡国民收入中 $i=s$，反映的是实体经济中既没有过剩也没有短缺的情形。

第二节　凯恩斯的消费理论

均衡产出既然是指与总需求相一致的产出，那么分析均衡产出是如何决定的，就要分析总需求各个组成部分是如何决定的。其中，消费是总需求中的一个重要组成部分。同时，经济均衡的条件是计划投资等于计划储蓄，要找出储蓄量，就需要先找出消费量的大小，一旦知道消费量的大小，便可从国民收入中减去消费量从而得到储蓄量的大小。

凯恩斯在《就业、利息和货币通论》一书中阐述了他的消费理论，提出了消费倾向这一概念，并指出边际消费倾向递减这一心理规律。为什么不同的消费者或者同一个消费者在不同时期的消费量会有所不同？消费是由什么决定的？我们可以列举出来很多因素，如消费者的收入、商品的价格、个人的财产情况、消费者的年龄和消费理念等。凯恩斯认为，在所有这些影响消费的因素中，最具有决定意义的是个人当期的可支配收入，这种理论被称为绝对收入假说。

一、消费函数

消费和收入之间到底存在什么样的关系？凯恩斯的理论建立在这样一条心理规律的基础上：当人们的收入增加时，消费也会增加，但消费的增加量总是小于收入的增加量，而且随着收入的不断增加，增加的收入中用于消费的比例会越来越小。因此，消费函数可以表示为

$$c = c(y) \tag{3-3}$$

消费与收入的关系可以用平均消费倾向（Average Propensity to Consume，APC）和边际消费倾向（Marginal Propensity to Consume，MPC）来说明。平均消费倾向指平均意义上消费支出在收入中所占的比例，即

$$\mathrm{APC} = \frac{c}{y} \tag{3-4}$$

边际消费倾向是指增加的一个单位收入中用于消费的量，即

$$\mathrm{MPC} = \frac{\Delta c}{\Delta y} \tag{3-5}$$

一般用 β 表示边际消费倾向。若收入的变化趋向于无穷小，则有

$$\beta = \frac{\mathrm{d}c}{\mathrm{d}y} \tag{3-6}$$

由于消费的增加量总是小于收入的增加量，所以一定有 $0<\beta<1$。又因为随着收入的不断增加，增加的收入中用于消费的比例会越来越小，所以 β 的取值会随着收入的增加而递减，这就是边际消费倾向递减规律。

假定某居民的消费和收入之间的关系如表 3-1 所列。

表 3-1 某居民消费收入表

编号	收入/元	消费/元	边际消费倾向(MPC)	平均消费倾向(APC)
A	8 000	9 000	—	1.125
B	10 000	10 000	0.5	1
C	12 000	10 900	0.45	0.908
D	14 000	11 700	0.4	0.836
E	16 000	12 400	0.35	0.775
F	18 000	12 900	0.25	0.717
G	20 000	13 200	0.15	0.66

从表 3-1 中的数字可以看出，当收入是 8 000 元时，该居民消费是 9 000 元，入不敷出。当收入增加至 10 000 元时，消费增加至 10 000 元，此时收支平衡。而后，当收入依次增加至 12 000 元、14 000 元、16 000 元、18 000 元和 20 000 元时，消费分别增加至 10 900 元、11 700 元、12 400 元、12 900 元和 13 200 元。即收入从 8 000 元依次增加 2 000 元时，消费分别增加 1 000 元、900 元、800 元、700 元、500 元和 300 元。消费的增加量总是小于收入的增加量。根据以上数据，可以画出该居民的消费曲线，如图 3-2 所示。

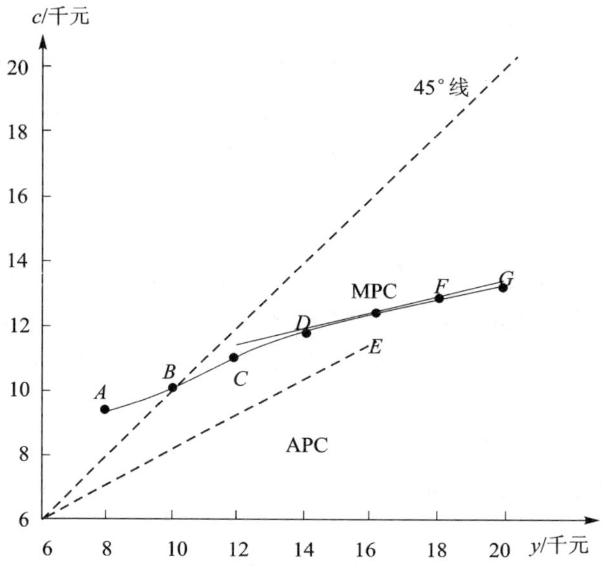

图 3-2 某居民的消费曲线

在图 3-2 中，横轴表示收入 y，纵轴表示消费 c，45°线上任意一点到横纵轴的距离都是相等的，表示收入全部用于消费。$c=c(y)$ 曲线是该居民的消费曲线，表示消费和收入之间的关系。图中，45°线与消费曲线交于点 B，此时收入全部用于消费。在 B 点左方，消费大于收入，入不敷出；在 B 点右方，消费小于收入，表示收入只有部分用于消费。随着消费曲线向右延伸，消费曲线与 45°线的距离越来越大，表示收入和消费之间的差距越来越大，即消费增加的幅度越来越小于收入增加的幅度。消费曲线上任意一点的斜率，都是与这一点相对应的边际消费倾向，而消费曲线上任一点与原点之间连线的斜率是这一点相对应的平均消费倾向。从图中的消费曲线可以看出，随着消费曲线向右延伸，曲线上各点的斜率越来越小，即表示随着收入的增加，边际消费倾向越来越小；同时，曲线上各点与原点之间连线的斜率也逐渐减小，表示随着收入的增加，平均消费倾向也越来越小。但是可以看出，曲线上各点的斜率永远小于该点与原点之间连线的斜率，说明边际消费倾向始终小于平均消费倾向。由于消费增量只是收入增量的一部分，因此边际消费倾向总是大于0而小于1，但是平均消费倾向则可能大于、等于或小于1，因为消费可能大于、等于或小于收入。

以上列举的是边际消费倾向递减的情况，如果消费和收入之间存在线性关系，那么边际消费倾向β就是一个常数，这时消费函数可以表示为

$$c = \alpha + \beta y \tag{3-7}$$

式中，α为必不可少的自发消费部分，也就是与收入水平无关的消费，即使收入为零，这部分消费也是需要发生的；β是边际消费倾向；βy为引致消费部分，表示随着收入的增加，引致消费也会增加。因此，该式的含义为消费等于自发消费与引致消费之和。

假设某线性消费函数中，α为2 000元，边际消费倾向为0.7，则$c=2\ 000+0.7y$；也就是说，当收入每增加1元时，其中有0.7元是用于增加消费，只要知道收入水平y，那么就可以根据该消费函数得到消费数额。该函数的消费曲线如图3－3所示。在图3－3中，横轴表示收入y，纵轴表示消费c，消费函数为一条向右上方倾斜的直线，截距为2 000，代表自发消费支出，直线的斜率为0.7，表示边际消费倾向。

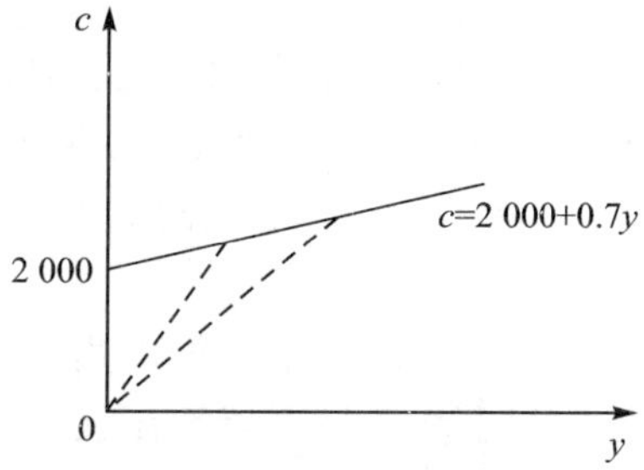

图3－3　线性消费曲线

在图3－3中，更易看出平均消费倾向大于边际消费倾向这一点，因为消费曲线上任一点的斜率都小于该点与原点之间连线的斜率。从公式来看，$APC=\frac{c}{y}=\frac{\alpha+\beta y}{y}=\frac{\alpha}{y}+\beta$，$\beta$为边际消费倾向MPC，即有$APC=\frac{\alpha}{y}+MPC$，又因为$\frac{\alpha}{y}>0$，所以APC>MPC。

例3－1　已知某经济体的消费函数为$c=200+0.8y$。

求：(1) 当国民收入水平为2 000时，消费水平为多少？此时的平均消费倾向和边际消费倾向为多少？

(2) 当国民收入水平提高200时，消费水平增加多少？

解：(1) 题中给出消费函数为$c=200+0.8y$，当$y=2\ 000$时，代入公式可得

$$c = 200 + 0.8y = 200 + 0.8 \times 2\ 000 = 1\ 800$$

即当国民收入水平为2 000时，消费水平为1 800。

此时的平均消费倾向为

$$APC = \frac{c}{y} = \frac{1\ 800}{2\ 000} = 0.9$$

边际消费倾向$MPC=\beta=0.8$。

(2) 由于边际消费倾向$MPC=\frac{\Delta c}{\Delta y}=\beta=0.8$，因此当收入水平提高200时，即$\Delta y=200$时，消费水平提高

$$\Delta c = MPC \times \Delta y = 0.8 \times 200 = 160$$

即当收入水平提高200时，消费水平提高160。

【案例 3-1】　　中美边际消费倾向之比较

据估算,美国的边际消费倾向现在约为 0.68,中国的边际消费倾向约为 0.48。也许这种估算不一定十分准确,但是一个不争的事实是,中国的边际消费倾向低于美国。为什么中美边际消费倾向有这种差别呢?一些人认为,这种差别在于中美两国的消费观念不同,美国人崇尚享受,今天敢花明天的钱,中国人有节俭的传统,一分钱要掰成两半花。但在经济学家看来,这并不是最重要的。消费观念属于伦理道德范畴,由经济基础决定,不同的消费观来自不同的经济基础。还要用经济与制度因素来解释中美边际消费倾向的这种差别。美国是一个成熟的市场经济国家,经济总体上是稳定的;美国的社会保障体系较为完善,覆盖面广而且水平较高。而我国正在从计划经济转向市场经济,社会保障体系还没有完全建立起来。

二、储蓄函数

在宏观经济中,储蓄被定义为可支配收入中没有被消费的部分。一般来说,在其他条件不变的情况下,储蓄随着收入的变化而呈同方向的变化,即收入增加,储蓄也增加;收入减少,储蓄也减少。但二者之间并没有按同一比例变动。设 s 代表储蓄,y 代表收入,则储蓄函数可以表示为

$$s = s(y) \tag{3-8}$$

储蓄与收入的关系也可以用平均储蓄倾向(APS)和边际储蓄倾向(MPS)来说明。平均储蓄倾向指平均意义上储蓄在收入中所占的比例,即

$$\text{APS} = \frac{s}{y} \tag{3-9}$$

边际储蓄倾向是指增加的一个单位收入中用于储蓄的量,即

$$\text{MPS} = \frac{s}{\Delta y} \tag{3-10}$$

当收入与储蓄量极小时,边际储蓄倾向还可以表示为

$$\text{MPS} = \frac{\mathrm{d}s}{\mathrm{d}y} \tag{3-11}$$

仍以上文列举的某居民为例,表 3-2 为该居民的储蓄收入表。从表中数据可以看到,当收入为 8 000 元时,消费 9 000 元,此时储蓄为 −1 000 元,即不仅没有储蓄,还需要借钱满足必需的消费;当收入增加至 10 000 元时,储蓄为 0 元;当收入分别增加到 12 000 元、14 000 元、16 000元、18 000 元和 20 000 元时,储蓄分别增加到 1 100 元、2 300 元、3 600 元、5 100 元和 6 800元。即收入依次增加 2 000 元,储蓄依次增加 1 000 元、1 100 元、1 200 元、1 300 元、1 500元和 1 700 元,随着收入的增加,储蓄也在增加,与消费不同的是,储蓄增加得越来越多。

表 3-2　某居民储蓄收入表

编　号	收入/元	消费/元	储蓄/元	边际储蓄倾向(MPS)	平均储蓄倾向(APS)
A	8 000	9 000	−1 000	—	−0.125
B	10 000	10 000	0	0.5	0
C	12 000	10 900	1 100	0.55	0.002
D	14 000	11 700	2 300	0.6	0.164
E	16 000	12 400	3 600	0.65	0.225
F	18 000	12 900	5 100	0.75	0.283
G	20 000	13 200	6 800	0.85	0.34

根据表 3-2,可以画出该居民的储蓄曲线,如图 3-4 所示。图中,横轴表示收入 y,纵轴表示储蓄 s。图中曲线与横轴交于点 B,表示在 B 点,居民的储蓄为零,收入全部用于消费。在 B 点左侧,储蓄为负值;在 B 点右侧,储蓄为正值。随着储蓄曲线向右延伸,储蓄曲线向上倾斜的程度越来越大,即储蓄增加的幅度越来越大。储蓄曲线上任意一点的斜率,都是与这一点相对应的边际储蓄倾向,而储蓄曲线上任一点与原点之间连线的斜率是这一点相对应的平均储蓄倾向。从图中的消费曲线可以看出,随着储蓄曲线向右延伸,曲线上各点的斜率越来越大,即表示随着收入的增加,边际储蓄倾向越来越大;同时,曲线上各点与原点之间连线的斜率也逐渐增大,表示随着收入的增加,平均储蓄倾向也越来越大。由于储蓄增量只是收入增量的一部分,因此边际储蓄倾向总是大于 0 而小于 1,但平均储蓄倾向则可能大于、等于或小于 0,因为储蓄可能大于、等于或小于 0,但平均储蓄倾向也是小于 1 的,因为收入只能部分用于储蓄。

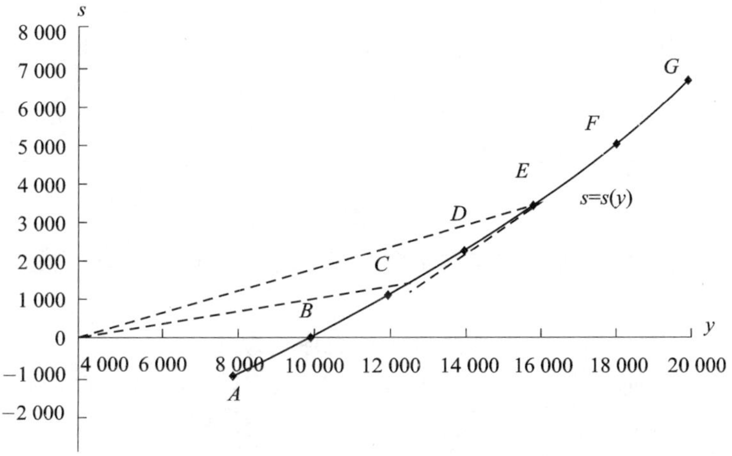

图 3-4　某居民的储蓄曲线

如果储蓄和收入呈线性关系,即储蓄曲线和消费曲线都为一条直线,则由于 $s=y-c$,且 $c=\alpha+\beta y$,于是可以得到线性储蓄函数表达式为

$$s = y - c = y - (\alpha + \beta y) = -\alpha + (1-\beta)y \qquad (3-12)$$

按照上例,$\alpha=2\ 000$,$\beta=0.7$,那么 $s=-2\ 000+(1-0.7)y=-2\ 000+0.3y$。线性储蓄曲线的图形如图 3-5 所示。

储蓄被定义为收入和消费之差,那么储蓄函数和消费函数之间必然存在着一些关系。下面就简要探讨一下二者之间的关系。

首先,消费函数和储蓄函数互为补数,从公式来看,$s=y-c=y-(\alpha+\beta y)=-\alpha+(1-\beta)y$。为简便分析,假设消费函数和储蓄函数都为线性函数,图 3-6 展示了消费曲线和储蓄曲线之间的关系。在图中,当收入为 y_0 时,消费支出等于收入,即收入全部用于消费,此时储蓄为零,消费曲线与 45°线交于点 A,储蓄曲线与横轴相交。在 A 点左方,消费曲线位于 45°线之上,表示消费支出多于收入,储蓄曲线位于横轴下方,即储蓄为负值;在 A 点右方,消费曲线位于 45°线之下,表示消费支出少于收入,剩余的那部分收入用于储蓄,因此储蓄曲线位于横轴上方。

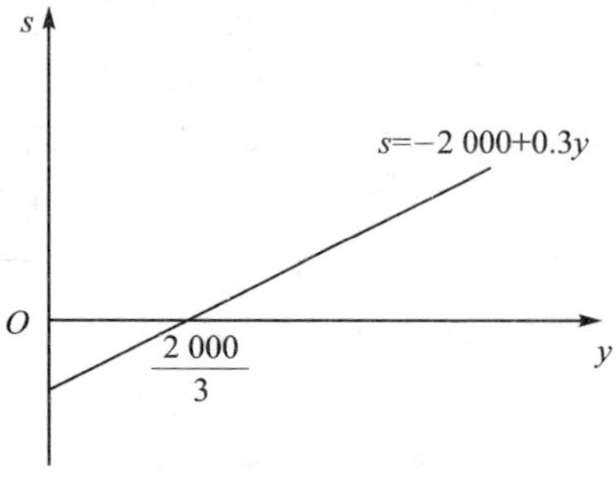

图 3-5 线性储蓄曲线

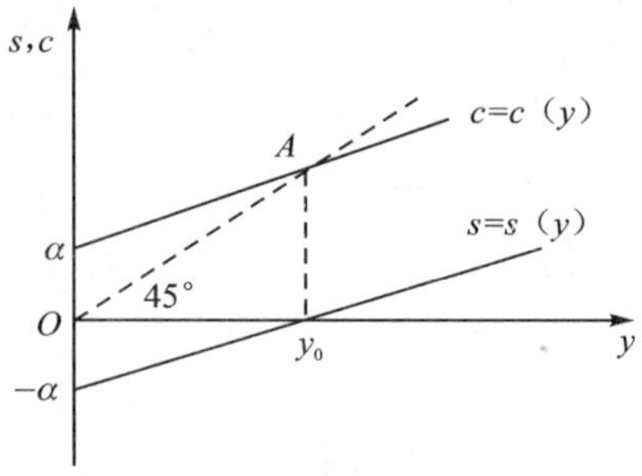

图 3-6 储蓄曲线与消费曲线之间的关系

其次,若 APC 和 MPC 都随着收入增加而递减,且 APC>MPC,则 APS 和 MPS 都随着收入增加而递增,且 APS<MPS。同时,APC 和 APS 二者之和为 1,MPC 和 MPS 之和也为 1。因为由公式 $y=c+s$,则$\frac{y}{y}=\frac{c}{y}+\frac{s}{y}=1$,于是可得

$$APC + APS = 1 \tag{3-13}$$

同样,由于 $\Delta y=\Delta c+\Delta s$,那么$\frac{\Delta y}{\Delta y}=\frac{\Delta c}{\Delta y}+\frac{\Delta c}{\Delta y}=1$,于是可得

$$MPC + MPS = 1 \tag{3-14}$$

通过以上分析可知,消费函数和储蓄函数中只要有一个确立,那么就可以通过二者之间的关系确立另一个函数。

【案例 3-2】　　蜜蜂的寓言与凯恩斯理论

18 世纪初,一位名叫孟迪维尔的英国医生写了一首题为《蜜蜂的寓言》的讽喻诗。这首诗叙述了一个蜂群的兴衰史。最初,蜜蜂们追求奢侈的生活,大肆挥霍浪费,整个蜂群兴旺发达。后来它们改变了原有的习惯,崇尚节俭,结果蜂群凋敝,终于被敌手打败而逃散。

这首诗所宣扬的“浪费有功”在当时受到指责。英国中塞克斯郡大陪审团委员们就曾宣判它为“有碍公众视听的败类作品”。但在 200 多年之后,这部当时声名狼藉的作品却启发凯恩斯发动了一场经济学上的“凯恩斯革命”,建立了现代宏观经济学和总需求决定理论。

在 20 世纪 30 年代之前,经济学家信奉的是萨伊定理。萨伊是 18 世纪法国经济学家,他提出供给决定需求,有供给就必然创造出需求,所以,不会存在生产过剩性经济危机。这种观点被称为萨伊定理。但 20 世纪 20 年代英国经济停滞和 20 世纪 30 年代全世界普遍的生产过剩和严重失业打破了萨伊定理的神话。凯恩斯在批判萨伊定理中建立了以总需求分析为中心的宏观经济学。

凯恩斯认为,在短期中决定经济状况的是总需求而不是总供给。这就是说,由劳动、资本和技术所决定的总供给,在短期中是既定的,这样,决定经济的就是总需求。总需求决定了短期中国民收入的水平。总需求增加,国民收入增加;总需求减少,国民收入减少。引起 20 世纪 30 年代大危机的正是总需求不足,或者用凯恩斯的话来说是有效需求不足。凯恩斯把有效需求不足归咎于边际消费倾向下降引起的消费需求不足和资本边际效率(预期利润率)下降与利率下降有限度引起的投资需求不足。解决的方法则是政府用经济政策刺激总需求,包括增加政府支出的财政政策和降低利率的货币政策,凯恩斯强调的是财政政策。

在凯恩斯主义经济学中,总需求分析是中心。总需求包括消费、投资、政府购买和净出口

（出口减进口）。短期中，国民收入水平由总需求决定。通货膨胀、失业、经济周期都是由总需求的变动所引起的。当总需求不足时就出现失业与衰退；当总需求过大时就出现通货膨胀与扩张。从这种理论中得出的政策主张称为需求管理，其政策工具是财政政策与货币政策。当总需求不足时，采用扩张性财政政策（增加政府各种支出和减税）与货币政策（增加货币供给量降低利率）来刺激总需求。当总需求过大时，采用紧缩性财政政策（减少政府各种支出和增税）与货币政策（减少货币量提高利率）来抑制总需求。这样就可以实现既无通货膨胀又无失业的经济稳定。

总需求理论的提出在经济学中被称为一场“革命”（凯恩斯革命），它改变了人们的传统观念。例如，如何看待节俭。在传统观念中，节俭是一种美德。但根据总需求理论，节俭就是减少消费。消费是总需求的一个重要组成部分，消费减少就是总需求减少。总需求减少则使国民收入减少，经济衰退。由此看来，对个人是美德的节俭，对社会却是恶行。这就是经济学家经常说的“节约的悖论”。“蜜蜂的寓言”所讲的也是这个道理。

三、社会消费函数

上面分析的是单个居民的消费函数和储蓄函数，那么，经济社会中存在着无数个家庭，他们的消费构成总消费量，他们的收入构成总收入。宏观经济学最终要分析的，是一个经济社会的总消费量和总收入之间的关系，即社会消费函数。社会消费函数是单个家庭消费函数之和，但社会消费函数并不是单个家庭消费函数的简单加总，社会消费函数的形成除了受家庭消费函数影响之外，还受其他因素影响。

首先，收入差距会影响社会消费函数。不同社会成员拥有的财富数量不同，便具有不同的消费能力和储蓄能力。如果一个社会的收入差距越大，富有者拥有的社会财富越多，其储蓄能力越强，边际消费倾向较低，社会消费曲线就会越向下移；反之，如果一个社会的国民收入分配较为平均，社会成员的边际消费倾向总体上就较高，社会消费曲线就会向上移。

其次，政府的税收政策会影响社会消费函数。如果政府实行的是累进个人所得税制，富有者的储蓄就会转化为政府的税后收入。政府将这部分税收通过政府购买支出的方式花费掉，或者通过政府转移支付的方式形成公众的收入，最终用于消费，从而最终增加社会消费总量。这样，社会消费曲线就会向上移。

最后，企业的利润分配情况也会影响社会消费函数。如果企业利润中未分配的数量较少，意味着股东得到了更多的分红，这部分分红就会有一部分用于消费，从而消费增多，社会消费曲线就会上移；而如果企业未分配利润较多，意味着股东得到的分红较少，那么社会消费量就会减少，从而社会消费曲线会下移。

影响社会消费函数的因素还有很多。社会消费函数并非是家庭消费函数的简单加总，但在考虑了种种影响因素后，社会消费函数和家庭消费函数还是有很大的相似之处的，二者的图形也有很多的共同点。

第三节 关于消费函数的其他理论

上一节我们介绍了凯恩斯的消费理论，它假定消费是人们收入水平的函数。在凯恩斯提出这一绝对收入消费理论后，经济学家们对此进行了补充、修改，产生了其他关于消费函数的理论。

一、相对收入消费理论

相对收入理论是由美国经济学家杜森贝利(J. S. Duesenberry)在1949年提出的。他认为,消费支出不是取决于绝对收入水平,而是取决于"相对收入水平"。这里的"相对"具有两方面的含义:一是某个个人或家庭相对于周围其他个人或者家庭的相对收入水平的变化;二是某个个人或家庭当期的收入相对于其过去的收入水平的变化。

首先,某个个人或家庭的收入相对于周围其他个人或家庭的收入发生变化。当收入水平提高时,不同的消费阶层的收入水平提高的相对幅度是不一样的。有些消费阶层的绝对收入水平提高了,但是相对于其他消费阶层的收入水平,其相对收入水平可能下降了。相对收入水平提高的消费阶层的平均消费倾向会递减,而相对收入水平下降的消费阶层由于消费的攀比心理,其消费水平会向周围相对收入水平上升的消费阶层靠近,消费在收入中占的比重增加,这就是所谓的"示范效应"。从而其绝对收入水平虽然上升,但边际消费不是递减的,而是递增的。最终从整个社会来看,平均消费倾向随着收入水平的提高,有的消费阶层下降,有的消费阶层上升,总的消费倾向有可能是不变的。

其次,当期的收入相对于过去的收入水平,尤其是相对于高峰收入的变化。一个人在其高峰收入时期消费水平会较高,当收入水平进一步提高时,消费支出会随之提高;但是当收入水平下降时,消费支出却不容易很快随之下降,这就是所谓的消费的"棘轮效应"。因此,就短期观察时,可发现在经济波动过程中,收入增加时低收入者的消费会赶上高收入者的消费,但收入减少时,消费水平的降低是相当有限的。我们将用图3-7来说明这一理论。

图中,横轴表示收入水平,纵轴表示消费水平。假设某人在T时期的收入为y_0,对应的消费支出为c_0,如图中的A点,此时短期平均消费倾向和长期平均消费倾向是相等的,均为β。如果$T+1$时期,该个人的收入水平提升为y_1,那么此时的消费支出为c_1,如图中的B点,此时短期平均消费倾向和长期平均消费倾向依然是β。而如果在$T+1$时期,该人的收入水平下降到了y_2水平,那么此时的消费支出会降为c_2,即图中的C点,而不会随着原有的消费曲线降至D点。C点处的平均消费倾向要高于长期消费倾向。

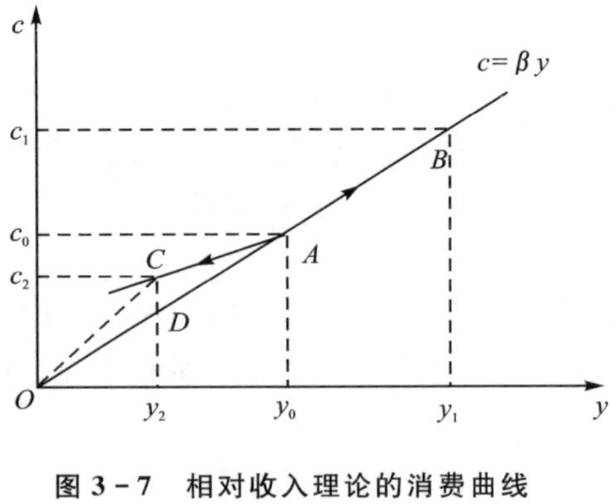

图3-7 相对收入理论的消费曲线

由此可见,根据杜森贝利的观点,长期消费曲线是一条过原点的直线,长期中,自发消费是零,边际消费倾向与平均消费倾向不变;短期消费曲线由两段组成,如图中的AC和AB两段。短期消费曲线有正的纵截距,即自发性消费支出大于零,这是由于消费者决定当期消费时,不能摆脱过去的消费习惯，使当期消费决定于当期收入及过去的消费支出水平。相对收入理论将长期消费曲线与短期消费曲线结合在一起，解决了二者之间的矛盾和统一。

二、生命周期理论

前面提到的两种消费理论，即绝对收入理论和相对收入理论，都认为当期的消费是由当期的绝对收入或者相对收入决定的，人们只在短期内计划自己的消费支出。由美国经济学家、1985 年诺贝尔经济学奖得主弗朗科·莫迪利安尼(Franco Modigliani)提出的消费的生命周期理论认为，消费者是根据一生的预期收入来安排消费支出的。各个家庭在每个时点上的消费和储蓄决策都反映出该家庭在其生命周期内达到消费的理想分布，而其消费要受制于整个生命周期内所获得的总收入。生命周期理论研究了储蓄在这种消费模型中的作用，它将储蓄作为未来的消费。人们之所以能在一生中均匀地消费，主要是由于储蓄的作用。在工作期间，收入大于消费，就有储蓄；在退休期间，没有劳动收入，因此会动用以前的储蓄进行消费，出现负储蓄。当生命结束时，储蓄用完，一生收入与消费相等。该理论提出，个人一生的消费由一生的劳动收入与财产提供资金；现期收入对现期消费影响很小，对财产的影响也不大，影响现期消费最重要的因素是一生中预期的年收入、预期寿命和工作期长短，这些因素会影响一生中各年的消费与储蓄。

现在假设某人从 20 岁开始工作，计划到 60 岁退休，预期在 80 岁去世，这样，工作的时期(用 WL 表示)为 40 年，生活年数(用 NL 表示)为 60 年(1～20 岁由其父母抚养，不计入 NL 内)。若每年工作收入(用 YL 表示)为 12 万元，则终身收入为 YL·WL＝12 万元×40＝480 万元。在整个生命周期内，该人需要均匀地消费掉这 480 万元的收入，因此他每年的消费为

$$C = 480/60 = 8(\text{万元}) = (\mathrm{WL}/\mathrm{NL}) \times \mathrm{YL} = (40/60) \times 12 = (2/3) \times 12(\text{万元})$$

即该人在工作期间，每年的收入中有 2/3 用于消费，有 1/3 用于储蓄；在退休期间，动用储蓄进行消费。

更一般地，假设一个人刚开始拥有一定量的财富 R，工作期间每年收入 YL，工作期限为 WL，生活期限为 NL，那么可供他一生消费的资源为 $R+\mathrm{WL}\times\mathrm{YL}$，从而每年的消费为

$$C = \frac{R + \mathrm{WL} \times \mathrm{YL}}{\mathrm{NL}} = aR + b\mathrm{YL} \tag{3-15}$$

式中，a 表示财富的平均消费倾向，b 表示收入的平均消费倾向，$a=1/\mathrm{NL}$，$b=\mathrm{WL}/\mathrm{NL}$。

根据生命周期理论，如果一个经济中老年人和年轻人的比例增加，则该经济的平均消费倾向会提高，而如果一个经济中中年人的比例增加，则该经济的平均消费倾向会下降。

三、永久收入理论

永久收入理论是由美国经济学家米尔顿·费里德曼(M. Friedman)于 1957 年提出的。他认为，消费者的消费支出主要不是由他的现期收入决定的，而是由他的永久收入决定的。由于受到许多偶然因素的影响，短期可支配收入是一个经常变动的量，人们的消费却不会随收入的波动而经常地变动。收入的变动会引起消费变动多少，取决于收入变动是长期的还是短期的。例如，一个人月收入 5 000 元，如果某个月他中了 2 000 元的体育彩票，那么本月的收入增加至 7 000 元，但是这对消费者的消费水平并没有很大的影响，因为这 2 000 元只是暂时性收入。而如果该人每个月的工资升至 7 000 元，那么他的消费水平会随之提高，因为工资为持久性收

入。我们用公式表示消费与暂时收入和持久性收入的关系为 $C=aY_t+bY_p$。式中,Y_t 表示暂时性收入,a 表示暂时收入对消费的影响,Y_p 表示永久性收入,b 表示永久收入对消费的影响,且 b 远大于 a。

然而,现实中很难具体区分短暂收入和永久性收入。我们可以根据观察到的若干年的收入数值来进行加权计算得到永久收入数值。距现在的时间越近,权数越大;反之,权数越小。假定某人的永久收入的加权平均值为

$$Y_p = \theta Y + (1-\theta)Y_{-1} \tag{3-16}$$

式中,Y 表示当前收入,Y_{-1} 表示过去收入,θ 为权数。

按这种消费理论,当经济衰退时,虽然人们收入减少了,但消费者仍然按照永久收入消费,故衰退期消费倾向高于长期的平均消费倾向。相反,经济繁荣时尽管收入水平提高了,但消费者按永久收入消费,故这时消费倾向低于长期平均消费倾向。

上述生命周期理论和永久收入理论有联系也有区别。就区别而言,前者偏重对储蓄动机的分析,从而提出以财富作为消费函数的变量的重要理由;而永久收入理论则偏重于个人预测自己未来收入的问题。就联系而言,两者都强调消费者是前向预期决策者。两者在以下几点是相同的:首先,消费不只与先期收入相联系,而是要以一生的或永久的收入作为消费决策的依据;其次,一次性暂时收入变化引起的消费支出变动很小,即其边际消费倾向很低,而永久收入变动引起的边际消费倾向很大。最后,如果政府希望通过税收政策来影响消费,那么只有永久性的税收变动才会对消费产生较大的影响,从而使政策产生明显的效果。

四、影响消费的其他因素

以上的分析主要强调收入对消费的影响,而在现实生活中,除了收入这一重要影响因素外,还有许多其他因素也影响着人们的消费:

1. 利率水平

传统经济学认为,利率的提高会导致储蓄增加,从而减少当前的消费;现代经济学家则认为,利率变化会同时对储蓄产生替代效应和收入效应。

利率变动对储蓄的替代效应是指,当利率提高时,人们会认为减少目前消费、增加将来消费是有利的,从而导致消费者改变消费计划,减少目前消费,增加储蓄。利率变动对储蓄的收入效应是指,利率提高会使消费者将来的利息收入增加,使消费者感觉自己变得较为富有,从而增加目前的消费,导致储蓄减少。利率提高是否会增加储蓄、减少消费,要视利率变动对储蓄的替代效应和收入效应而定。

对于处于不同收入层次的消费者来说,利率变化对储蓄的替代效应和收入效应是不同的。对低收入者来说,由于没有多少储蓄来获得利息收入,利率提高对他未来收入的提高影响不大,利率变化产生的主要是替代效应。因此,利率提高会使低收入者减少目前的消费,增加储蓄。对于高收入者来说,情况则恰好相反,利率提高的收入效应大于替代效应,利率变化产生的主要是收入效应,因此,在利率提高的情况下,高收入者会增加目前的消费,减少储蓄。

2. 物价水平

物价水平也被认为是影响消费的一个重要因素，主要是通过价格水平的变化对实际收入的影响来实现的。一般来说，在名义收入不变的情况下，实际收入的变化与价格水平的变化成反比，在价格水平提高时，如果货币收入没有同比例提高，则消费者的实际收入水平会降低，消费者为了维持原有生活水平不下降，就必须增加消费支出，导致消费倾向提高。相反，如果价格水平下降，则消费者维持原有消费水平的消费支出可以减少，会导致消费倾向下降。

在这一影响过程中，还要考虑到“货币幻觉”的影响。货币幻觉是指货币收入与价格水平保持同比例提高的情况下，虽然消费者的实际收入并没有发生变化，但消费者往往只注意到了货币收入的增加，而忽视了物价水平的上涨，从而误以为自己的实际收入增加了，导致消费增加，使消费倾向提高。

3. 收入分配状况

不同收入水平的消费者，消费占收入的比重是不同的。一般来说，低收入者消费占收入的比重较大，有的甚至是入不敷出，而高收入者消费占收入的比重较小。在国民收入总水平相等的情况下，收入分配状况越平均的国家，整体的消费就越高；反之，整体的消费就越低。

除此之外，还有其他一些影响消费的因素，如消费品存量、财政政策等。

第四节　两部门经济中国民收入的决定及变动

一、由消费函数推导均衡国民收入

我们已经知道，均衡收入指与计划总支出相等的收入。计划支出由消费和投资构成，如果把投资看作是固定的，那么在计算经济社会的产出时，只要已知消费函数，就可以结合收入恒等式求出均衡收入，即可以利用消费函数推导出均衡国民收入的表达式：

$$\begin{cases} y = c + i & \text{（收入恒等式）} \\ c = \alpha + \beta y & \text{（消费函数）} \end{cases}$$

解联立方程，就可以得到均衡收入为

$$y = \frac{\alpha + i}{1 - \beta} \tag{3-17}$$

因此，如果给定投资量，并已知消费函数，利用上式就可以得到均衡的国民收入。例如，假定某经济社会的消费函数是 $c=2\,000+0.8y$，自发的计划投资始终为 1 200 亿元，则在该例中，$\alpha=2\,000$，$\beta=0.8$，$i=1\,200$，那么该经济社会的均衡国民收入：

$$y = \frac{\alpha + i}{1 - \beta} = \frac{2\,000 + 1\,200}{1 - 0.8} = 16\,000\text{（亿元）}$$

表 3－3 列出了上例中经济社会的均衡收入决定的情况。

表 3-3 消费函数决定均衡国民收入

编 号	收入/亿元	消费/亿元	储蓄/亿元	投资/亿元
A	6 000	6 800	−800	1 200
B	8 000	8 400	−400	1 200
C	10 000	10 000	0	1 200
D	12 000	11 600	400	1 200
E	14 000	13 200	800	1 200
F	16 000	14 800	1 200	1 200
G	18 000	16 400	1 600	1 200
H	20 000	18 000	2 000	1 200

从表 3-3 中可以看出，当国民收入 $y=16\ 000$ 亿元时，此时消费 $c=14\ 800$ 亿元，投资 $i=1\ 200$ 亿元，$y=c+i=16\ 000$ 亿元，即经济社会的计划消费与投资恰好与国民收入相等，此时的国民收入是均衡收入。当国民收入水平低于 16 000 亿元时，计划消费和投资的数额之和大于国民收入，处于非均衡状态。例如当 $y=8\ 000$ 亿元时，消费 $c=8\ 400$ 亿元，投资 $i=1\ 200$ 亿元，$c+i=9\ 600$ 亿元$>y=8\ 000$ 亿元。在这种情况下，企业非意愿存货投资会减少，因此企业会扩大生产，从而提高收入水平，使其达到均衡收入水平。当国民收入水平高于 16 000 亿元时，计划消费和投资的数额之和小于国民收入，同样处于非均衡状态。例如，当 $y=20\ 000$ 亿元时，消费 $c=18\ 000$ 亿元，投资 $i=1\ 200$ 亿元，$c+i=19\ 200$ 亿元$<y=20\ 000$ 亿元。在这种情况下，企业非意愿存货投资会增加，因此企业会减少生产，从而降低收入水平，使其达到均衡收入水平。

如果用图形来表示总支出决定均衡收入的思想，依然以表 3-3 中的数据为例，如图 3-8 所示。图中，横轴表示收入水平(y)，纵轴表示支出水平，即计划消费与投资之和($c+i$)。由于我们假定投资始终为一个固定的值，即 $i=1\ 200$ 亿元，那么总支出曲线就是把消费曲线向上平移 1 200 个单位得到的。消费曲线与 45°线相交于点 A，A 点表示收入水平与消费支出相等；总支出曲线与 45°相交于点 B，B 点处收入水平与总支出水平相等，即 $y=c+i$，B 点对应的收入水平即为均衡收入水平。在 B 点左侧，收入水平低于总支出水平，产品市场供不应求，企业非意愿存货投资会减少，因此企业会扩大生产，增加产品供给，从而提高收入水平，使其达到均衡收入水平；在 B 点右侧，收入水平大于总支出水平，产品供大于求，企业非意愿存货投资增加，因此企业会减少生产，从而降低收入水平，使其达到均衡收入水平。即经济体的非均衡状态会在市场机制的作用下逐渐趋近于均衡点。

二、由储蓄函数推导均衡国民收入

因为投资等于储蓄是均衡国民收入的条件，所以均衡国民收入也可由储蓄函数和储蓄等于投资来求得。当投资等于储蓄，即 $i=s$ 时，而储蓄函数 $s=-\alpha+(1-\beta)y$，将两式联立：

$$\begin{cases} i=s=y-c & \text{(投资等于储蓄)} \\ s=-\alpha+(1-\beta)y & \text{(储蓄函数)} \end{cases}$$

求解联立方程可得

$$y=\frac{\alpha+i}{1-\beta} \tag{3-18}$$

在上例中，消费函数为 $c=2\,000+0.8y$，则储蓄函数为 $s=-2\,000+(1-0.8)y=-2\,000+0.2y$，$i=1\,200$ 亿元，令 $i=s$，即 $-2\,000+0.2y=1\,200$，可以求得 $y=16\,000$ 亿元。正如表 3－3所列，当 $y=16\,000$ 亿元时，投资和储蓄相等，均为 1 200 亿元，从而达到均衡。

用投资等于储蓄的方法决定均衡国民收入，用图形表示如图 3－9 所示。图中，横轴表示国民收入水平 y，纵轴表示投资和储蓄，s 表示储蓄曲线，i 表示投资曲线。由于我们假定投资是一个固定的值，即 $i=1\,200$ 亿元，则投资曲线为一条平行于横轴的直线，纵截距为 1 200 亿元。储蓄曲线是一条斜率为 0.2，纵截距为－2 000 的向右上方倾斜的直线。储蓄曲线与横轴相交于点 A，A 点表示储蓄额为零，即收入全部用于消费。投资曲线与储蓄曲线相交于点 B，在 B 点，投资额和储蓄额相等，即满足国民收入均衡条件，此时国民收入为 16 000 亿元，即均衡国民收入水平。在 B 点左侧，储蓄额小于投资额，社会生产供不应求，企业非意愿存货投资减少，企业会扩大生产，提高国民收入水平，使其达到均衡国民收入水平。在 B 点右侧，储蓄曲线在投资曲线上方，即储蓄额大于投资额，社会上生产供过于求，企业非意愿存货投资增加，企业就会减少生产，从而降低国民收入水平，使其达到均衡国民收入水平。

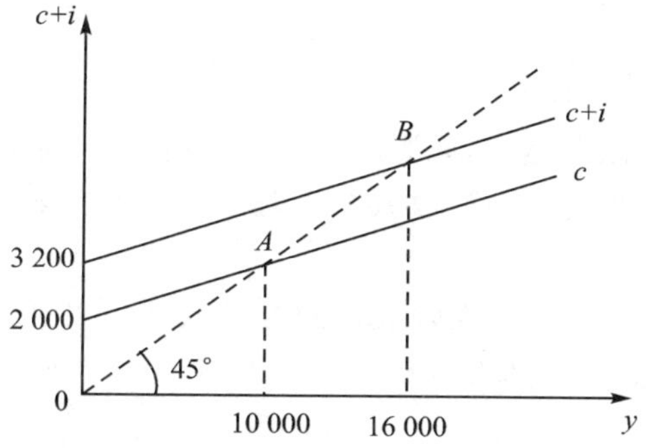

图 3－8　总支出曲线与均衡收入

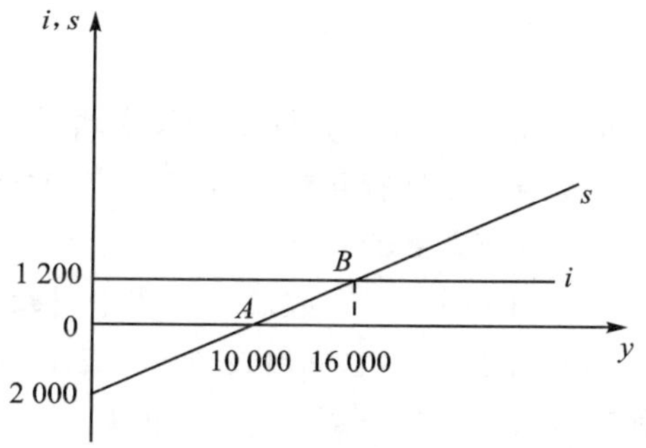

图 3－9　储蓄曲线与均衡收入

三、乘数论

上面在讨论的过程中，假定投资是一个不变的数值，下面讨论当投资变化时，均衡国民收入将发生什么变化。在上例中，假定投资为 1 200 亿元，此时均衡国民收入为 16 000 亿元，如果投资增加为 1 400 亿元，则可以计算出此时的均衡国民收入为 17 000 亿元。在这里，投资增加了 200 亿元，而均衡国民收入增加了 1 000 亿元，增加的收入是增加的投资的 5 倍。可见，当总投资增加时，收入的增量将是投资增量的倍数。这个倍数就是投资乘数。投资乘数指收入的变化与带来这种变化的投资支出的变化的比率，在上例中，投资乘数为 5。

为什么投资增加 200 亿元时，收入会增加 5 倍呢？下面仔细分析一下：假设当前处于均衡状态，均衡国民收入为 16 000 亿元。当投资支出增加 200 亿元时，支出的增加将使得在原有产出水平上总支出大于总产出，经济出现短缺，为了防止存货意外减少，企业将会相应地增加 200 亿元的产出，从而使国民收入增加 200 亿元，均衡国民收入增加到 16 200 亿元。投资支出增加所带来的影响并没有到此为止，因为国民收入增加 200 亿元，将带动消费支出的增加，在上例中，边际消费倾向为 0.8，则消费支出将增加 160 亿元。消费支出的增加使得在当前的均衡国民收入水平上，总支出大于总产出，企业会继续增加产出 160 亿元，从而使国民收入增加到 16 360 亿元。这个过程仍未结束,因为收入增加会再次带动消费支出的增加,支出增加再次刺激产出的增加,产出增加又会进一步带动支出增加,这个过程将会一直进行下去。用式子来表示上例中该过程为

$$200+200\times0.8+200\times0.8\times0.8+\cdots+200\times0.8^{n-1}=$$
$$200\times(1+0.8+0.8^2+0.8^3+\cdots+0.8^{n-1})=$$
$$[1/(1-0.8)]\times200=1\,000(\text{亿元})$$

还可以写出更为一般的表达式,如果以 Δy 表示增加的收入,Δi 代表增加的投资,则二者之比率 $k=\dfrac{\Delta y}{\Delta i}$,即 $\Delta y=k\Delta i$。通过上面的计算过程,可以得到

$$\text{乘数}=\frac{1}{1-\text{边际消费倾向}}$$

或者

$$k=\frac{1}{1-\text{MPC}} \tag{3-19}$$

如果用 β 代表 MPC,则上式可以表达为 $k=\dfrac{1}{1-\beta}$,由于 MPS=1-MPC,因此有

$$k=\frac{1}{1-\text{MPC}}=\frac{1}{\text{MPS}} \tag{3-20}$$

可见,乘数大小和边际消费倾向有关,边际消费倾向越大,或边际储蓄倾向越小,则乘数就越大。投资增加具有乘数效应,而另一方面,投资减少也会引起收入减少若干倍,可见,乘数效应的发挥是两方面的。

图 3-10 说明了乘数效应。图中,横轴表示收入水平 y,纵轴表示总支出($c+i$)水平。图中,$c+i$ 表示原有的总支出线,$c+i'$ 表示新的总支出线。其中,$i'=i+\Delta i$,原来的均衡收入为 y,新的均衡收入为 y',$y'=y+\Delta y$,且 $\Delta y=k\Delta i$。

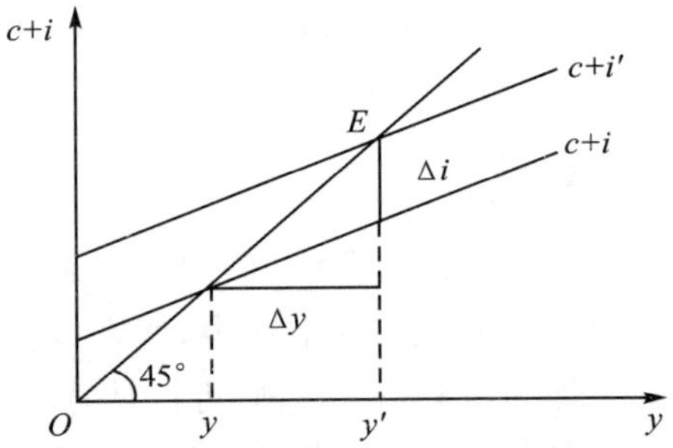

图 3-10　乘数效应

例 3-2　已知在两部门经济中,消费函数为 $c=100+0.8y$,投资为 500(单位:亿元)。

求:

(1) 均衡国民收入水平和均衡时的消费水平及储蓄水平;

(2) 如果当时实际产出(即收入)为 3 200,试求企业非自愿存货累积为多少;

(3)若投资增至 600,试求增加的收入以及投资乘数。

解:(1) 由题中消费函数可得,自发消费 $\alpha=100$,边际消费倾向 $\beta=0.8$,投资 $i=50$,将数值代入两部门经济中均衡国民收入的公式可得

$$y=\frac{\alpha+i}{1-\beta}=\frac{100+500}{1-0.8}=\frac{600}{0.2}=3\,000$$

即均衡国民收入水平为 3 000 亿元。

将 $y=3\,000$ 代入消费函数可得

$$c=100+0.8y=100+0.8\times3\,000=2\,500$$

或者由三部门经济中的国民收入恒等式 $y=c+i$,则

$$c = y - i = 3\ 000 - 500 = 2\ 500$$

即国民收入水平达到均衡时的消费为 2 500 亿元。

由国民收入水平均衡时，投资储蓄恒等式可得

$$s = i = 500$$

或者已知消费函数，可得储蓄函数为

$$s = -\alpha + (1-\beta)y = -100 + 0.2y$$

将 $y=3\ 000$ 代入公式可得

$$s = -100 + 0.2y = -100 + 0.2 \times 3\ 000 = 500$$

即国民收入水平达到均衡时的储蓄为 500。

(2) 由消费函数 $c = 100 + 0.8y$，当 $y = 3\ 200$ 时，$c = 100 + 0.8 \times 3\ 200 = 2\ 660$，此时实际投资 $i = y - c = 3\ 200 - 2\ 660 = 540$，则非意愿存货投资为 $540 - 500 = 40$ 亿元。

(3) 当投资 $i_1=600$ 时，代入均衡国民收入公式可得

$$y_1 = \frac{\alpha + i_1}{1-\beta} = \frac{100+600}{1-0.8} = \frac{700}{0.2} = 3\ 500$$

$$\Delta y = y_1 - y = 3\ 500 - 3\ 000 = 500$$

投资乘数：

$$k = \frac{\Delta y}{\Delta i} = \frac{500}{600-500} = 5$$

或者投资乘数：

$$k = \frac{1}{1-\beta} = \frac{1}{1-0.8} = 5$$

又 $k=\frac{\Delta y}{\Delta i}$，当 $i_1=600$ 时，$\Delta i=600-500=100$，则

$$\Delta y = k \times \Delta i = 5 \times 100 = 500$$

即当投资增至 600 时，均衡国民收入增加 500，投资乘数为 5。

这里总结一下乘数的特征：

首先，乘数的大小与边际消费倾向有关。边际消费倾向越大，居民消费意愿越强，乘数就越大。这是因为，在每一轮收入增加后，所带动的支出增加的大小与边际消费倾向成正比。边际消费倾向越大，进入下一轮的支出增加的幅度也就越大，对国民收入的带动作用也越大。可以试想，边际消费倾向为 1 时，意味着每一轮收入增加会带动等量的支出增加，这样不断地进行下去，乘数将是无穷大。相反，如果边际消费倾向越小，乘数就越小。如果边际消费倾向为 0，则乘数将变为 1，这意味着一单位投资支出增加将只带来一单位国民收入的增加，将不会带来乘数效应。

其次，乘数效应反映了国民经济各部门之间的连锁反应，当投资增加时，收入的增加会带动消费支出的增加，进而引起收入的进一步增加。另外，乘数作用是双重的，当投资增加时，所引起的国民收入的增加要大于最初自发总支出的增加；当投资减少时，所引起的国民收入的减少也要大于最初投资的减少。

最后，乘数的作用是建立在资源没有得到充分利用的前提之上的。当各种资源已经被充分利用，或者某些资源处于短缺时，乘数作用将会受到抑制。

第五节　三部门经济中国民收入的决定及变动

在两部门的基础上,加入政府部门之后,两部门经济就变成了三部门经济。此时的总需求不但包含了消费 c、投资 i,还包括了政府部门的购买支出 g。而总收入也在消费 c、储蓄 s 的基础上,增加了税收 t 一项。这里的税收,是指总税收减去政府转移支付以后所得的净纳税额,因为作为转移支付的那部分税收最终还是转化成了另一部分人的收入。

一、均衡国民收入的决定

三部门经济的均衡收入应是计划的消费、投资和政府购买之和,是同计划的消费、储蓄和净税收之和相等的收入,即

$$c+i+g=c+s+t \tag{3-21}$$

消去等式两边的 c,就可以得到三部门经济中宏观均衡的条件:

$$i+g=s+t \tag{3-22}$$

在这里,税收可能有两种情况:一种为定量税,即税收额是一定的,不随总收入的变化而变化,用 t 表示;另一种是比例税,即税收额与总收入成一定比例,即随收入增加而增加的税收量。为了简化起见,下面只讨论定量税的情况。

在存在定量税的前提下,消费函数就可以表示为 $c=\alpha+\beta(y-t)$,而国民收入可以表示为 $y=c+i+g$,联立两个方程:

$$\begin{cases} c=\alpha+\beta(y-t) & \text{(消费函数)} \\ y=c+i+g & \text{(收入恒等式)} \end{cases}$$

求解联立方程,便可得到均衡收入:

$$y=\frac{\alpha+i+g-\beta t}{1-\beta} \tag{3-23}$$

假设消费函数为 $c=800+0.75(y-400)$,即自发性消费支出 $\alpha=800$,可支配收入的边际消费倾向 $\beta=0.75$,定量税 $t=400$,此外,投资 $i=500$,政府购买性支出 $g=1\ 000$,根据这些条件,可以求得均衡收入:

$$y=\frac{\alpha+i+g-\beta t}{1-\beta}=\frac{800+500+1\ 000-0.75\times400}{1-0.75}=8\ 000(\text{亿元})$$

下面将用图 3-11 来说明三部门经济中均衡收入的决定情况。在图中,横轴表示收入水平 y,纵轴表示投资加政府支出水平,即 $i+g$ 或者储蓄加定量税水平,即 $s+t$。因为在上文已经得出三部门经济中宏观均衡的条件为 $i+g=s+t$,所以只需要在图中找出这两条曲线的交点,那么该交点对应的收入水平就是均衡收入水平。

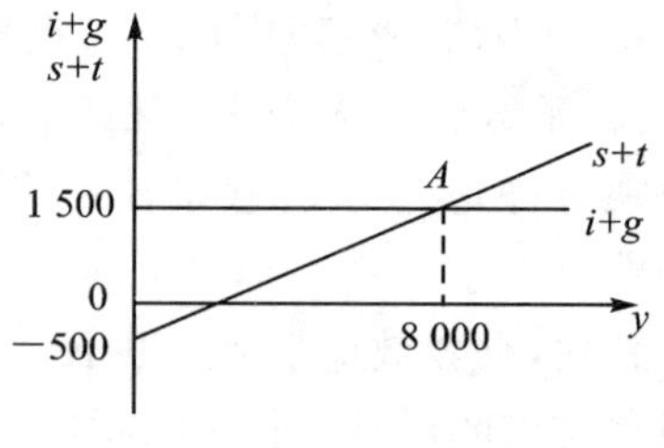

图 3-11　三部门经济收入的决定

上例中,消费函数 $c=800+0.75(y-400)$,那么由 $y=c+s+t$,可以得到储蓄函数 $s=y-c-t=y-800-0.75(y-400)-400=0.25y-900$,那么 $s+t=0.25y-500$,而 $i+g=1\ 500$。在图中,投资加政府支出所形成的曲线即为一条平行于横轴的直线,与纵轴的截距为 1 500,储蓄加定量

税所形成的曲线即为一条向上倾斜的直线，斜率为 0.25，与纵轴的截距为 −500。两条直线相较于 A 点，A 点处，$i+g=s+t$，即满足了宏观均衡的条件，对应的收入水平为 8 000 亿元，即为均衡收入水平。

二、三部门经济中的各乘数

西方学者认为，加入政府部门之后，不仅投资支出变动有乘数效应，政府购买、税收和政府转移支付的变动，同样有乘数效应，因为政府购买性支出、税收、转移支付都会影响消费。那么怎么求得这些乘数呢？

我们已经得到三部门经济中均衡收入的表达式为 $y=\dfrac{\alpha+i+g-\beta t}{1-\beta}$，可以通过这一公式来求得各个乘数。

1. 政府购买支出乘数

政府购买支出乘数是指收入变动对引起这种变动的政府购买支出变动的比率。我们以 Δy 表示收入的变化量，以 Δg 表示政府购买支出的变化量，k_g 表示政府购买支出乘数。那么在其他条件不变，政府购买分别为 g_0 和 g_1 的情况下，均衡收入水平分别为

$$y_0=\frac{\alpha+i+g_0-\beta t}{1-\beta}\qquad y_1=\frac{\alpha+i+g_1-\beta t}{1-\beta}$$

那么　$$\Delta y=y_1-y_0=\frac{\alpha+i+g_1-\beta t}{1-\beta}-\frac{\alpha+i+g_0-\beta t}{1-\beta}=\frac{g_1-g_0}{1-\beta}=\frac{\Delta g}{1-\beta}$$

于是，根据定义：

$$k_g=\frac{\Delta y}{\Delta g}=\frac{1}{1-\beta}\tag{3-24}$$

即政府购买支出乘数为 1 减去边际消费倾向的倒数。假设边际消费倾向为 0.8，那么政府支出乘数就为 5，若政府支出增加 200 亿元，那么均衡国民收入水平就会增加 1 000 亿元；若政府购买支出减少 200 亿元，那么均衡国民收入水平就会减少 1 000 亿元。

2. 税收乘数

税收乘数是指收入变动对引起这种变动的税收变动的比率。我们以 Δy 表示收入的变化量，以 Δt 表示税收的变化量，k_t 表示税收乘数。那么在其他条件不变，税收分别为 t_0 和 t_1 的情况下，均衡收入水平分别为

$$y_0=\frac{\alpha+i+g-\beta t_0}{1-\beta}$$

$$y_1=\frac{\alpha+i+g-\beta t_1}{1-\beta}$$

那么　$$\Delta y=y_1-y_0=\frac{\alpha+i+g-\beta t_1}{1-\beta}-\frac{\alpha+i+g-\beta t_0}{1-\beta}=-\frac{\beta t_1-\beta t_0}{1-\beta}=-\frac{\beta\Delta t}{1-\beta}$$

于是，根据定义：

$$k_t=\frac{\Delta y}{\Delta t}=-\frac{\beta}{1-\beta}\tag{3-25}$$

因为 $0<\beta<1$，所以税收乘数为负值。这表示随着税收的增加，均衡收入水平会下降；相

反,税收减少,均衡收入水平会提高。这是因为税收增加,个人可支配收入减少,从而消费水平会降低,因为税收变动和总支出变动方向相反。依然假设边际消费倾向为 0.8,那么税收乘数就为−4,如果政府将税收增加了 200 亿元,那么国民收入就会减少 800 亿元;如果政府减少了 200 亿元的税收,那么国民收入就会增加 800 亿元。

3. 政府转移支付乘数

政府转移支付乘数是指收入变动与引起这种变动的政府转移支付变动的比率。加入政府转移支付之后,本来的净税收 t 要写成 $t=t_g-t_r$,其中,t_g 表示纳税总额即总税收,t_r 表示政府转移支付额。此时,均衡国民收入的表达式即为

$$y=\frac{\alpha+i+g-\beta t}{1-\beta}=\frac{\alpha+i+g-\beta(t_g-t_r)}{1-\beta} \tag{3-26}$$

我们以 Δy 表示收入的变化量,以 Δt_r 表示政府转移支付的变化量,k_{t_r} 表示政府转移支付乘数。那么在其他条件不变,政府转移支付分别为 t_{r0} 和 t_{r1} 的情况下,均衡收入水平分别为

$$y_0=\frac{\alpha+i+g-\beta(t_g-t_{r0})}{1-\beta}$$

$$y_1=\frac{\alpha+i+g-\beta(t_g-t_{r1})}{1-\beta}$$

那么

$$\Delta y=y_1-y_0=\frac{\alpha+i+g-\beta(t_g-t_{r1})}{1-\beta}-\frac{\alpha+i+g-\beta(t_g-t_{r0})}{1-\beta}=\frac{\beta t_{r1}-\beta t_{r0}}{1-\beta}=\frac{\beta\Delta t_r}{1-\beta}$$

于是,根据定义:

$$k_{t_r}=\frac{\Delta y}{\Delta t_r}=\frac{\beta}{1-\beta} \tag{3-27}$$

可见,政府转移支付乘数与税收乘数的绝对值相等,符号相反。依然假设边际消费倾向为0.8,那么政府转移支付乘数为 4,如果政府转移支付增加了 200 亿元,那么国民收入就会增加 800 亿元;如果政府转移支付减少了 200 亿元,那么国民收入就会减少 800 亿元。

4. 平衡预算乘数

平衡预算乘数是指政府收入和支出同时以相等数量增加或减少时国民收入变动与政府收支变动的比率。政府的收入即指税收,政府支出即指政府购买支出。当政府税收和购买支出同时变化时,即政府税收变化 Δt,政府购买支出变化 Δg,那么国民收入的变化量为

$$\Delta y=k_g\Delta g+k_t\Delta t=\frac{1}{1-\beta}\Delta g+\frac{-\beta}{1-\beta}\Delta t$$

由于我们假定 $\Delta g=\Delta t$,于是便有

$$\Delta y=\frac{1}{1-\beta}\Delta g+\frac{-\beta}{1-\beta}\Delta t=\frac{1}{1-\beta}\Delta g+\frac{-\beta}{1-\beta}\Delta g=\frac{1-\beta}{1-\beta}\Delta g=\Delta g$$

或者

$$\Delta y=\frac{1}{1-\beta}\Delta g+\frac{-\beta}{1-\beta}\Delta t=\frac{1}{1-\beta}\Delta t+\frac{-\beta}{1-\beta}\Delta g=\frac{1-\beta}{1-\beta}\Delta t=\Delta t$$

因此,有

$$k_b = \frac{\Delta y}{\Delta g} = \frac{\Delta y}{\Delta t} = 1 \tag{3-28}$$

其中，k_b 为平衡预算乘数。即当政府收入和支出同时以相等数量增加或减少时，国民收入变动相同的量。例如在上例中，当政府税收增加 200 亿元，国民收入减少 800 亿元时，政府购买支出增加 200 亿元，国民收入增加 1 000 亿元，整体来说，政府收支平衡，国民收入增加 200 亿元。

例 3－3　已知在三部门经济中，自发消费为 100 亿元；可支配收入的边际消费倾向为 0.8；投资为 460 亿元；政府购买为 400 亿元；税收为 400 亿元且不随收入变化。

求：

(1) 均衡国民收入水平和均衡时的消费水平。

(2) 如政府购买下降为 300 亿元，均衡国民收入与消费如何变化。

(3) 政府购买支出乘数为多少？

解：(1) 由题中数据可得，自发消费 $\alpha=100$，边际消费倾向 $\beta=0.8$，税收 $t=400$，政府购买 $g=400$，投资 $i=460$，由此可得消费函数 $c=\alpha+\beta(y-t)=100+0.8(y-400)$。

将数值代入三部门经济中均衡国民收入的公式可得

$$y = \frac{\alpha+i+g-\beta t}{1-\beta} = \frac{100+460+400-0.8\times 400}{1-0.8} = \frac{640}{0.2} = 3\ 200$$

即均衡国民收入水平为 3 200 亿元。

将 $y=3\ 200$ 代入消费函数可得

$$c = 100+0.8(y-400) = 100+0.8\times(3\ 200-400) = 2\ 340$$

或者由三部门经济中的国民收入恒等式 $y=c+i+g$，则

$$c = y-i-g = 3\ 200-460-400 = 2\ 340$$

即国民收入水平达到均衡时的消费为 2 340 亿元。

(2) 若 $g'=300$，则

$$y' = \frac{\alpha+i+g-\beta t}{1-\beta} = \frac{100+460+300-0.8\times 400}{1-0.8} = \frac{540}{0.2} = 2\ 700$$

$$\Delta y = y'-y = 2\ 700-3\ 200 = -500$$

即此时的均衡国民收入水平为 2 700 亿元，与原来相比降低了 500 亿元。

$$c' = 100+0.8(y-400) = 100+0.8\times(2\ 700-400) = 1\ 940$$

或者由三部门经济中的国民收入恒等式 $y=c+i+g$，则

$$c' = y'-i-g' = 2\ 700-460-300 = 1\ 940$$

$$\Delta c = c'-c = 1\ 940-2\ 340 = -400$$

或者由边际消费倾向 $\beta=0.8=\Delta c/\Delta y$，则

$$\Delta c = \beta\times\Delta y = 0.8\times 500 = 400$$

即达到新的国民均衡收入水平时的消费为 1 940 亿元，较之前降低了 400 亿元。

(3) 由政府购买支出乘数的定义可得

$$k_g = \frac{\Delta y}{\Delta g} = \frac{-500}{-100} = 5$$

或者由政府购买支出乘数的计算公式可得

$$k_g = \frac{1}{1-\beta} = \frac{1}{1-0.8} = 5$$

即政府购买支出乘数为 5。

第六节　四部门经济中国民收入的决定及变动

一、四部门经济中收入的决定

在三部门经济体中，加入国外经济体，就形成了四部门经济体。在存在国外经济体这一开放经济体中，一国的均衡国民收入不仅取决于国内消费、投资和政府支出，还取决于净出口，即 $y=c+i+g+\mathrm{nx}$，其中 nx 表示净出口，为出口与进口之差，即 $\mathrm{nx}=x-m$。在开放经济中，$c+i+g$ 虽然代表了家庭、企业和政府的全部支出，但并不意味着这些支出一定会全部花费在本国生产的产品上。家庭可能会购买进口商品，企业可能会购买外国设备，政府也可能购买外国武器，因此，应该在国内总支出中扣除进口部分的支出。

在净出口 nx 中，一般假定出口 x 是一个外生变量，因为出口是由外国的购买力和购买需求决定的，本国难以左右。而进口 m 会随着本国收入提高而增加，因为本国收入提高后，人们对进口消费品和投资品的需求会增加。因此，当国民收入水平提高时，净出口额会减少；当国民收入水平降低时，净出口额会增加。影响净出口额的除了本国收入，还有汇率等因素，这里，可以把进口写成收入的一个函数：

$$m = m_0 + \gamma y \tag{3-29}$$

式中，m_0 为自发性进口，即进口额不随收入水平变动的部分，γ 表示边际进口倾向，即收入增加 1 单位时进口的增加量。此时，可以把国民收入的决定模型表示如下：

$$\begin{cases} y = c + i + g + x - m & \text{(国民收入恒等式)} \\ c = \alpha + \beta(y - t + t_r) & \text{(消费函数)} \\ m = m_0 + \gamma y & \text{(进口函数)} \end{cases}$$

其中，投资 i，政府购买支出 g，出口 x，政府税收 t 以及政府转移支付 t_r 均为外生变量，因此，求解联立方程，得到四部门经济中的均衡国民收入为

$$y = \frac{1}{1-\beta+\gamma}(\alpha + i + g - \beta t + \beta t_r + x - m_0) \tag{3-30}$$

二、四部门经济中的乘数

根据上一节求导三部门经济中各乘数的方法，可以求得四部门经济中的各乘数如下：

① 投资乘数 $k_i=\dfrac{1}{1-\beta+\gamma}$。

② 政府购买支出乘数 $k_g=\dfrac{1}{1-\beta+\gamma}$。

③ 税收乘数 $k_t=-\dfrac{\beta}{1-\beta+\gamma}$。

④ 政府转移支付乘数 $k_{t_r}=\dfrac{\beta}{1-\beta+\gamma}$。

⑤ 对外贸易乘数 $k_x=\dfrac{1}{1-\beta+\gamma}$。

其中，对外贸易乘数表示出口增加 1 单位引起国民收入变动的多少。由于 $\gamma>0$，因此

$\frac{1}{1-\beta+\gamma}<\frac{1}{1-\beta}$。可以看出，有了对外贸易后，不仅出口的变动，而且投资、政府支出、税收的变动对国民收入变动的影响，与封闭经济相比也发生了变化，这主要是由于增加的收入的一部分要用到进口商品上。

例 3-4　假定某经济社会的消费函数为 $c=30+0.8y_d$，净税收即总税收减去转移支付后的金额 $t_n=50$，投资 $i=60$，政府购买性支出 $g=50$，净出口即出口减进口以后的余额为 $nx=50-0.05y$。

求：(1) 均衡国民收入水平和均衡时的净出口；

(2) 当出口减少 15 单位，即净出口从 $nx=50-0.05y$ 变为 $nx=35-0.05y$ 时的均衡收入和净出口。

解：(1) 由题中数据可得，自发消费 $\alpha=30$，边际消费倾向 $\beta=0.8$，净税收 $t_n=t-t_r=50$，政府购买 $g=50$，投资 $i=60$，$\gamma=0.05$，$x-m_0=50$，将数值代入三部门经济中均衡国民收入的公式可得

$$y=\frac{1}{1-\beta+\gamma}(\alpha+i+g-\beta t+\beta t_r+x-m_0)=$$

$$\frac{1}{1-0.8+0.05}(30+60+50-0.8\times50+50)=600$$

即均衡国民收入水平为 600。

将 $y=600$ 代入净出口函数可得

$$nx=50-0.05y=50-0.05\times600=20$$

即国民收入水平达到均衡时的净出口为 20。

(2) 若 $nx=35-0.05y$，则 $x-m_0=35$。

$$y=\frac{1}{1-\beta+\gamma}(\alpha+i+g-\beta t+\beta t_r+x-m_0)=$$

$$\frac{1}{1-0.8+0.05}(30+60+50-0.8\times50+35)=540$$

或者由题中所给条件可得，对外贸易乘数为

$$k_x=\frac{1}{1-\beta+\gamma}=\frac{1}{1-0.8+0.05}=\frac{1}{0.25}=4$$

$$\Delta x=-15$$

$$\Delta y=k_x\times\Delta x=4\times(-15)=-60$$

$$y=600-60=540$$

即此时均衡国民收入水平为 540。

将 $y=540$ 代入净出口函数可得

$$nx=35-0.05y=35-0.05\times540=8$$

即国民收入水平达到均衡时的净出口为 8。

本章小结

1. 与总需求相等的产出称为均衡产出，或者说均衡的国民收入。在均衡产出水平上，计划或意愿的投资一定等于计划或意愿的储蓄。

2. 消费和收入之间的关系称为消费函数，表示为 $c=c(y)$。平均消费倾向指平均意义上

消费支出在收入中所占的比例,即 $APC=\frac{c}{y}$;边际消费倾向是指增加的一个单位收入中用于消费的量,即 $MPC=\frac{\Delta c}{\Delta y}$。储蓄和收入之间的关系称为储蓄函数,表示为 $s=s(y)$。平均储蓄倾向指平均意义上储蓄在收入中所占的比例,即 $APS=\frac{s}{y}$;边际储蓄倾向是指增加的一个单位收入中用于储蓄的量,即 $MPS=\frac{\Delta s}{\Delta y}$。

3. 在凯恩斯提出绝对收入消费理论之后,经济学家对其进行了完善和补充,其中有相对收入消费理论,生命周期消费理论和永久收入消费理论。

4. 在两部门经济中,均衡国民收入的决定表达式为 $y=\frac{\alpha+i}{1-\beta}$。投资乘数表示收入的变化与带来这种变化的投资支出的变化的比率,公式表示为 $k=\frac{1}{1-\beta}$。

5. 在三部门经济中,均衡国民收入的决定表达式为 $y=\frac{\alpha+i+g-\beta t}{1-\beta}$,其中 t 为定量税。三部门经济中各乘数为:政府购买支出函数指收入变动对引起这种变动的政府购买支出变动的比率,计算公式为 $k_g=\frac{1}{1-\beta}$;税收乘数指收入变动对引起这种变动的税收变动的比率,公式表达为 $k_t=-\frac{\beta}{1-\beta}$;政府转移支付乘数是指收入变动与引起这种变动的政府转移支付变动的比率,公式表达为 $k_{t_r}=\frac{\beta}{1-\beta}$;平衡预算乘数是指政府收入和支出同时以相等数量增加或减少时国民收入变动与政府收支变动的比率,$k_b=1$。

6. 在四部门经济中,进口函数可以表示为 $m=m_0+\gamma y$,均衡国民收入决定的表达式为 $y=\frac{1}{1-\beta+\gamma}(\alpha+i+g-\beta t+\beta t_r+x-m_0)$。在四部门经济中,对外贸易乘数表示出口增加1单位引起国民收入变动的多少,公式表达为 $k_x=\frac{1}{1-\beta+\gamma}$。

自测题

1. 什么是均衡产出?在均衡产出水平上,是否计划存货投资和非计划存货投资都必然为零?
2. 什么是凯恩斯定律?凯恩斯定律提出的社会经济背景是什么?
3. 什么是消费倾向?能否说边际消费倾向和平均消费倾向都总是大于0而小于1?
4. 平衡预算乘数作用的机理是什么?
5. 为什么有了对外贸易之后,封闭经济中的一些乘数会变小?

【拓展阅读】　老百姓为什么喜爱储蓄?

高储蓄率往往是高GDP增长的后果。道理很简单,普通老百姓收入增长后,会小心地“奖励”一下自己,但不愿大量花钱。日本在20世纪70年代GDP增长很快,在那个时期的储蓄存款率也是很高的。到了90年代,日本经济增长变缓,储蓄存款率也随着下降了。中国目前还是处在高GDP增长期间,较高的储蓄存款率其实是正常的。缺少有吸引力的投资渠道是高储蓄率的一个重要原因。其实，不光老百姓缺少投资渠道，近来很多企业也因缺少投资欲望而把资金存入银行。在中国，企业存款增加后，广义货币 M2(定活期存款为主)就会随着增长。2005 年的 M2 同比增长 18.3%，很多人推测这个增长主要来自企业高达 1.2 万亿元的利润。所以，老百姓不投资不是孤立的现象。

中国是个高储蓄率的国家，老百姓把收入的 40%放在银行里。但是，对中国这么一个大国来说，15 万亿元存款并不是一个很大的数目。如果让 13 亿人平摊存款余额，人均不过只有一万多元。假定那些存款都来自 5 亿城镇居民，人均不过 3 万元。一个典型的城镇三口之家，也就是大约 10 万元存款。这个平均家庭存款数，购买房子不足，供养车不够，不断上涨的医疗费和教育费也让普通家庭不敢轻易花费银行存款。与发达国家相比，中国的高储蓄率是在平均收入水平较低的基础上形成的。

老百姓储蓄多是对养老风险和医疗风险没有信心。美国的经历证明了这一点。20 世纪 70 年代，美国经济不景气，美国人储蓄较多。随着经济改善和各种社会保险机制的建立，大多数美国人对未来的担忧没有了。2005 年，美国人的储蓄率是负数，说明他们不光不存钱，而且开始花过去的存款。不过，美国人并没有过度担心。储蓄是个复杂的现象，需要把居民存款余额放到更大的图像里去看。美国的老百姓只想花费，不愿储蓄，而中国的情况稍稍不同，老百姓感到银行里有储蓄，心里才能获得一些安全感。目前我国 80%以上的劳动者没有基本养老保险，85%以上的城乡居民没有医疗保险，而培养一个孩子上到大学需要 19.1 万元。在这种情况下，人们有钱不敢花就不难解了。消费低并不是“节约的习惯”，而是未来要花钱的地方实在太多。

【案例评析】

我们把增加的收入中所增加的消费(即增加的消费与增加的收入之比)称为边际消费倾向。凯恩斯曾提出边际消费倾向递减规律。经济学家从消费统计资料中发现，在发达国家，消费是稳定的，并不存在边际消费倾向递减。但这个规律在我国现阶段是存在的。为什么在增加的收入中，增加的储蓄这么多？凯恩斯把未雨绸缪的谨慎动机作为储蓄的原因之一。谨慎动机的储蓄就是存钱，以应对未来的不确定性和风险。这种谨慎动机储蓄的多少取决于社会保障的完善程度。不确定性越高，社会保障越不完善，储蓄就越多。凯恩斯还指出了边际消费倾向递减的另一个原因是收入差距扩大。通常来说，富人的边际消费倾向极低，但穷人的边际消费倾向极高。当收入和财富主要集中在富人手中时，整个社会的边际消费倾向就低了。这种收入分化格局决定了整体边际消费倾向不高，消费不足。这种谨慎动机在我国储蓄的增加中起了重要作用。我们正处于经济转型时期，不确定性增加，社会保障体系不够完善。

(摘自：曲辰，《经济学消息报》，2001 年 12 月 28 日)

第四章　产品市场和货币市场的一般均衡

本章知识结构框架图

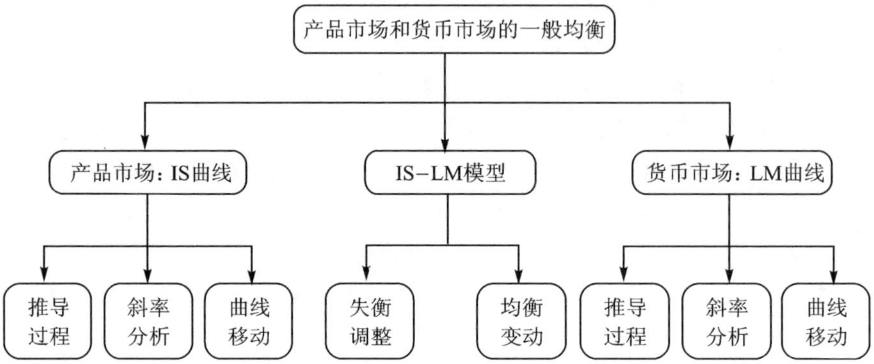

知识导引

第三章讨论了消费、投资、政府支出和净出口这四方面的总支出水平如何决定经济社会的总需求，从而决定了均衡的国民收入或产量。但是，市场经济不仅有产品市场，还有货币市场，而且两者之间相互影响、相互依存。本章将介绍产品市场和货币市场的一般均衡理论，即 IS－LM 模型，它进一步勾勒出凯恩斯的整个思想体系，并为进一步分析经济政策效果提供了工具。

本章学习目标

◇ 理解 IS 曲线和 LM 曲线的形成及其内涵。
◇ 理解 IS－LM 均衡的形成过程及均衡的变动。
◇ 掌握 IS 和 LM 曲线的公式推导和计算。
◇ 掌握 IS－LM 模型及其运用。

关键概念

IS 曲线	LM 曲线	货币的投机需求
货币的交易需求	IS－LM 模型	凯恩斯区域
古典区域	中间区域	

第一节　产品市场的均衡：IS 曲线

一、IS 曲线的几何推导

IS 曲线是一条投资-储蓄曲线，是表示社会经济活动中产品市场均衡的曲线。它反映的是在产品市场上，当投资和储蓄相等时，利率和国民收入的关系。这条曲线上任何一点都代表一定的利率和国民收入的组合，在这样的组合下，投资和储蓄都是相等的，即 $I=S$，从而产品市场是均衡的，因此这条曲线称为 IS 曲线。

IS 曲线的几何推导可以有两种方法。

一种是用含有四个子图的图来描述。图 4－1 中子图(1)的曲线表示，投资需求是利率的减函数，纵轴表示利率 r，横轴表示投资量 I。子图(2)表示投资和储蓄的均衡状态，纵轴表示储蓄 S，横轴仍表示投资 I，自原点的 45°线，表示投资始终等于储蓄的组合点的表示。子图(3)的曲线表示储蓄是国民收入的增函数，纵轴表示储蓄，横轴表示收入。由这三个子图中的曲线，可以得到子图(4)所表示的产品市场均衡的 IS 曲线。例如，子图(1)中，给定某一利率水平，可以得到该利率下的投资量；由子图(2)所表示的产品市场均衡条件 $I=S$，可得到该利率和投资水平下，使产品市场保持均衡的储蓄量；在子图(3)，由储蓄函数可得相应的收入水平。最后，在子图(4)得到一个(r,Y)组合点，该点所表示的国民收入是在该利率水平下，使产品市场保持均衡的收入。同理，可得到一系列满足产品市场均衡条件的利率和收入的组合点，将各个组合点连接起来，就得到了 IS 曲线。

IS 曲线的第二种几何推导方法，是利用收入-支出模型来推导的，如图 4－2 所示。从图中可以看出，较高的利率水平 r_1 对应一个较低的收入水平 Y_1，较低的利率水平 r_2 对应一个较高的收入水平 Y_2。

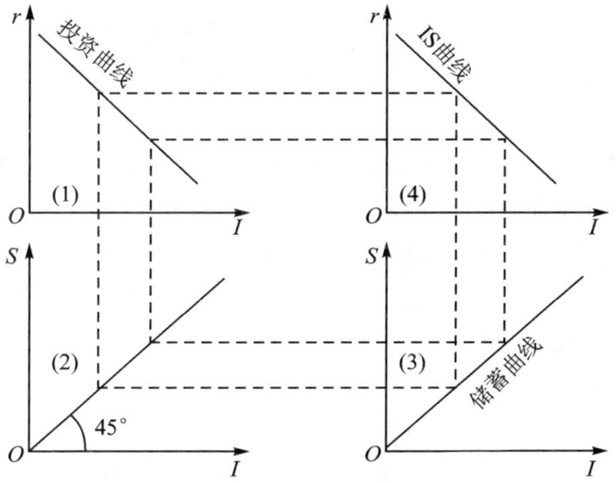

图 4－1　IS 曲线的几何推导(一)

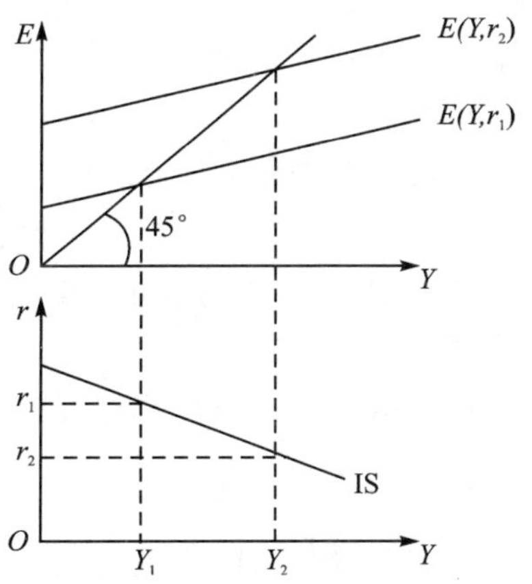

图 4－2　IS 曲线的几何推导(二)

二、IS 曲线的代数推导

IS 曲线的数学表达式是从下面三个函数中推导出来的：

(1) 储蓄与投资的关系

在简单的两部门经济模型中，使产品市场保持均衡的条件是储蓄等于投资。

$$I=S \tag{4-1}$$

(2) 投资与利率的关系(投资函数)

$$I=e-dr \tag{4-2}$$

(3) 储蓄与收入的关系(储蓄函数)

$$S=-a+(1-b)Y \tag{4-3}$$

把式(4－2)与式(4－3)代入式(4－1)，经整理可以推导出下面的计算公式：

$$Y=\frac{a+e-dr}{1-b} \tag{4-4}$$

或者将上式化为

$$r=\frac{a+e}{d}-\frac{1-b}{d}Y \tag{4-5}$$

式(4-4)和式(4-5)就是IS曲线的数学表达式。

三、IS曲线的斜率

由于利率下降意味着一个较高的投资水平，从而有一个较高的储蓄和收入水平，因此，IS曲线的斜率是负值(向右下方倾斜)。IS曲线的斜率的大小，或者说倾斜的程度，取决于投资函数和储蓄函数的斜率，即投资需求对利率变动的反应程度(d)和边际消费倾向(b)。这从IS曲线的数学表达式(4-5)可以说明，它表明均衡的国民收入与利率之间存在反方向变化。IS曲线的斜率取决于d和b。

d是投资对于利率变动的反应程度，它表示利率变动一定幅度时投资变动的程度，如果d的值较大，即投资对于利率变化比较敏感，IS曲线斜率的绝对值就较小，即IS曲线较平缓。这是因为，投资对利率较敏感时，利率的较小变动就会引起投资较大的变化，进而引起收入较大的变化，反映在IS曲线上是：利率较小变动就要求收入较大变动与之相配合，才能使产品市场均衡。

b是边际消费倾向，如果b较大，IS曲线斜率的绝对值也会较小，这是因为，b较大意味着支出乘数较大，从而当利率变动引起投资变动时，收入会以较大幅度变动，因此IS曲线就较平缓。从公式(4-5)也可看出，当边际消费倾向b较大时，IS曲线斜率绝对值较小，因而IS曲线也较平缓。

在三部门经济中，消费时可支配收入的函数，于是IS曲线斜率变成

$$-\frac{1-b(1-t)}{d}$$

在这种情况下，IS曲线斜率还与税收t有关。当其他条件不变时，t越大，IS曲线越陡峭；t越小，IS曲线越平缓。

一般来讲，影响IS曲线斜率大小的，主要是d。边际消费倾向b相对来说较稳定，而税率也不会轻易改变。

例4-1 假设有下列经济模型：$Y=C+I+G$，$I=20+0.15Y$，$C=40+0.65Y$，$G=60$。求：

(1) 边际消费倾向和边际储蓄倾向；

(2) 均衡的Y、C、I。

解：

(1) 边际消费倾向为0.65；边际储蓄倾向为$1-0.65=0.35$。

(2) 由$Y=C+I+G$，得$Y=600$，$C=430$，$I=110$。

四、IS 曲线的移动

1. 利率、产出(收入)对 IS 曲线的影响

由于利率和产出(或者收入)分别是纵坐标和横坐标,所以,这两个变量的变动只意味着 IS 曲线上点的移动,而不会导致整条 IS 曲线的移动。

2. 投资需求变动对 IS 曲线的影响

如果由于种种原因(例如,投资边际效率提高,或出现了技术创新,或企业家对经济前景预期乐观等),在同样利率水平上投资需求增加了,即投资需求曲线向右上方移动,于是 IS 曲线就会向右上方移动。反之,若投资需求下降,则 IS 曲线向左移动。

3. 储蓄函数变动对 IS 曲线的影响

如果其他条件不变,人们的储蓄意愿增加了,使得自发性消费水平下降,储蓄曲线向左移动,如果投资需求不变,则同样的投资水平现在要求有的均衡收入水平就要下降,即每一储蓄水平所需求的国民收入减少,IS 曲线向左移动。

4. 政府购买对 IS 曲线的影响

增加政府购买性支出,在自发支出量变动的作用中等于增加投资支出,因此,会使 IS 曲线向右平行移动。相反,若减少政府购买,则会使 IS 曲线左移。

5. 税收对 IS 曲线的影响

增加税收会使 IS 曲线左移,这是因为,一笔税收的增加,如果增加了企业的负担,则会使投资相应减少,于是这笔增税无疑是减少投资需求,从而会使 IS 曲线向左移动;同样,一笔税收的增加,如果是增加了居民个人的负担,则会使他们的可支配收入减少,从而使他们消费支出相应减少,从而也会使 IS 曲线向左移动。相反,如果政府减税,则会使 IS 曲线右移。

增加政府支出和减税,都属于增加总需求的膨胀性财政政策,而减少政府支出和增税,都属于降低总需求的紧缩性财政政策。因此,政府实行膨胀性财政政策,就表现为 IS 曲线向右上方移动,实行紧缩性财政政策,就表现为 IS 向左下方移动。实际上,西方经济学家提出 IS 曲线的重要目的之一,就在于分析财政政策如何影响国民收入变动。

第二节　货币市场的均衡: LM 曲线

一、LM 曲线的几何推导

LM 曲线是一条流动偏好-货币供给曲线,它表示在货币供给量一定,且货币供求均衡条件下,不同利息率与相应的产出水平组合点的轨迹。它反映的是在货币市场达到均衡,及货币需求与货币供给相等时,利息率和国民收入的关系。这条曲线上任何一个点都代表一定的利息率和国民收入的组合,在这样的组合下,货币需求和货币供给都是相等的,即 $L=M$,从而货

币市场是均衡的,因此这条曲线称为 LM 曲线。

LM 曲线的几何推导可以用含有四个子图的图来描述。图 4-3 中子图(1)中向右下方倾斜的曲线是货币的投机需求函数 $m_2=L_2(r)$;子图(2)表示当货币供给为一定量时,应如何划分用于交易需求的货币和投机需求的货币。由于 $m=m_1+m_2$,因此 $m-m_1=m_2$,或 $m-m_2=m_1$,那条与纵横轴都成 45°的直线就表示这种关系。投机需求量用横轴表示,交易需求量用纵轴表示。子图(3)的曲线是货币的交易需求函数 $m_1=L_1(Y)$。子图(4)表示与货币市场均衡相一致的利率与收入的一系列组合。已知利率水平,根据子图(1)可求得投机性货币需求量 L_2,它由 m_2 来满足;在总的货币供给量给定的条件下,可以求出 m_1,它用于满足交易性货币需求 L_1,根据子图(3)可以得到相应的收入水平。由上面三个子图可以得到子图(4)中的一个(r,Y)组合点,该点的利率和收入能够使货币市场保持均衡。按照同样的方法,可以在子图(4)中得到一系列利率和收入组合点,将这些线连接起来就描绘出 LM 曲线。

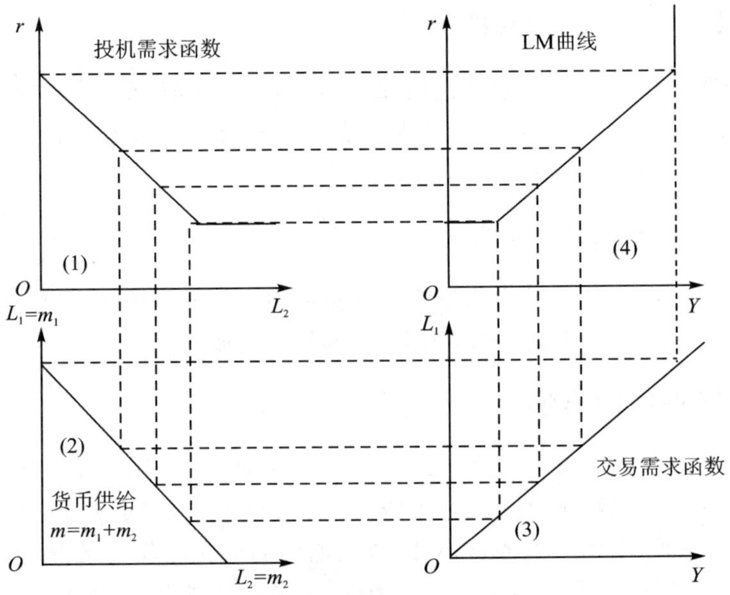

图 4-3 LM 曲线的几何推导

二、LM 曲线的代数推导

货币市场实现均衡,即货币需求与供给相等时,公式为

$$M=L=L_1+L_2=L_1(Y)+L_2(R)=kY-hr$$

经整理可以推导出下面的计算公式:

$$Y=\frac{hr}{k}+\frac{M}{k} \tag{4-6}$$

或者将上式转化为

$$r=\frac{kY}{h}-\frac{M}{h} \tag{4-7}$$

式(4-6)和式(4-7)就是 LM 曲线的数学表达式。

三、LM 曲线的斜率及三大区域

当货币市场达到均衡时，利率与国民收入水平同方向变动，因此，LM 曲线的斜率是正值（向右上方倾斜）。LM 曲线的斜率取决于货币的投机需求曲线和交易需求曲线的斜率，实际上也就是取决于式（4－7）中 k 和 h 的值。

当 k 为定值时，h 越大，即货币需求对利率的敏感度越高，则 k/h 越小，LM 曲线越平缓；当 h 为定值时，k 越大，即货币需求对收入变动的敏感度越高，则 k/h 越大，LM 曲线越陡峭。

西方学者认为，货币的交易需求函数一般比较稳定，因此，LM 曲线的斜率主要取决于货币的投机需求函数。投机动机的货币需求是利率的减函数。

根据不同的利率水平下货币投机需求的大小，可以将 LM 曲线划分为三个区域，如图 4－4 所示。

图中，水平部分被称为“凯恩斯区域”或“萧条区域”，也被称为“凯恩斯陷阱”，表示如果利率一旦降低到这样的水平（如 r_1），当政府实行扩张性货币政策时，增加货币供给将既不能降低利率，又不能增加收入，货币政策会失效。相反，如果使用扩张性财政政策，使 IS 曲线向右移动，收入水平会在利率不发生变化的情况下提高，因而财政政策有很大效果。凯恩斯认为 20 世纪 30 年代大萧条时期西方国家的经济就是这种情况。在此区域，LM 曲线斜率为零，实行货币政策无效，而财政政策有效。

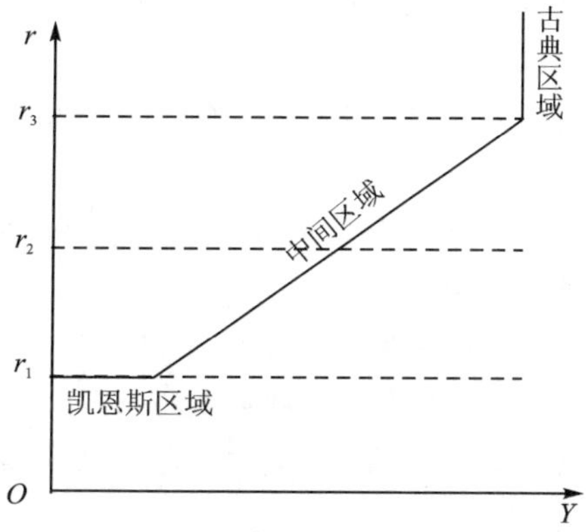

图 4－4　LM 曲线的三个区域

相反，当利率上升到很高水平（如 r_3）时，货币的投机需求量将等于零，从 r_3 开始往上的部分，LM 是一条垂直线。这时，如果实行扩张性财政政策，使 IS 曲线向右移动，只会提高利率而不会使收入增加；如果实行扩张性货币政策，则不但会降低利率水平，还会提高收入水平。在此区域，LM 曲线斜率为无穷大，实行货币政策有效，而财政政策无效。由于这一点符合古典学派及基于古典学派货币主义者的观点，因此这一区域也被称为“古典区域”。

在“古典区域”和“凯恩斯区域”之间的部分被称为“中间区域”，在此区域，LM 曲线斜率为正值。

【案例 4－1】　凯恩斯“流动偏好陷阱”理论与日本“泡沫经济”

在正常条件下，货币供应量的增加会导致债券价格上升。人们会试图用持有的多余现金购买资产，从而使利率下降。流动性陷阱通常被认为是这样的一种情形：货币供应量的增加没有带来利率下降，而仅仅表现为闲置持币余额的增加。

在凯恩斯所描述的流动性陷阱中，人们确信目前的债券价格过高、以后可能下跌，利率也相应太低、今后还会升高。人们因此认为，现在购买债券无疑会造成资本损失，还是应该选择持有现金。其结果是，货币供应量的增加仅仅是闲置持币余额上升，而对利率没有产生影响。流动性陷阱意味着货币政策在这种情况下不起作用。货币供应的增加既然对利率无法产生作用，也就不能影响投资和总需求。

20世纪80年代,日本政府针对日元大幅升值的情况,采取维持长期低利率和增加货币供应量的措施,以争取景气回升,却使货币市场出现类似于凯恩斯"流动偏好陷阱"的现象。日本政府对这种经济现象认识不足,仍然采用扩张性货币政策与紧缩性财政政策并举的措施,目标是促进经济增长的同时实现财政收支平衡。然而这种政策却刺激了国内对股票和土地的投机,最终使资产价格膨胀到无法以现实经济进行衡量的程度,终于出现了被《平成五年度经济白皮书》称为"严重背离经济基础的价格变动"的泡沫经济,给处于中苏经济增长阶段的日本带来极为沉重的打击。

在日本案例出现之前,流动性陷阱被认为仅仅是一个理论上的设想,在现实世界中并不存在。1994年,多恩布什和费希尔的经济学教科书《宏观经济学》第6版出版。在这本书中,他们是这样写的:"凯恩斯自己也无法确认是否真的存在这样一种现象(流动性陷阱)。在60年后的今天,我们同样也不知道。"

日本明显地符合流动性陷阱的绝大多数经济特征。包括保罗·克鲁格曼在内的一些著名经济学家证实了日本流动性陷阱的出现。日本现在的隔夜拆借存款利率只有0.02%,10年期的政府债券收益率从1990年9月开始已经由8.7%下降为1.8%,而一些短期政府债券的收益率仅为0.055%。

学术界最关注的问题是:一个存在问题的银行体系是否是形成流动性陷阱的必要前提条件?克鲁格曼(1998)认为,即使银行系统运行良好,流动性陷阱也可能出现。在流动性陷阱的条件下,基础货币量的增加不会导致广义货币总量的增加,这是因为:第一,公众将大量持有现金,广义货币总量的增加是很有限的;第二,大量现金将转化为储备;第三,银行将增加作为基础货币的准备金,而减少贷款。所有这些的发生并不一定意味着银行体系出了问题。

四、LM曲线的移动

LM曲线的水平移动是由于实际货币供给发生变化引起的。由于实际货币供给量是由名义货币供给 M 和价格水平 P 决定的,这两个变量中的任何一个发生变化或者同时变化都将引起LM曲线的移动。

1. 名义货币供给量 M 的变动

在价格水平不变时,M 增加,LM曲线向右下方移动;反之,LM曲线向左上方移动。实际上,央行实行变动货币供给量的货币政策,在IS–LM模型中就表现为LM曲线的移动。

2. 价格水平 P 的变动

价格水平 P 上升,实际货币供给量变小,LM曲线就向左上方移动;反之,LM曲线就向右下方移动,利率就下降,收入就增加。

第三节　产品市场和货币市场的同时均衡:IS–LM模型

一、产品市场和货币市场同时均衡的利率和收入

IS曲线说明的是产品市场的均衡,LM曲线说明的是货币市场的均衡。但是只有当产品

市场和货币市场同时均衡时，整个社会的经济才能够达到均衡。IS-LM 模型将产品市场和货币市场结合起来，运用 IS 曲线和 LM 曲线，分析研究两种市场如何同时达到均衡，以确定两种市场同时均衡时的利率和国民收入的组合。

把 IS 曲线和 LM 曲线放在同一个图像中，则两条曲线的交点所形成的利率和国民收入就是实现货币市场和产品市场同时均衡的利率和国民收入。IS 曲线与 LM 曲线相交的交点就得到产品市场和货币市场同时均衡的图形，如图 4-5 所示。

在图 4-5 中，纵轴代表利率，横轴代表国民收入。IS 曲线和 LM 曲线相交与 E 点。它既是 IS 曲线上的一点，也是 LM 曲线上的一点，因此，E 点为均衡点，表示该点代表的利率与国民收入的组合($\bar{l}$, $\bar{Y}$)。即当利息率为 $\bar{l}$，国民收入为 $\bar{Y}$ 时，产品市场与货币市场同时达到均衡，也就是在此时，投资等于储蓄，货币供给等于货币需求，于是整个社会经济处于均衡状态。任何偏离 E 点的利率和国民收入的组合，都不能实现产品市场和货币市场的同时均衡。

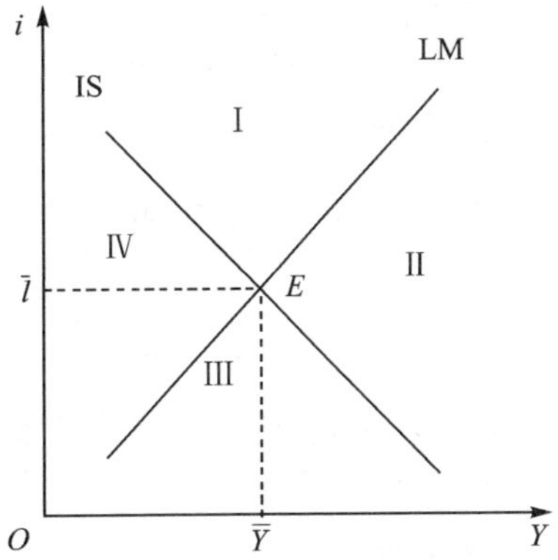

图 4-5　IS-LM 模型

例 4-2　假定一两部门经济中，消费 $C=100+0.8Y$，投资 $I=150-6r$，货币供给 $M=150$，货币需求 $L=0.2Y-4r$。

(1) 求 IS 和 LM 曲线；

(2) 求产品市场和货币市场同时均衡时的利率和收入。

解：

(1) 由 $Y=C+I$ 得 IS 曲线为 $Y=1\ 250-30r$；由 $L=M$ 得 LM 曲线为 $Y=750+20r$。

(2) 将 IS 曲线和 LM 曲线联立得 $Y=950$，$r=10$。

【案例 4-2】　当前我国 IS-LM 模型与应对金融危机的货币政策分析

1. IS 模型现状分析

(1) 边际消费倾向总体偏低，但当前较大。20 世纪 90 年代中期之后，我国教育、医疗、住房及国企改革的不断推进，使得人们失去了传统体制下的不少福利待遇，虽然近些年国家加大了对社会保障体系建设的投入力度，但由于目前新的、与社会主义市场经济体制相适应的社会保障制度还不完善，从而使得居民对未来缺乏良好预期；再加上我国传统的勤俭节约观念等因素的制约以及当前城乡居民收入水平较低和收入差距过大等原因，我国居民边际消费倾向总体水平偏低。然而由于 2006 年以来物价不断攀升，人们产生通货膨胀的预期，而相应增加当期消费，再加上“家电下乡”工程等一系列财政政策实施极大地促进了居民消费。

(2) 投资对利率的变化总体不敏感，但当前敏感程度较高。多年以来，我国都是投入型的经济增长方式，微观经济主体对外部投入的依赖程度很高，对利率变化反应的敏感程度低；同时，二级银行体制造成了微观经济主体同金融体系之间的信息不对称，微观经济主体对中央银行的货币政策取向缺乏了解，对利率变动的反应不够强烈。加之我国利率市场化程度不高，现行的银行信贷资金管理体制，使得政府在信贷资金的去向方面仍起到很重要的作用，这些因素导致我国投资对利率的变化总体很不敏感。然而，由于一方面，近期货币政策的反复性导致了公众预期的错判，尤其是对通胀预期的提前到来，使部分企业和银行担心信贷宽松政策突变，提前把本该分数年投放的贷款一步到位；另一方面，地方政府"保增长"压力很大，GDP 考核模式没有根本改变，面对未来预期不明朗的经济形势，地方政府投资拉动意愿强烈，政府类融资平台不顾债务承载负荷，大量储备资金。所以，从短期来看，投资对利率的变化非常敏感。

(3) IS 曲线的斜率总体很大，但当前相对较小。依据上述分析可知：总体来看，由于边际消费倾向偏低，投资对利率的变化不敏感，所以 IS 曲线的斜率较大，曲线较陡峭。从短期来看，由于短期内我国边际消费倾向较高，投资的利率弹性较高，所以 IS 曲线的斜率较小，曲线较平坦。当然从长期来看，随着我国社会主义市场经济体制的逐步完善，社会保障体系的建立健全、金融市场的不断发达以及收入分配体制的不断完善，这条曲线总体变化将趋于平坦。

2. LM 模型现状分析

(1) 货币需求的收入弹性较大。由于中国经济同时经历着市场化和货币化进程，以及中国的医疗、教育、住房等各项改革相继实施，而与社会主义市场经济体制相适应的社会保障体系建设不能在短期内完成，使得中国居民对货币的预防性需求大幅攀升。虽然随着我国金融改革的不断深化、社会保障体系建设的不断推进，使得近些年我国货币需求的收入弹性有所下降，但综合考虑各方面因素，比如取款成本、工资发放制度和支付方式的原因，总体而言目前我国货币需求的收入弹性仍然较大。

(2) 货币需求的利率弹性偏低。由于中国经济仍处于从计划经济向社会主义市场经济的转型时期，养老、医疗保险逐渐由传统的保障体系向社会化转变，从而增加了人们的现实支出和对未来的不确定性预期；同时随着国有经济体制的改革和分配制度的改革，巨大的潜在失业人群增加了人们对未来的保障需求，所以人们存款的主要目的是满足预防动机，利率的变化对人们储蓄存款变化的影响很小，因而可用投资的资金十分有限。再加上目前我国的金融市场还不完善，投资渠道还有些缺乏，虽然微观经济主体已经具备一定的投资意识，但利率的变动对投资需求的影响程度还很小，即货币需求的利率弹性仍然偏低。

(3) LM 曲线的斜率较大。依据上述分析可知：由于目前我国货币需求的收入弹性较大，同时货币需求的利率弹性偏低，因此，LM 曲线的斜率较大，即 LM 曲线较陡峭。当然，随着我国分配制度改革的不断推进，金融市场的不断发展、完善，投资渠道的不断拓宽，这条曲线总体将趋于平坦。

3. 应对金融危机的货币政策效果的 IS－LM 分析

根据上述分析可得应对金融危机的货币政策的政策效应如下："双率"连续下调的适度宽松货币政策的实施，促使市场上货币供给量的大幅增加，在 IS－LM 模型中表现为 LM 曲线不动而 IS 曲线发生向右上方移动。如上所述，而由于在短期内 IS 曲线的形状与我国 IS 曲线的总体状况有很大差异，所以，适度宽松的货币政策效果会有很大差异。因此，需要分别从较短时期和稍长一个时期两个角度分析应对金融危机货币政策的政策效果。

在短期内，由于边际消费倾向因通货膨胀的预期等因素的影响而偏大，投资的利率弹性因近期货币政策的反复性导致了公众预期的错判及地方政府投资拉动意愿强烈等因素的影响而偏大，从而导致 IS 曲线的斜率暂时较小；同时，由于货币需求的收入弹性较大，而货币需求的利率弹性偏小，从而导致 LM 曲线较陡峭，所以，应对金融危机的货币政策因 IS 曲线的较平坦在短期内的政策效果较好，即能够很好地推动产出的增加。

然而，从稍长一个时期内来看，由于我国的边际消费倾向、投资的利率弹性总体水平都还较小，从而 IS 曲线的斜率总体还很陡峭，再加上较陡峭的 LM 曲线，因此应对金融危机的货币政策的政策效果会逐渐减弱甚至较差。

（摘自：张永波，《中国应对金融危机的货币政策效果分析——基于 IS－LM 模型》）

二、产品市场和货币市场从不均衡到均衡的调整

在图 4－5 中，IS 曲线和 LM 曲线把坐标平面分成了四个区域：Ⅰ、Ⅱ、Ⅲ、Ⅳ。这四个区域内的所有利率与国民收入的组合都是非均衡的组合，即区域内的每一个点都是非均衡点。这四个区域内的非均衡状况总结如表 4－1 所列。

表 4－1　产品市场和货币市场的非均衡

区　域	产品市场	货币市场
Ⅰ	$I<S$ 有超额产品供给	$L<M$ 有超额货币供给
Ⅱ	$I<S$ 有超额产品供给	$L>M$ 有超额货币需求
Ⅲ	$I>S$ 有超额产品需求	$L>M$ 有超额货币需求
Ⅳ	$I>S$ 有超额产品需求	$L<M$ 有超额货币供给

产品市场不均衡将导致国民收入的变动：若 $I<S$，则国民收入减少；若 $I>S$，则国民收入增加。

货币市场不均衡将导致利率变动：若 $L<M$，则利率下降；若 $L>M$，则利率上升。

据此，说明产品市场与货币市场从不均衡到均衡的调整过程如图 4－6 所示。

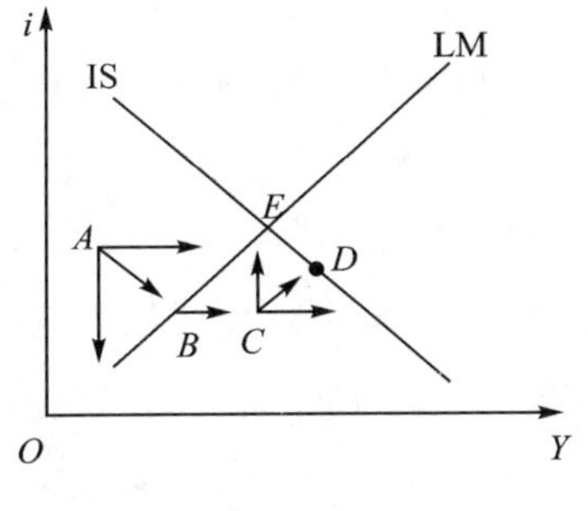

图 4－6　产品市场与货币市场从不均衡到均衡的调整

在图 4－6 中，假设利率与国民收入的组合点为 A，A 点位于Ⅳ区域内，此时产品市场上 $I>S$，货币市场上 $L<M$，都是非均衡状态。$I>S$ 使得国民收入增加，国民收入从 A 点沿平行于横轴的箭头向右移动；同时 $L<M$ 使得利率下降，利率从 A 点沿平行于纵轴的箭头向下移动。由于产品市场上 $I>S$ 和货币市场上 $L<M$ 的共同作用，引起利率与国民收入的组合沿对角线的箭头向右下方移动到 B 点。此时，B 点位于 LM 曲线上，意味着货币市场达到均衡，但是产品市场仍然不均衡（$I>S$）。于是，国民收入继续增加，利率与国民收入的组合沿着平行于横轴的箭头向右移动到 C 点。C 点位于Ⅲ区域内，此时产品市场上 $I>S$，货币市场上 $L>M$，这使得国民收入增加，利率上升，结果利率与国民收入的组合由 C 点沿对角线的箭头向上移动至 D 点，如此下去，直到利率与国民收入的组合最终移动到能使产品市场与货币市场同时达到均衡的 E 点，于是，实现了产品市场与货币市场从不均衡到均衡的调整。

其他三个区域内的任何一个非均衡点，从不均衡到均衡的调整过程及原理与 A 点相似。

三、均衡收入和利率的变动

1. IS 曲线变动的影响

假设 LM 曲线不变,若 IS 曲线向右移动,则利率与国民收入的均衡组合增大;若 IS 曲线向左移动,则利率与国民收入的均衡组合减小,如图 4-7 所示。

2. LM 曲线变动的影响

假设 IS 曲线不变,若 LM 曲线向右移动,则均衡利率下降,均衡国民收入增加;若 LM 曲线向左移动,则均衡利率上升,均衡国民收入减少,如图 4-8 所示。

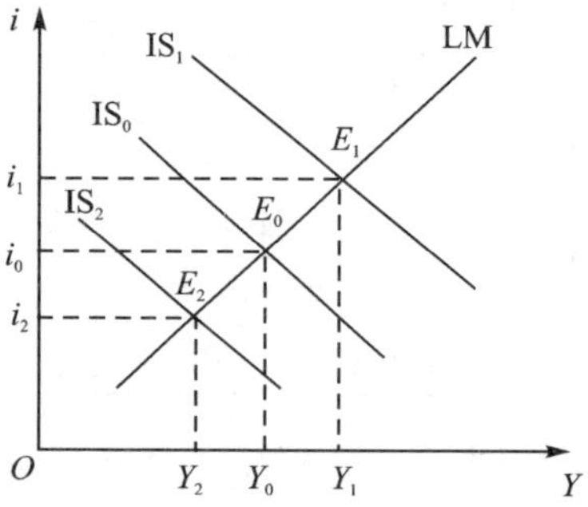

图 4-7　IS 曲线变动的影响

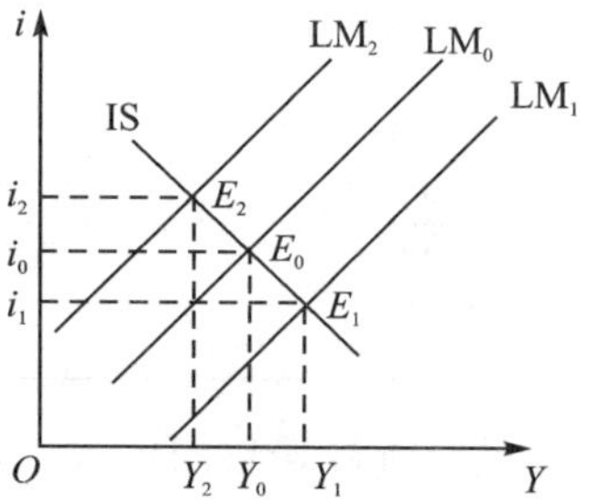

图 4-8　LM 曲线变动的影响

3. IS 曲线与 LM 曲线同时变动的影响

(1) IS 曲线与 LM 曲线同方向、同幅度变动

此时,均衡利率不变,IS 曲线与 LM 曲线向右移动,则均衡国民收入增加;若 IS 曲线与 LM 曲线向左移动,则均衡国民收入减少。

(2) IS 曲线与 LM 曲线同方向、不同幅度变动

若 IS 曲线与 LM 曲线同时向右移动,则均衡国民收入增加,而均衡利率的变动,视 IS 曲线与 LM 曲线变动的幅度而定。若 IS 曲线移动幅度较大,则均衡利率上升;若 LM 曲线移动幅度较大,则均衡利率下降。

若 IS 曲线与 LM 曲线同时向左移动,则均衡国民收入减少,而均衡利率的变动,也视 IS 曲线与 LM 曲线变动的幅度而定。若 IS 曲线移动幅度较大,则均衡利率下降;若 LM 曲线移动幅度较大,则均衡利率上升。

【案例 4-3】　　1990 年的美国经济衰退

当 1993 年克林顿总统入主白宫时,美国经济从开始于 1990 年的衰退中恢复过来。失业率从 1990 年 6 月的 5.1%上升到 1992 年 6 月的 7.7%。虽然按历史标准来看并不严重,但这次衰退是决策者极为关心的。高失业率在整个 1992 年中存在,经济状况变成那一年总统竞选的中心问题。

引起这次衰退的原因是什么?没有一种原因是显而易见的,但有一些会引起总需求减少的猜测。

衰退的一个早期原因是由于货币供给引起的LM曲线的紧缩性移动。按照大多数人当时的估算，20世纪80年代后期的失业率低于自然失业率，但通货膨胀还在上升。基于这种认识，美联储开始放慢货币供给增长，由此引起短期利率从1988年中期的6%一年后上升到9%。利率上升抑制了投资支出，从而降低了总需求。

在美联储紧缩货币之后不久，两种对IS曲线的冲击又加剧了经济衰退。第一，由于各种原因（包括以前的管制不充分）使得许多金融机构，特别是储蓄与贷款协会发现自己已经或接近破产，因此导致银行家和银行管制者在批准贷款时更为谨慎。这种“信用危机”迫使一些厂商放弃投资项目，从而减少了对投资品的需求。第二，当1990年夏季伊拉克入侵科威特时，消费者对未来经济的信心开始下降。而海湾战争引起的不确定性使消费者把支出延长到不确定性解决之后。由此引起的消费者支出的减少进一步降低了总需求。

这次经济衰退可以避免吗？回顾过去，显而易见的是，如果当时实施力度更大的扩张性货币政策是会有所帮助的。实际情况是，美联储虽然降低了利率，但这只是随着衰退的加深而逐渐降低的。到1992年时，虽然短期利率降到了3%左右，但同时按某些指标衡量的货币供给增长极低。对这些事件的一种解释是美联储没有认识到对IS曲线冲击的大小。当美联储看到利率下降时，它把这种下降误解为LM曲线扩张性移动的证据，而不是IS曲线紧缩性移动的证据。由于有关收入变动的数据要在经过一定的停滞后才能得到，加上收入对货币政策的反应有时也滞后，因此，美联储采取这种政策已经太晚，以至于在无法防止衰退之后才发现这个错误。

本章小结

1. IS曲线是一条投资-储蓄曲线，是表示社会经济活动中产品市场均衡的曲线。它反映的是在产品市场上，当投资和储蓄相等时利率和国民收入的关系。这条曲线上任何一点都代表一定的利率和国民收入的组合，在这样的组合下，投资和储蓄都是相等的，即 $I=S$，从而产品市场是均衡的，因此这条曲线称为IS曲线。

2. IS曲线的斜率的大小，或者说倾斜的程度，取决于投资函数和储蓄函数的斜率，即投资需求对利率变动的反应程度(d)和边际消费倾向(b)。d 是投资对于利率变动的反应程度，它表示利率变动一定幅度时投资变动的程度，如果 d 的值较大，即投资对于利率变化比较敏感，IS曲线斜率的绝对值就较小，即IS曲线较平缓。b 是边际消费倾向，如果 b 较大，IS曲线斜率的绝对值也会较小，这是因为，b 较大意味着支出乘数较大，从而当利率变动引起投资变动时，收入会以较大幅度变动，因此IS曲线就较平缓。

3. 影响IS曲线移动的因素有投资需求、储蓄意愿、政府购买和税收。

4. LM曲线是一条流动偏好-货币供给曲线，它表示在货币供给量一定且货币供求均衡的条件下，不同利率与相应的产出水平组合点的轨迹。它反映的是在货币市场达到均衡，及货币需求与货币供给相等时，利息率和国民收入的关系。这条曲线上任何一个点都代表一定的利息率和国民收入的组合，在这样的组合下，货币需求和货币供给都是相等的，即 $L=M$，从而货币市场是均衡的，因此这条曲线称为LM曲线。

5. 当货币市场达到均衡时，利率与国民收入水平同方向变动，因此，LM曲线的斜率是正值（向右上方倾斜）。LM曲线的斜率取决于货币的投机需求曲线和交易需求曲线的斜率，实际上也就是取决于式(4-7)中 k 和 h 的值。当 k 为定值时,h 越大,即货币需求对利率的敏感度越高,则 k/h 越小,LM 曲线越平缓;当 h 为定值时,k 越大,即货币需求对收入变动的敏感度越高,则 k/h 越大,LM 曲线越陡峭。

6. 根据不同的利率水平下货币投机需求的大小,可以将 LM 曲线划分为三个区域。其中,水平部分被称为"凯恩斯区域"或"萧条区域",也被称为"凯恩斯陷阱",在此区域,LM 曲线斜率为零,实行货币政策无效,而财政政策有效;垂直区域被称为"古典区域",在此区域,LM 曲线斜率为无穷大,实行货币政策有效,而财政政策无效。在"古典区域"和"凯恩斯区域"之间的部分被称为"中间区域",在此区域,LM 曲线斜率为正值。

7. 影响 LM 曲线水平移动的因素有名义货币供给量和价格水平。

8. IS 曲线说明的是产品市场的均衡,LM 曲线说明的是货币市场的均衡。但是只有当产品市场和货币市场同时均衡时,整个社会的经济才能够达到均衡。IS-LM 模型将产品市场和货币市场结合起来,运用 IS 曲线和 LM 曲线,分析研究两种市场如何同时达到均衡,以确定两种市场同时均衡时的利率和国民收入的组合。

9. 假设 LM 曲线不变,若 IS 曲线向右移动,则利率与国民收入的均衡组合增大;若 IS 曲线向左移动,则利率与国民收入的均衡组合减小。假设 IS 曲线不变,若 LM 曲线向右移动,则均衡利率下降,均衡国民收入增加;若 LM 曲线向左移动,则均衡利率上升,均衡国民收入减少。IS 曲线和 LM 曲线同时移动的情况需视变动幅度而定。

自测题

1. 简述 IS 曲线的含义及推导过程。
2. 分析影响 IS 曲线斜率和移动的因素。
3. 简述 LM 曲线的含义及推导过程。
4. 分析影响 LM 曲线斜率和移动的因素。
5. 分析 LM 曲线的三个区域。
6. 运用 IS-LM 模型分析产品市场和货币市场失衡的调整过程。
7. 分析影响均衡收入和均衡利率的因素。

【拓展阅读】 **蜜蜂的寓言**

从 1929 年开始,资本主义世界爆发了空前的大危机。3 000 多万人失业,三分之一的工厂停产,整个经济倒退回了"一战"前的水平。经济处于极度混乱之中,传统的经济学无法解释更无法解决这一问题,理论界纷纷进行探讨,这时英国经济学家凯恩斯从一则古老的寓言中得到了启示。这则寓言说,从前有一群蜜蜂,他们在一个蜂王的领导下,都过着挥霍、奢侈的生活,整个蜂群兴旺发达,百业昌盛。后来,他们的老蜂王去世了,换了一个新蜂王,他们改变了原有的生活习惯,开始崇尚节俭朴素,结果社会凋敝,经济衰落,终于被敌手打败而逃散。凯恩斯在这则寓言的启示下,建立了他的国民收入决定理论,并由此引发了凯恩斯革命,从而建立了宏观经济学。

【案例评析】

凯恩斯从这则寓言中悟出了需求的重要性,他看到蜂群的兴旺发达,正是由于他们的挥霍奢侈,创造了足够的需求;而当其变为节俭以后,由于有效需求不足,所以经济衰落,凯恩斯认为我们的社会也和蜂群一样。

凯恩斯的国民收入理论主要是由以下几方面构成的：

① 宏观经济理论分析的主要对象是国民收入。凯恩斯理论认为，国民收入大小取决于经济中的总需求。总需求由消费需求和投资需求构成，所以，国民收入决定于消费和投资。

② 消费由消费倾向和收入决定。

③ 消费倾向是比较稳定的。因而，国民收入的波动主要来自投资的变动。

④ 投资由利率和资本边际效率决定，与利率呈反方向变动关系，与资本边际效率呈同方向变动关系。

⑤ 利率决定于流动偏好与货币数量。

⑥ 资本边际效率由预期收益和资本资产的供给价格或者说重置成本决定。

根据其国民收入决定理论，凯恩斯认为，形成资本主义经济萧条的根源是由于消费需求和投资需求所构成的总需求不足以实现充分就业。

第五章　宏观经济政策

本章知识结构框架图

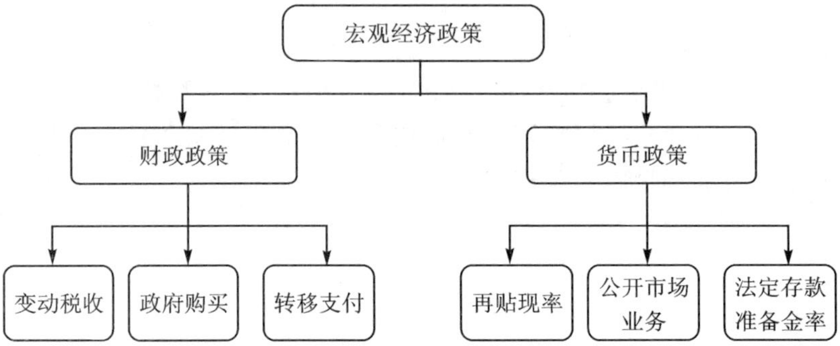

知识导引

财政政策和货币政策是西方国家进行总需求管理的两大基本经济政策；而西方学者认为，这两大经济政策的作用和效果可以通过分析 IS－LM 模型得到清楚的说明。因此，本章简要介绍财政政策和货币政策的工具和作用机制，阐述如何运用 IS－LM 模型分析西方经济政策的作用和效果，并考察宏观经济政策如何相互协调和适应的情况。

本章学习目标

◇ 理解财政政策和货币政策的工具、作用机制和制约因素。
◇ 掌握利用 IS－LM 曲线分析不同条件下财政政策的效果。
◇ 掌握利用 IS－LM 曲线分析不同条件下货币政策的效果。
◇ 掌握财政政策和货币政策协调配合的图形及使用情况。

关键概念

需求管理	自动稳定器	公开市场业务
供给管理	主动调节	法定存款准备金率
对外经济管理	内部时滞	外部时滞
财政政策	通货	流动性陷阱
货币政策	再贴现率	挤出效应

第一节　经济政策理论

宏观经济政策的制定和实施总是与其理论的发展联系在一起的，下面对西方宏观经济政策的理论、目标和工具加以介绍。

一、宏观经济政策理论

西方国家在 20 世纪 30 年代大萧条时，传统的西方经济学对此束手无策，使得许多经济学家开始相信政府对经济的计划与指导是一种稳定经济的力量,这些都为凯恩斯需求管理政策理论登上历史舞台提供了很好的机遇。

凯恩斯的理论认为,在资本主义自由放任的条件下,由消费需求和投资需求构成的有效需求不足以实现充分就业,或者说资本主义的通常状态是有效需求不足,即处在低于充分就业的均衡。因此,政府调节经济就是要维持经济的稳定,其政策手段就是调节需求,即运用财政政策和货币政策进行总需求管理。在进行需求管理时,财政政策被认为是最有力、最直接的调节手段。

美国的凯恩斯主义者还将凯恩斯的学说和传统的古典经济学结合起来形成了"新古典综合学派",并在第二次世界大战后的20余年间占据了西方经济学界的支配地位。

20世纪70年代中期,大多数西方国家出现了"滞胀"的局面,即失业与通货膨胀同时并存的局面。对于这种局面,新古典综合学派在理论上无法加以解释。

理论上的困难和政策上的无能,使新古典综合派受到了以米尔顿·弗里德曼为首的货币学派的猛烈攻击。货币主义认为,货币是在短期中影响产量、就业和物价变化的最主要因素,因而政府应当并且能够实行的唯一政策就是控制货币供给。它反对凯恩斯主义的财政政策,把反通货膨胀目标放在优先地位。

反对凯恩斯主义需求管理的经济学流派,还有一个在货币主义基础上发展起来的而又具经济自由主义色彩的理性预期学派,以及由此发展而来的新古典宏观经济学。理性预期学派强调"理性预期"对经济行为和经济政策的影响和作用。

在20世纪80年代前后,一个主张政府干预经济的新学派——新凯恩斯主义经济学在西方经济学界逐渐形成,它的出现使凯恩斯主义从困境中走了出来,重新获得了生机。它部分地吸纳了理性预期学派的理性预期假设,使凯恩斯主义宏观经济学有了一个微观基础。

2008年开始由美国次贷危机引发的一场全球性严重金融危机,使自由主义经济思潮遭到了极大的打击。各种各样的经济自由主义者信奉的"有效市场"理论在这场危机中被人们抛弃。事实证明"理性预期"不过是一种神话,自由的市场并不能发出合理的配置经济资源的价格信号。为把美国经济从危机深渊中挽救过来,奥巴马政府采取了非同寻常的经济干预的政府措施并取得了一定效果。显然,从经济政策思想演变角度看,经过这场危机的洗礼,国家干预主义重新占了上风。

经济理论总是为经济政策的实践服务的。历史告诉我们,西方宏观经济政策和理论在过去已有许多说法,但变来变去总不外是国家干预和经济自由两大思潮的交替和反复的演进。可以预料,随着时间的发展,西方世界在将来还会出现各种不同的经济问题,从而西方宏观经济理论也会适应解释不同问题的需要。

二、经济政策的目标

经济政策是指国家或政府为了增进社会经济福利而制定的解决经济问题的指导原则和措施,是政府为了达到一定的经济目的而对经济活动有意识的干预。因此,任何一项经济政策的制定都是根据一定的经济目标而进行的。

1. 充分就业

一般来说,充分就业在广泛意义上是指一切生产要素(包含劳动)都有机会以自己愿意的报酬参加生产的状态。由于测量各种经济资源的就业程度非常困难,因此西方经济学家通常以失业率高低作为衡量充分就业与否的尺度。虽然对于充分就业存在不同的看法,但他们都认为充分就业不是百分百就业,充分就业并不排除像摩擦失业这样的失业情况存在。在目前,大多数西方经济学家认为存在4%~6%的失业率是正常的,此时社会经济处于充分就业状态。

2. 物价稳定

物价稳定是指价格总水平的稳定,它是一个宏观经济概念,由于对各种商品价格繁杂变化的统计非常困难,西方学者一般用价格指数来表达一般价格水平的变化。为了控制通货膨胀对经济的冲击,西方国家把物价稳定作为宏观经济政策的另一目标。值得注意的是,价格稳定不是指每种商品的价格固定不变,而是指价格指数的相对稳定,即不出现通货膨胀。实践表明,西方国家的通货膨胀已经无法完全消除,因此大部分西方国家已把一般的轻微通货膨胀的存在看作基本正常的经济现象。

3. 经济持续均衡增长

经济增长是指在一个特定时期内经济社会所生产的人均产量和人均收入的持续增长。通常用一定时期内实际国内生产总值年均增长率来衡量。经济增长和失业通常是紧密相关的,如何维持较高的增长率以实现充分就业,是西方国家宏观经济政策追求的目标之一。

4. 国际收支平衡

随着经济全球化的推进,如何平衡国际收支也成为一国宏观经济政策的重要目标之一。国际收支对现代开放型经济国家是至关重要的。一国的国际收支不仅反映了这个国家的对外经济交往情况,还反映出一国经济的稳定程度。当一国国际收支处于失衡状态时,就必然会对国内经济形成冲击,从而影响该国国内就业水平、价格水平及经济增长。

宏观经济的四个目标之间并不总是保持一致的,它们彼此之间存在着一定的矛盾。

第一,充分就业与物价稳定之间的矛盾。充分就业导致的货币工资快速增长会引起工资成本推动的通货膨胀,从而难以维持物价的稳定。

第二,经济增长与物价稳定之间的矛盾。当资源未得到充分利用时,经济增长不会引起严重的通货膨胀,但当资源接近充分利用时,经济增长就会使要素价格上升,从而导致通货膨胀。

第三,国际收支平衡与充分就业、物价稳定这些国内经济目标之间的矛盾。在国内充分就业的情况下,工资率与收入水平上升会引起对商品的需求增加和短期资本成本输出增加,从而使国际收支恶化。国际收支状况改善会使外汇增加,国内货币量增加,从而不利于物价稳定。

第四,尽管充分就业与经济增长之间存在一致性(因为经济增长会提供更多的就业机会),但由于经济增长以技术进步为前提,而技术进步采用资本密集型生产方式,这又会引起技术性失业。

要实现既定的经济政策目标,首先,政府运用的各种政策手段,必须相互配合,协调一致。其次,政府在制定目标时,不能追求单一目标,而应该综合考虑,否则会带来经济上和政治上的副作用。

三、经济政策工具

1. 需求管理

需求管理是通过调节总需求达到一定政策目标的政策工具。需求管理主要包括财政政策和货币政策。

2. 供给管理

供给就是产量，经济中产量的总和就是总供给。供给管理就是通过对总供给的调节，来达到宏观经济目标，其中包括对劳动力、工资、价格、产量等的管理与调节。供给管理政策包括收入政策、人力政策、指数化政策、经济增长政策等。

3. 对外经济管理

在开放经济条件下，一国经济不仅要影响其他各国，而且也要受其他各国的影响。对外经济管理政策一方面影响国际收支平衡，另一方面还影响国内充分就业、物价稳定与经济增长。对外经济管理政策主要包括对外贸易政策、汇率政策、对外投资政策，以及对国际关系的协调政策。

第二节　财政政策

财政政策是国家干预经济的主要政策之一，是为提高就业水平，减轻经济波动，防止通货膨胀，实现稳定增长而对政府支出、税收和借债水平所进行的选择，或对政府收入和支出水平所做的决策。要了解财政政策的内容，必须先了解现代西方财政的基本构成。

一、财政的构成及财政政策工具

西方国家是市场经济，但政府也直接参与经济活动，并在经济生活中起着十分重要的作用。这种作用与西方国家的财政直接有关。国家财政由政府收入和支出两个方面构成，其中政府支出包括政府购买和转移支付，而政府收入包含税收和公债两个部分。

政府支出是指整个国家中各级政府支出的总和，由许多具体的支出项目构成，主要可以分为政府购买和政府转移支付两类。政府购买是指政府对商品和劳务的购买，如购买军需品、机关公用品、政府雇员报酬、公共项目工程所需的支出等都属于政府购买。它是一种实质性支出，有着商品和劳务的实际交易，因而直接形成社会需求和购买力，是国民收入的一个组成部分。因此，政府购买支出是决定国民收入大小的主要因素之一。

政府支出中另一部分是转移支付。与政府购买不同，政府转移支付是指政府在社会福利保险、贫困救济和补助等方面的支出。这是一种货币性支出，政府在付出这些货币时并无相应的商品和劳务的交换发生，因而是一种不以取得本年生产出来的商品和劳务作为报偿的支出。因此，转移支付不能算作国民收入的组成部分。它所做的仅仅是通过政府将收入在不同社会成员之间进行转移和重新分配，全社会的总收入并没有变动。

税收是政府收入中最主要的部分，它是国家为了实现其职能按照法律预先规定的标准，强制地、无偿地取得财政收入的一种手段,因此税收具有强制性、无偿性、固定性三个基本特征。正因为如此,税收可作为实行财政政策的有力手段之一。西方国家财政收入的增长,在很大的程度上来源于税收收入的增长。

当政府税收不足以弥补政府支出时,就会发行公债,使公债成为政府财政收入的又一组成部分。公债是政府对公众的债务,或公众对政府的债权。它不同于税收,是政府运用信用形式筹集财政资金的特殊形式,包括中央政府的债务和地方政府的债务。政府公债的发行,一方面能增加财政收入,影响财政收支,属于财政政策;另一方面又能对包括货币市场和资本市场在内的金融市场的扩张和紧缩起重要作用,影响货币的供求,从而调节社会的总需求水平。因此,公债也是实施宏观调控的经济政策工具。

一般来说,按内容划分,财政政策可分为税收政策、政府支出政策和转移支出政策;按其对总需求的影响划分,财政政策可分为扩张性财政政策和紧缩性财政政策;按作用机制划分,财政政策可分为相机抉择的财政政策和自发的财政政策。财政政策分类如表 5－1 所列。

表 5－1　财政政策分类

<table>
<tr><th rowspan="2">按内容分类</th><th rowspan="2">按作用机制分类</th><th colspan="2">按对总需求的影响分类</th></tr>
<tr><th>扩张性的</th><th>紧缩性的</th></tr>
<tr><td>税收政策</td><td rowspan="2">（主动调节）
相机抉择</td><td rowspan="2">增加政府支出
减少税收
或同时并举</td><td rowspan="2">减少政府支出
减少转移支出
增加税收</td></tr>
<tr><td>政府支出政策</td></tr>
<tr><td>转移支出政策</td><td>（自动调节）
自发</td><td>失业救济金
福利支出等</td><td>失业救济金
福利支出等</td></tr>
</table>

财政政策的作用机制主要有三种。政府购买构成总需求的一部分,其作用最为直接。其对国民收入的影响程度取决于政府购买乘数。主要做法是,在经济萧条时,政府降低税率,使个人和企业的可支配收入增加,消费与投资增加,总需求与国民收入扩张,消除衰退;在通货膨胀严重时,政府提高税率,使个人和企业的可支配收入减少,消费与投资减少,总需求与国民收入收缩,消除通货膨胀。

其次是政府转移支付通过影响个人可支配收入作用于总需求,对国民收入影响程度取决于转移支付乘数。具体做法是,在经济萧条时,政府增加政府购买,消费与投资增加,总需求与国民收入扩张,消除衰退;在通货膨胀严重时,政府减少政府购买,消费与投资减少,总需求与国民收入收缩,消除通货膨胀。

政府税收作用途径有两条:一是影响个人可支配收入;二是税率高低将改变国民生产总值的边际消费倾向。税收对国民收入的影响程度取决于税收乘数。具体做法是,在经济萧条时,政府增加转移支付,使个人和企业的可支配收入增加,消费与投资增加,总需求与国民收入扩张,消除衰退;在通货膨胀严重时,政府减少转移支付,使个人和企业的可支配收入减少,消费与投资减少,总需求与国民收入收缩,消除通货膨胀。

【案例 5－1】　　　　　　　　日本的扩张性财政政策

"这可能是自古埃及法老之后规模最大的公共工程了。日本已经花费了大约 1.4 万亿美元来修筑建设一条回到经济健康之路。"某报纸在报道日本努力运用财政政策来推动经济时写了上述开篇语。

日本是在20世纪90年代早期转向扩张性财政政策的。在20世纪80年代,日本经济一片繁荣,这在一定程度上受到股票价格和房地产价格大幅上升的推动,该类资产价格的上升通过财富效应推动了消费支出的增加,也推动了投资支出的增长,日本经济学家现在称这一时期为泡沫经济时期,因为股票和房地产价格的上升无法进行合理的计算,在20世纪80年代末,泡沫经济破灭——股票和房地产价格大幅下跌,导致了消费和投资下降,经济滑入衰退深渊。从20世纪80年代早期开始,日本通过政府大规模购买产品和劳务来增加总需求,主要采取投资于基础设施建设的形式。这种支出在近年已经大大缩小了,但在高峰时的确非常惊人。1996年,日本对基础设施的投资达到3 000亿美元,与此相对照,美国的支出只有1 800亿美元,而日本人口是美国人口的一半,GDP不足美国的一半。人口稀少地区通过高等级公路连接,通向一些小岛的岛渡轮已经被桥梁代替,许多乡村的河床已经被铺设改造,好似混凝土浇筑的渡槽。

这一政策是成功的吗?既成功也不成功。许多经济学家相信,在股票和地产价格泡沫破灭后如果没有政府支出的支撑,日本经济已经滑入到像20世纪30年代那样的经济萧条之中了,因此,尽管经济在下滑但并非剧烈下跌,经济增长在停滞,失业率在上升,但没有发生经济萧条。

进一步来看,其他政策也并非有效。财政政策之外其他阻止经济下滑的就是货币政策了,也就是中央银行扩大货币供应和降低利率。日本也这样做过,从1998年以来日本短期利率已经接近于零!因为利率不可能小于零,所以利率下跌已经没有空间,但经济仍处于停滞之中。所以,扩张性财政政策成了唯一增加总需求的途径。

可是,扩张性财政政策并没有推动日本经济完全恢复。许多金融专家担心,多年依靠赤字维持的支出已经大大提高了政府债务与GDP的比率。

(摘自:保罗·克鲁格曼,《宏观经济学》,中国人民大学出版社,2009年3月)

二、自动调节与主动调节

自动调节也叫自动稳定器,或内在稳定器,是指经济系统本身存在的一种会减少各种干扰对国民收入造成冲击的机制,能够在经济繁荣时期自动抑制通胀,在经济衰退时期自动减轻萧条,无需政府采取任何行动。财政政策的这种内在稳定经济的功能主要通过政府的所得税制度、政府转移支付制度、农产品价格维持制度等来得到发挥。这些财政制度具有自动稳定经济波动幅度的内在作用,但是自动稳定器无法消除经济波动。

主动调节又称斟酌使用的财政政策,是指政府根据经济情况和财政政策有关手段的特点,相机抉择,主动地积极变动财政的支出和税收以稳定经济,实现充分就业的机动性财政政策。当经济衰退时,应采用扩张性财政政策即削减税收、降低税率、增加支出或双管齐下来刺激总需求,使之接近充分就业水平,实现充分就业预算平衡。反之,当经济过热时,则应采用紧缩性财政政策来抑制总需求。斟酌使用的财政政策是功能财政思想的实现和贯彻,也就是凯恩斯主义的“需求管理”。该政策在20世纪30年代到20世纪60年代效果不错,但之后出现的滞胀使它受到了怀疑。

三、功能财政和预算盈余

根据权衡性财政政策,政府在财政方面的积极政策主要是为实现无通货膨胀的充分就业水平。当实现这一目标时,预算可以是盈余,也可以是赤字。这样的财政为功能财政。

预算赤字是政府财政支出大于收入的差额。实行扩张性财政政策,即减税和扩大政府支出就会造成预算赤字。预算盈余是政府收入超过支出的余额。实行紧缩性财政政策,即增税和减少政府支出,会产生预算盈余。

功能财政思想是凯恩斯主义者的财政思想。他们认为不能机械地用财政预算收支平衡的观点来对待预算赤字和预算盈余,而应从反经济周期的需要来利用预算赤字和预算盈余,当国民收入低于充分就业的收入水平(即存在通货紧缩缺口)时,政府有义务实行扩张性财政政策,增加支出或减少税收,以实现充分就业。如果起初存在财政盈余,政府有责任减少盈余甚至不惜出现更大赤字,坚定地实行扩张政策。反之,当存在通货膨胀缺口时,政府有责任减少支出,增加税收。如果起初存在预算盈余,不应担心出现更大盈余,而宁肯盈余增大也要实行紧缩性政策;如果起初存在财政赤字,就应通过紧缩减少赤字,甚至出现盈余。它的提出,是对原有财政平衡预算思想的否定。

虽然功能财政否定了原有的预算观点,主张预算目标不应是追求政府收支平衡,而应是无通货膨胀的充分就业,是一大进步,但实行起来也存在一定的困难。这不仅是由于经济波动难以预测,经济形势难以估计,而且决策也需要时间,效果也滞后,因此这种预算也难以充分奏效。例如,为消除通货膨胀而采取紧缩政策,即增加税收或减少政府支出,但由于政策滞后,也许经济已转入衰退,但仍在实行紧缩,结果会使衰退更加严重。

四、充分就业预算盈余与财政政策方向

所谓充分就业盈余,是指既定的政府预算在充分就业的国民收入水平即潜在的国民收入水平上所产生的政府预算盈余。如果这种盈余为负值,就是充分就业预算赤字。它不同于实际的预算盈余,实际的预算盈余是以实际的国民收入水平来衡量预算状况的,因此二者的差别就在于充分就业的国民收入与实际的国民收入水平的差额。一般来讲,若实际国民收入水平高于充分就业国民收入水平,则充分就业预算盈余小于实际预算盈余;若实际国民收入水平低于充分就业的国民收入水平,则充分就业预算盈余大于实际预算盈余。当然,也会出现实际国民收入和潜在的国民收入相等,因而充分就业预算盈余与实际预算盈余相等的情况。

西方学者认为,充分就业预算盈余概念的提出具有两个十分重要的作用。第一,把收入水平固定在充分就业的水平上,消除经济中收入水平周期性波动对预算状况的影响,从而就能更准确地反映财政政策对预算状况的影响,并为判断财政政策是扩张性还是紧缩性的提供了一个较为准确的依据。若充分就业预算盈余增加了或赤字减少了,则财政政策就是紧缩的;反之,则政策是扩张的。第二,使政策制定者充分注重充分就业问题,以充分就业为目标确定预算规模从而确定财政政策。因此,这一概念得到较为广泛的运用。但必须注意的是,这一概念同样存在一定的缺陷,因为充分就业的国民收入或潜在国民收入本身就是难以准确估算的。

五、赤字与公债

财政赤字是预算开支超过收入的结果。弥补赤字的途径有借债和出售政府资产。政府借债又可分两类。一类是向中央银行借债,这实际上就是让中央银行增发货币,或者说增加高能货币,这可称为货币筹资,其结果是通货膨胀,因而它本质上是以征收通货膨胀税的方式来解决赤字问题。另一类借债是向国内公众(商业银行和其他金融机构、企业和居民)和外国举债,这可称为债务筹资。一般说来,向国内公众举债,不过是购买力向政府部门转移,并不立即直

接引起通货膨胀，因为基础货币并没有增加。然而，当政府发行公债时往往会引起利率上升，中央银行如果想稳定利率，则必然要通过公开市场业务买进债券，从而增加货币供给。这样，预算赤字增加也会引起通胀。

公债作为政府取得收入的一种形式可以为预算赤字融资，使赤字得到弥补。然而，政府发行了公债还要还本付息，一年未清偿的债务会逐渐累积成巨大的债务净存量，这些债务净存量所要支付的利息又构成政府预算支出中一个十分庞大的支出。

财政政策在实践中存在着许多制约因素：

① 时滞：一种是内部时滞，即着手制定政策所花费的时间；另一种是外部时滞，即政策行为对经济影响的时间。内部时滞可以分为认识时滞、决策时滞和行动时滞。从西方国家的情况看，一般来说，财政政策从决策、议会批准到实施，需要经过许多中间环节，内部时滞较长，但其作用比较直接，见效快，外部时滞较短。

② 政策效果的不确定性：首先是乘数难以准确确定；其次在财政政策产生效果的时间阶段中，需求可能已经发生很大的变化。

③ “挤出效应”。将在第四节中详细讨论“挤出效应”的有关知识。

第三节　货币政策

与财政政策直接影响总需求的规模的调节机制不同，货币政策则需要通过中间变量的变动间接地对总需求产生影响。因此，本节主要介绍货币政策的三大工具及其作用机制，在此之前，需要了解存款创造的过程。

一、商业银行和中央银行

要了解货币政策，必须先具备一些西方银行制度的知识，因为货币政策要通过银行制度来实现。在银行制度方面，西方主要国家的金融机构并不完全相同。但是，大致说来，它们的金融机构包括金融中介机构和中央银行两类。金融中介机构中最主要的是商业银行，其他还有储蓄和贷款协会、信用协会、保险公司、私人养老金等。

商业银行的主要业务是负债业务、资产业务和中间业务。负债业务主要是吸收存款，包括活期存款、定期存款和储蓄存款。资产业务主要包括放款和投资两类业务。放款业务是为企业提供短期贷款，包括票据贴现、抵押贷款等。投资业务就是购买有价证券以取得利息收入。中间业务是指代为顾客办理支付事项和其他委托事项，从中收取手续费的业务。

中央银行是一国最高金融当局，它统筹管理全国的金融活动，实施货币政策以影响经济。一般认为，中央银行具有以下三个职能：

① 作为发行的银行，发行国家的货币。

② 作为银行的银行，既为商业银行提供贷款(用票据再贴现、抵押贷款等办法)，又为商业银行集中保管存款准备金，还为商业银行集中办理全国的结算业务。

③ 作为国家的银行：第一，它代理国库，一方面根据国库委托代收各种税款和公债价款等收入作为国库的活期存款，另一方面代理国库拨付各项经费，代办各种付款与转账；第二，提供政府所需资金，既用贴现短期国库券等形式为政府提供短期资金，也用帮助政府发行公债或直接购买公债方式为政府提供长期资金；第三，代表政府与外国发生金融业务关系；第四，执行

货币政策;第五,监督、管理全国金融市场活动。

二、存款创造和货币供给

货币供给是指硬币、纸币和活期存款的总和。硬币和纸币被称为通货,而活期存款同通货一样随时可以用来支付债务,因而也可以视为严格意义上的货币,而且是最重要的货币。因为货币供给量中大部分是活期存款,同时通过活期存款的派生机制还会创造货币。

虽然活期存款可随时提取,但很少会出现所有储户在同一时间里取走全部存款的现象。因而,银行可以把绝大部分存款用来从事贷款或购买短期债券等营利活动,只需要留下一部分存款作为应付提款需要的准备金就可以了。这种经常保留的供支付存款提取用的一定金额,称为存款准备金。在现代银行制度中,这种准备金在存款中的比率是由政府(具体由中央银行)规定的,这一比率称为法定准备金率。按法定准备金率提留的准备金是法定准备金。法定准备金一部分是银行库存现金,另一部分存放在中央银行的存款账户上。由于商业银行都想赚取尽可能多的利润,它们会把法定准备金以上的那部分存款当作超额准备金贷放出去或用于短期债券投资。正是这种较小比率的准备金来支持活期存款的能力,使得银行体系得以创造货币。下面举个例子来说明存款创造过程。

假定法定准备金率是20%,再假定银行客户会将其一切货币收入以活期存款形式存入银行。在这种情况下,甲客户将100万美元存入自己有账户的A银行,银行系统就因此增加了100万美元的准备金。A银行按法定准备金保留20万美元作为准备金存入中央银行,其余80万美元全部贷出,假定是借给一家公司用来买机器,机器制造厂乙从A银行开来的支票又全部存入与自己有往来的B银行,B银行得到这80万美元支票存款后留下16万美元作为准备金存入中央银行,然后再贷出64万美元,得到这笔贷款的丙厂商又会把它存入C银行,C银行保留其中12.8万美元作为准备金存入自己在中央银行的账户上,然后再贷出51.2万美元。由此下去,各银行的存款总和是

$$100+80+64+51.2+\cdots=100(1+0.8+0.8^2+0.8^3+\cdots+0.8^{n-1})=$$

$$\frac{100}{1-0.8}=500(\text{万美元})$$

贷款总和是

$$80+64+51.2+\cdots=$$

$$100(0.8+0.8^2+0.8^3+\cdots+0.8^n)=400(\text{万美元})$$

以上例子的派生存款及贷款状况如表5-2所列。

表5-2 派生存款及贷款情况

存款人 (1)	银行存款 (2)=(3)+(4)	银行贷款 (3)=(2)×0.8	存款准备金 (4)=(2)×0.2
甲	100	80	20
乙	80	64	16
丙	64	51.2	12.8
⋮	⋮	⋮	⋮
合计	500	400	100

从上述例子可见，存款综合（用 D 表示）同这笔原始存款（用 R 表示）及法定存款准备金率（用 r_d 表示）之间的关系为

$$D=\frac{R}{r_d} \tag{5-1}$$

上面例子中这笔原始存款假定来自中央银行增加的一笔原始货币供给，则中央银行新增一笔原始货币供给将使活期存款总和（亦即货币供给量）扩大为这笔新增原始货币供给量的 $\frac{1}{r_d}$ 倍，称为货币创造乘数，若用 k 表示，则 $k=\frac{1}{r_d}$ 是法定准备金率的倒数。

以上公式是在商业银行没有超额储备时成立。但是，如果银行找不到可靠的贷款对象，或厂商由于预期利润率太低不愿借款，或银行认为给客户贷款的市场利率太低而不愿贷款，诸如此类原因都会使银行的实际贷款低于其本身的贷款能力。这部分没有贷放出去的款额就形成了超额准备金，即超过法定准备金要求的准备金（可用 ER 表示）。超额准备金对存款的比率可称超额准备率（可用 r_e 来表示），法定准备金加超额准备金是银行的实际准备金，考虑到有超额准备金时，货币创造乘数应该是 $k=\frac{1}{r_d+r_e}$，即是实际准备金率的倒数。因此，派生存款的总额为 $D=\frac{R}{r_d+r_e}$。

上述公式中假定银行客户将一切货币收入存入银行，支付完全以支票形式进行。假如客户将得到的贷款不全部存入银行，而抽出一定比例的现金，又会形成一种漏出。现金和准备金一样不能派生存款。因此，若用 r_c 表示现金在存款中的比率，则在有超额准备金和现金漏出时，货币创造乘数就为 $k=\frac{1}{r_d+r_e}$（这里仅把活期存款当作货币供给）。

存款扩张的基础是商业银行的准备金总额加上非银行部门持有的通货，可称为基础货币或货币基础。由于它会派生出货币，因此是一种高能量的或者说活动力强大的货币，故又称高能货币或强力货币。如果用 C_u 表示非银行部门持有的通货，用 R_d 表示法定准备金，用 R_e 表示超额准备金，用 H 表示基础货币，则有 $H=C_u+R_d+R_e$。这是商业银行借以扩张货币供给的基础。考虑到货币供给 $M=C_u+D$，即为通货和活期存款的总和，则

$$\frac{M}{H}=\frac{C_u+D}{C_u+R_d+R_e}=\frac{\frac{C_u}{D}+1}{\frac{C_u}{D}+\frac{R_d}{D}+\frac{R_e}{D}} \tag{5-2}$$

这里 $\frac{M}{H}$ 是货币创造乘数，它等于 $\frac{r_c+1}{r_c+r_d+r_e}$。因此整个说来，货币供给可以看作基础货币供给、法定存款准备金率、贴现率、市场利率和现金-存款比率的函数。

$$\frac{M}{H}=\frac{C_u+D}{\frac{C_u}{D}+\frac{R_d}{D}+\frac{R_e}{D}}=\frac{r_c+1}{r_c+r_d+r_e} \tag{5-3}$$

例 5-1　某商业银行体系共持有准备金 300 亿元，公众持有的通货数量为 100 亿元，中央银行对活期存款和非个人定期存款规定的法定准备金率分别为 15% 和 10%，据测算，流通中现金漏损率（现金/活期存款）为 25%，商业银行的超额准备金率为 5%，而非个人定期存款比率为 50%。试求：

（1）活期存款乘数；

（2）货币乘数（指狭义货币 M_1）；

（3）狭义货币供应量 M_1。

解： 已知 $r_d=0.15$，$r_e=0.05$，$r_c=0.2$，则

（1）活期存款乘数为

$$k=\frac{1}{r_d+r_e+r_c}=\frac{1}{0.15+0.05+0.25}\approx 2.22$$

（2）货币乘数为

$$\frac{M}{H}=\frac{r_c}{r_d+r_e+r_c}=\frac{0.25+1}{0.15+0.05+0.25}\approx 2.78$$

（3）狭义货币供应量为

$$M_1=C_u+D=\frac{r_c+1}{r_d+r_e+r_c}\times H=\frac{r_c+1}{r_d+r_e+r_c}\times C_u+R_d+R_e=$$
$$2.78\times(100+300)=1\ 112(\text{亿元})$$

三、货币政策三大工具

货币政策的范围有广义和狭义两种理解。从广义上讲，货币政策是指政府、中央银行和其他有关部门所有有关货币方面的规定和所采取的一切影响货币数量的措施。从狭义上讲，货币政策则指中央银行通过控制货币供应量来调节利率，进而影响投资和整个经济以达到一定经济目标的行为。

货币政策一般也分为扩张性的货币政策和紧缩性的货币政策。扩张性的货币政策通过提高货币供应增长速度来刺激总需求，在这种政策下，取得信贷更为容易，利息率会降低。因此，当总需求与经济的生产能力相比很低时，使用扩张性的货币政策最合适。货币政策调节的对象是货币供应量，即全社会总的购买力，具体表现形式为：流通中的现金和个人、企事业单位在银行的存款。

货币政策的最终目标也就是宏观经济目标，由于宏观经济目标之间存在一定的矛盾性，因而，不同时期各个国家的货币政策的目标也会发生变化，并且通过中间目标的变动来影响社会的总需求，从而调节国家的宏观经济，如表 5-3 所列。

表 5-3　主要西方国家不同时期货币政策的最终目标

国　家	20 世纪 50—60 年代	20 世纪 70—80 年代	20 世纪 90 年代以后
美国	充分就业	稳定货币	无通货膨胀的经济增长
英国	充分就业兼顾国际收支平衡	稳定货币	稳定货币
加拿大	充分就业	稳定货币兼顾国际收支平衡	
日本	稳定货币兼顾国际收支平衡	稳定物价为主，兼顾国际收支平衡	
德国	一直将稳定货币作为主要目标，兼顾国际收支平衡		

货币政策的三大工具是：调整再贴现率、公开市场业务和变动法定准备金率。

再贴现是指商业银行将已同客户办理过贴现的未到期的第一流商业票据向中央银行要求付给现款的一种行为。是中央银行对商业银行放款的形式之一。再贴现的利率称为“再贴现率”，由中央银行公布，是中央银行执行货币政策的重要手段之一。再贴现率着眼于短期政策

效应。中央银行根据市场资金供求状况调整再贴现率，以影响商业银行借入资金的成本，进而影响商业银行对社会的信用量，从而调整货币供给总量。在传导机制上，当商业银行需要以较高的代价才能获得中央银行的贷款时，便会提高对客户的贴现率或提高放款利率，其结果就会使得信用量收缩，市场货币供应量减少；反之，则增加。

公开市场业务是指中央银行在证券市场上公开买卖有价证券(主要是政府公债、国库券和银行承兑票据等)，以期调节信用和货币供应量的一种业务活动，是中央银行的三大法宝之一。公开市场业务的目的是通过政府债券的买卖活动收缩或扩大会员银行存放在中央银行的准备金，从而影响这些银行的信贷能力；通过影响准备金的数量控制市场利率；通过影响利率控制汇率和国际黄金流动；为政府证券提供一个有组织的市场。公开市场业务被认为是实施货币政策、稳定经济的重要工具。例如，经济扩张时，实行卖出政府债券的政策，可以减少商业银行的准备金，降低它的信贷能力，促使贷款利率上涨，遏制过度的投资需求。经济萧条时，则买进政府债券，以便提高商业银行的准备金，扩大它们的信贷能力，促使利息率下降，从而扩大投资需求。

作为中央银行最重要的货币政策工具之一，公开市场业务具有明显的优越性，这主要体现在通过公开市场业务可以直接调控银行系统的准备金总量，使其符合政策目标的需要；中央银行通过公开市场业务可以“主动出击”，避免“被动等待”；公开市场业务操作可以对货币供应量进行微调，也可以进行连续性、经常性、试探性甚至逆向性操作，以灵活地调节货币供应量。但是，公开市场操作受到诸如商业周期、货币流通速度变化、商业银行的信贷意愿等因素的影响，同时还必须具备一个高度发达的证券市场。

法定准备金率是指金融机构按规定向中央银行缴纳的存款金额占其存款总额的比率。中央银行通过调整准备金率，影响金融机构的信贷资金供应能力，从而间接调控货币供应量。当法定准备金率提高时，银行系统某定量准备金所能维持的负债和信用额度便下降。相反，当准备金率降低时，某定量准备金所能维持的负债和信用额便上升。因此，提高法定准备金率，是一种信用收缩的措施；降低法定准备金率，是一种信用扩张的措施，最终都会影响货币供应量的多少。法定准备金率是中央银行调节货币供应量的三大传统政策工具之一，其他货币工具还包括选择性信贷控制和道义劝告等。

四、货币政策的制约因素

货币政策在实践中也存在着制约因素，例如时滞(认识时滞、行动时滞和影响时滞)、货币流通速度和流动性陷阱。

时滞是指货币政策从制定到获得主要的或全部的政策效果所必须经历的一段时间。它是影响货币政策效果的一个重要因素。如果收效太迟或难以确定何时收效，则政策本身能否成立也就成了问题。时滞由内部时滞和外部时滞两部分组成。内部时滞指从需要采取货币政策行动的经济形势出现到央行实际采取行动所经历的时间，它又可细分为认识时滞和行动时滞两个阶段。外部时滞又称影响时滞，指从货币当局开始采取行动到对政策目标产生影响为止的这段时间。内部时滞的长短取决于货币当局对经济形势发展的预见能力、制定对策的效率和行动的决心等因素；而外部时滞则主要由客观的经济和金融条件决定。一般来说，货币政策的内部时滞较短，外部时滞较长。

从货币市场均衡的情况看，如果增加或减少货币供给会影响利率的话，那么必须以货币流通速度不变为前提。如果这一前提并不存在，那么货币供给变动对经济的影响就要打折扣。

在经济繁荣时期,中央银行为抑制通货膨胀需要紧缩货币供给,或者说放慢货币供给的增长率,然而,那时公众一般说来支出会增加,而且物价上升快时,公众不愿把货币持在手上,而希望尽快花费出去,从而货币流通速度会加快,这无异在流通领域增加了货币供给量。这时候,即使中央银行减少货币供给,也无法使通货膨胀率降下来。反之,当经济衰退时期,货币流通速度下降,这时中央银行增加货币供给对经济的影响也就可能被货币流通速度下降所抵消。货币流通速度加快,意味着货币需求增加,流通速度放慢,意味着货币需求减少,如果货币供给增加量和货币需求增加量相等,LM 曲线就不会移动,因而利率和收入也不会变动。

流动性陷阱是凯恩斯提出的一种假说,指在一段时间内即使利率降到很低水平,市场参与者对其变化也不敏感,对利率调整不再做出反应,导致货币政策失效。根据凯恩斯的理论,一方面,人们对货币的需求由交易需求和投机需求组成。在流动性陷阱下,一方面,人们在低利率水平时仍愿意选择储蓄,而不愿投资和消费,此时,仅靠增加货币供应量就无法影响利率。另一方面,当利率为零,货币和债券利率都为零时,由于持有货币比持有债券更便于交易,所以人们也不愿意持有任何债券。因此,靠增加货币供应量不再能影响利率或收入,货币政策就处于对经济不起作用的状态。

货币政策在实践中存在的问题不止这些,但仅从这些方面看,货币政策作为平抑经济波动的手段,作用也是有限的。

第四节　财政政策和货币政策的效果

前面两节偏重于从实践方面论述宏观经济政策是如何执行的。由于在短期内,国民收入波动的主要原因被认为是来自需求方面,所以 IS－LM 模型的分析被称为是宏观经济政策的理论基础。因此,本节在 IS－LM 模型的基础上,阐述西方经济政策的作用和效果。

一、财政政策的效果

所谓财政政策效果的大小,是指政府收支变化(包括变动税收、政府购买和转移支付等)使 IS 变动对国民收入变动产生的影响。在 IS－LM 模型中,财政政策的变化反映在 IS 曲线的移动上。财政政策效果的大小通常用既定斜率 IS 曲线在横轴上移动距离的大小来衡量。而影响财政政策效果的因素可以归纳为两类,即 IS 曲线的斜率和 LM 曲线的斜率。

在 LM 曲线不变时,IS 曲线斜率的绝对值越大,即 IS 曲线越陡峭,则移动 IS 曲线时收入变化就越大,即财政政策效果越大。反之,IS 曲线越平坦,则 IS 曲线移动时收入变化就越小,即财政政策效果越小,如图 5－1、图 5－2 所示。

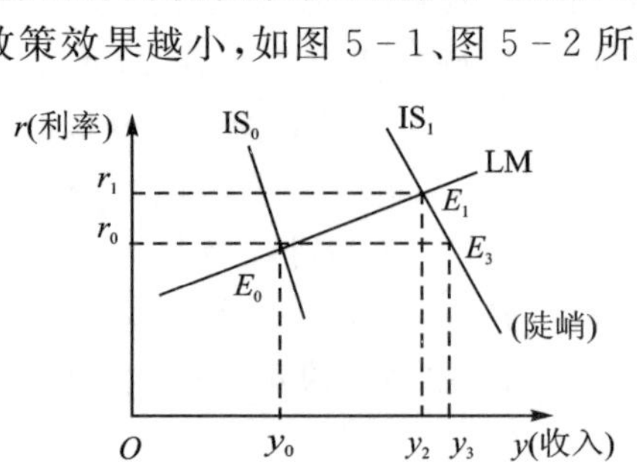

图 5－1　财政政策效果大

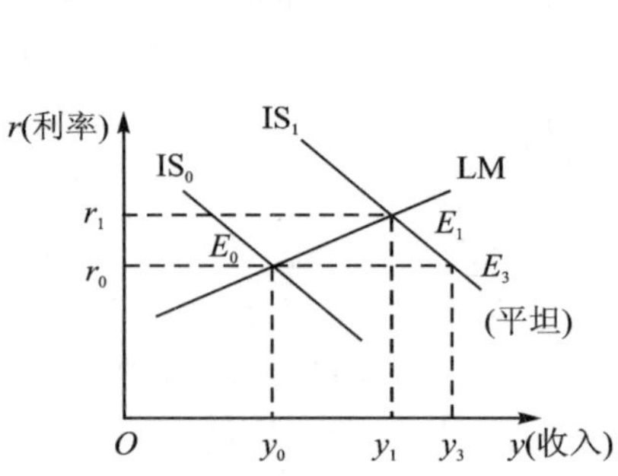

图 5－2　财政政策效果小

在图5-1、图5-2中，假定LM曲线即货币市场均衡状况完全相同，并且初始的均衡收入y和利率r也完全相同，政府实行一项扩张性财政政策，它可以增加政府支出，也可以是减少税收，现在假定是增加同样一笔支出为Δg，则会使IS_0右移到IS_1，右移的距离都是E_0E_3，E_0E_3为政府支出乘数和政府支出增加额的乘积，即

$$E_0E_3 = K_g \cdot \Delta g \tag{5-4}$$

这就是说，一笔政府支出能带来若干倍国民收入的增加。在图形上，就是指收入应从y_0增加到y_3，$y_0y_3 = K_g \cdot \Delta g$。但实际上收入不可能增加到$y_3$，因为如果收入要增加到$y_3$，则必须假定利率$r_0$不上升。可是，利率不可能不上升，因为IS向右上方移动时，国民收入增加了，因而对货币的交易需求增加了，但货币供给未变动(LM未变)，因而人们用于投机需求的货币必须减少，这就要求利率上升。因此，无论是在图5-1还是图5-2中，均衡利率都上升了，利率的上升抑制了私人投资，这就是所谓的“挤出效应”。由于存在政府支出“挤出”私人投资的问题，因此，新的均衡点只能处于E_1，收入不可能从y_0增加到y_3，而分别只能增加到y_2和y_1。

从图5-1、图5-2可知，y_1y_3、y_2y_3是由于利率上升而被挤出的私人投资所减少的国民收入；y_0y_1、y_0y_2是这项财政政策带来的收入。

从图5-1、图5-2中还可见，$y_0y_1 < y_0y_2$，也就是说，图5-2中表示的政策效果小于图5-1，原因在于图5-2中IS曲线比较平坦，而图5-1中IS曲线较陡峭。其经济意义可以解释为：IS斜率大小主要由投资的利率系数所决定，IS越平坦，表示投资的利率系数越大，即利率变动一定幅度所引起的投资变动的幅度越大。若投资对利率变动的反应较敏感，一项扩张性财政政策使利率上升时，就会使私人投资下降很多，就是“挤出效应”较大。因此，IS越平坦，实行扩张性财政政策时被挤出的私人投资就越多，从而使国民收入增加得就越少，即政策效果越小。

在IS曲线的斜率不变时，财政政策效果又随LM曲线的斜率不同而不同，如图5-3所示。LM斜率越大，即LM曲线越陡，则移动IS曲线时收入变动就越小，即财政政策效果就越小；反之，LM越平坦，财政政策效果就越大。

在图5-3中，当LM曲线越平坦时，财政政策效果越大；当LM曲线趋于水平，即位于凯恩斯区域时，如图中Ar_0段所示，财政政策效果最大，挤出效应为0；当LM曲线越陡时，财政政策效果越小；当LM曲线趋于垂直，即位于古典区域时，如图中BC段所示，财政政策效果最小，挤出效应最大。

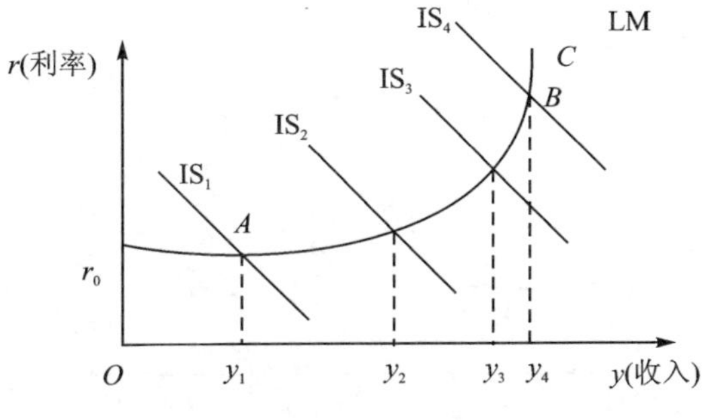

图5-3 财政政策效果因LM位置而异

我们知道，LM曲线的斜率大小取决于货币需求的收入弹性(k)和货币需求的利率弹性(h)。假定货币需求的收入弹性相同，货币需求的利率弹性不同，在这种情况下，LM曲线越陡峭，货币需求的利率弹性(绝对值)就越小。当政府实施扩张性财政政策时，随着国民收入的增加，交易性和预防性货币需求增加。在货币供给为既定的前提下，投机性货币需求应该相应减少。但由于货币需求的利率弹性比较小，为减少特定数量投机性货币需求，利率上升的幅度比较大。而利率上升幅度大，又意味着投资减少得较多。结果，均衡国民收入增加得比较少，也就是财政政策的效果比较弱。

反之,LM 曲线越平缓,货币需求的利率弹性(绝对值)就越大。当政府实施扩张性财政政策时,随着国民收入的增加,交易性和预防性货币需求增加,在货币供给为既定的前提下,投机性货币需求应该相应减少。但由于货币需求的利率弹性比较大,为减少特定数量投机性货币需求,利率上升的幅度就比较小。而利率上升幅度小,又意味着投资减少得较少。结果,均衡国民收入增加得比较多,也就是财政政策的效力比较强。

二、货币政策的效果

货币政策的效果是指变动货币供给量的政策对总需求的影响,假定增加货币供给能使国民收入有较大增加,货币政策效果就大;反之则小。在 IS－LM 模型中,货币政策的扩张或收缩反映在 LM 曲线的移动上。货币政策的扩张或收缩的强弱通常用既定斜率的 LM 曲线在横轴上移动的距离来衡量。在产品市场和货币市场同时均衡的模型中,影响货币政策的效力的因素也可以归纳为 IS 曲线斜率和 LM 曲线的斜率。

若 LM 曲线的斜率是相同的,只是 IS 曲线的斜率不同,则对于相同的货币扩张,这两种情况下的均衡国民收入的变动量不同,如图 5－4 所示。

图 5－4 中有两条 IS 曲线。IS_0 较陡峭,IS_1 较平坦。当货币供给增加使 LM 从 LM_0 移动到 LM_1 时,在 IS_0 曲线上,国民收入增加较少,为 $y_B y_C$,即货币政策效果较小;而 IS 较平缓时,在 IS_1 曲线,国民收入增加较多,为 $y_B y_D$,即货币政策效果较,$y_B y_C < y_B y_D$。而 IS 曲线斜率的差异源于投资需求利率系数的不同,上述情况的经济含义可以解释为:IS 较陡,表示投资的利率系数较小(当然,支出乘数较小时也会使 IS 较陡,但 IS 斜率主要取决于投资的利率系数),即投资对利率变动的敏感程度较差,因此,LM 曲线由于货币供给增加而向右移动使利率下降时,投资不会增加很多,从而国民收入也不会有较大增加;反之,IS 较平坦时,表示投资利率系数较大,因此,货币供给增加使利率下降时,投资和收入增加较多。

若 IS 曲线斜率不变,LM 曲线斜率变动时,则有 LM 曲线越平坦,货币政策效果就越小;反之,则货币政策效果就越大,如图 5－5 所示。

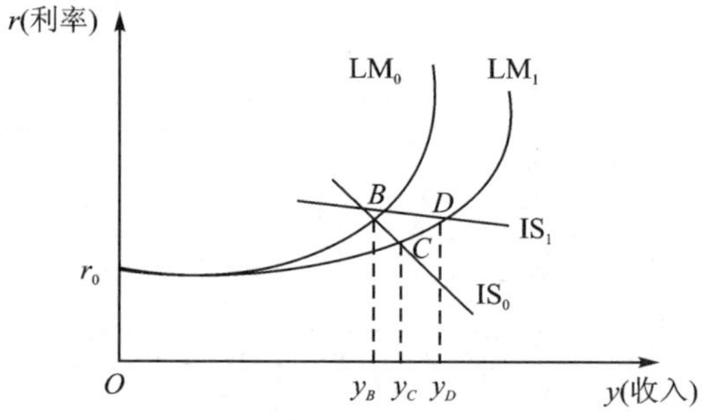

图 5－4 货币政策效果因 IS 位置(斜率)而异

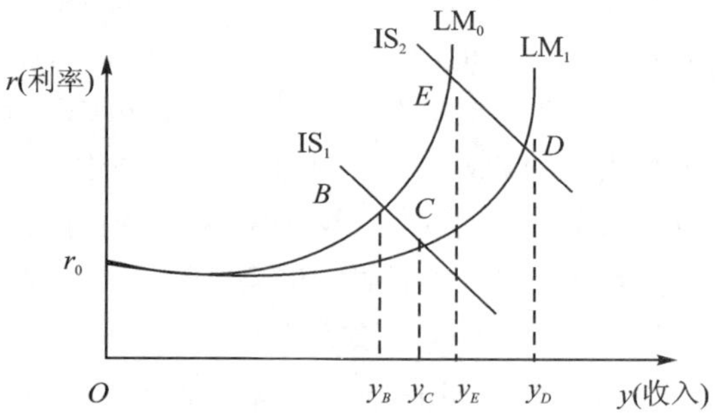

图 5－5 货币政策效果因 LM 位置(斜率)而异

在图 5－5 中,IS_1 和 IS_2 的斜率相同,货币供给增加使 LM 从 LM_0 移动到 LM_1 时,LM 曲线较平坦时,如在 IS_1 曲线上,收入增加甚少,为 $y_B y_C$;而 LM 较陡峭时,如在 IS_2 曲线上,收入增加较多,为 $y_B y_D$,且 $y_B y_C < y_E y_D$。这是因为,LM 较平坦,表示货币需求受利率的影响较大,即利率稍有变动,就会使货币需求变动很多,因而货币供给量变动对利率变动的作用较小,从而增加货币供给量的货币政策就不会投资和国民收入有较大的影响。反之,若 LM 曲线较

陡峭，表示货币需求受利率的影响较小，即货币供给量稍有增加，就会使利率下降较多，因而对投资和国民收入有较多增加，即货币政策的效果较强。

总之，一项扩张的货币政策如果能使利率下降较多(LM 较陡时)，并且利率的下降能对投资有较大刺激作用(IS 较平坦时)，则这项货币政策的效果会较强；反之，货币政策的效果会较弱。

例 5-2　假设 LM 方程为 $Y=500+25r$(货币需求 $L=0.2Y-0.5r$，货币供给 M_s)，IS 方程为 $Y=950-50r$(消费 $C=40+0.8Y_d$，税收 $T=50$，投资 $I=140-10r$)。求：

(1) 均衡收入、利率、消费和投资；

(2) 当政府支出从 50 增加到 80 时的收入、利率、消费和投资水平各为多少？

(3) 为什么均衡时收入的增加量小于 IS 曲线的右移量。

解：(1) 由 IS 和方程 LM 联立：

$$Y=950-50r \qquad Y=500+25r$$

解得 $r=6$，$Y=650$，即均衡利率和均衡收入分别为 6% 和 650。

此时消费为 $C=40+0.8Y_d=40+0.8\times(650-50)=520$。

投资为 $I=140-10r=80$。

(2) 当政府支出增加为 80 时，IS 曲线将会向右移动，由 $Y=C+I+G$ 得

$$\begin{aligned} Y &= 40+0.8Y_d+140-10r+80= \\ &40+0.8\times(Y-T)+140-10r+80= \\ &260+0.8(Y-50)-10r= \\ &220+0.8Y-10r \end{aligned}$$

解得 $Y=1\,100-50r$，此为新的 IS 曲线方程。

又 LM 曲线 $Y=500+25r$。

将两个方程联立，可得 $Y=700$，$r=8$，即均衡利率和均衡收入分别为 8% 和 700。

此时

$$C=40+0.8Y_d=40+0.8\times(700-50)=560$$

$$I=140-10r=140-10\times8=60$$

(3) 当政府支出增加时，在支出乘数作用下，IS 曲线右移量大于均衡收入增加量的原因在于，IS 曲线的右移，在 LM 曲线向上倾斜时会使利率提高，从而通过投资需求作用减少了私人投资量，也就是存在政府支出增加部分挤占私人投资的“挤出效应”，因而均衡收入的增加量就小于 IS 曲线的右移量。

第五节　宏观经济政策的协调

财政政策和货币政策可有多种结合，这种结合的政策效应，有的是事先可以预计的，有的则必须根据财政政策和货币政策何者更强有力而定。政府和中央银行可以根据具体情况和不同目标，选择不同的政策组合。本节将利用 IS-LM 模型分析货币政策和财政政策协调的效果和使用情况。

一、极端凯恩斯主义情况下的财政政策与货币政策

在影响均衡收入和均衡利率的因素中，政府购买支出和税收属于政府部门的财政政策。

货币供给属于中央银行的货币政策。财政政策和货币政策是政府促进经济稳定的两类基本政策工具。极端凯恩斯主义认为财政政策有很好的促进经济稳定的功能,认为货币政策缺乏稳定经济的作用。之所以如此,是由于极端凯恩斯主义的下述两个假设。

第一,凯恩斯陷阱的存在。这时,IS 曲线和平行于横轴的 LM 曲线相交。当政府购买支出增加或者政府减少税收时,IS 曲线向右上方移动,收入水平增加,利率水平保持不变。由于挤出效应为零,所以,政府的财政政策增加国民收入的效果最强,如图 5－6 所示。反之,如果这时中央银行增加货币供给,LM 曲线向右下方移动,但是,IS 曲线和新的 LM 曲线的交点并不改变,所以,均衡收入水平也不变。这就是说明货币政策没有增加收入的效果,如图 5－7 所示。

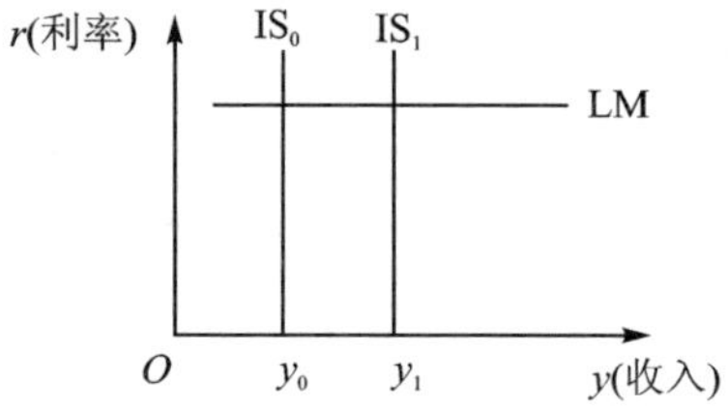

图 5－6　极端凯恩斯主义的财政政策效应

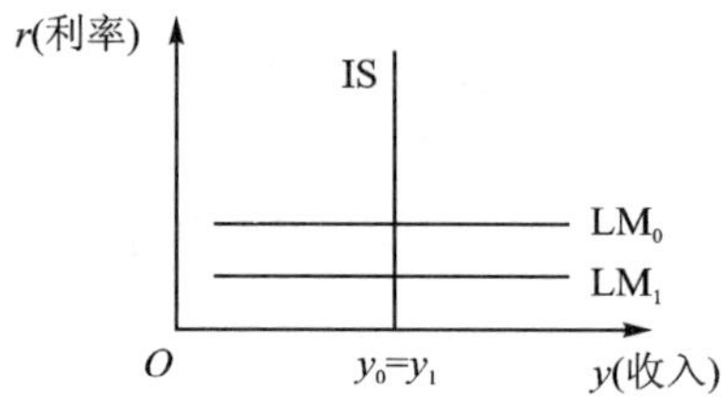

图 5－7　极端凯恩斯主义的货币政策效应

第二,投资需求的利率弹性为零(或者更小)。这就使得 IS 曲线的斜率的绝对值为无穷大。20 世纪 50 年代以前的凯恩斯主义宏观经济学家认为在经济严重萧条时期,价格水平趋于下降,厂商部门存在不利的利润预期,即时利率差有明显的下降,私人部门的投资支出也不会明显增加。这时,IS 曲线就会非常陡峭。当 LM 曲线平行于横轴时,陡峭的 IS 曲线使得财政政策具有明显的增加收入的效果,而货币政策则无法使收入增加,如图 5－6、图 5－7 所示。早期凯恩斯主义宏观经济学家关心的重点是如何使经济摆脱萧条困境,减少失业问题。而当经济处于萧条时期,LM 曲线即使不是平行于横轴,也是非常平缓的。同时 IS 曲线非常陡峭,所以,极端凯恩斯主义者主张政府应该采用财政政策而不是货币政策来稳定经济。

二、古典情况下的财政政策与货币政策

古典情况也被称作货币主义特例。与极端凯恩斯主义情况正好相反,货币主义者认为货币政策有很好的促进经济稳定的功能,认为财政政策缺乏稳定经济的作用。之所以如此,是由于货币主义者的下述两个假设。

第一,货币需求的利率弹性为零。这实际上就否定了人们的投机性货币需求动机,认为货币需求仅仅包括交易性需求和预防性需求。如图 5－8 所示,这时的货币需求曲线是一条与收入水平相适应的垂直于横轴的线。为使货币市场实现均衡,货币供给也必须与这一确定的货币需求相等。这时,不管市场利率水平是多少,货币市场都会实现均衡。因此,LM 曲线是一条垂直于横轴的线。如图 5－9 所示。在这种情况下,如果中央银行增加货币供给,LM 曲线向右方移动,国民收入会明显增加,如图 5－10 所示。反之,如果政府增加购买支出,IS 曲线向上方移动,只会引起利率的上升,收入水平将保持不变。换言之,这时会发生完全的挤出效应,如图 5－11 所示。由此可见,在促进经济稳定的过程中,货币政策有效,而财政政策无效。

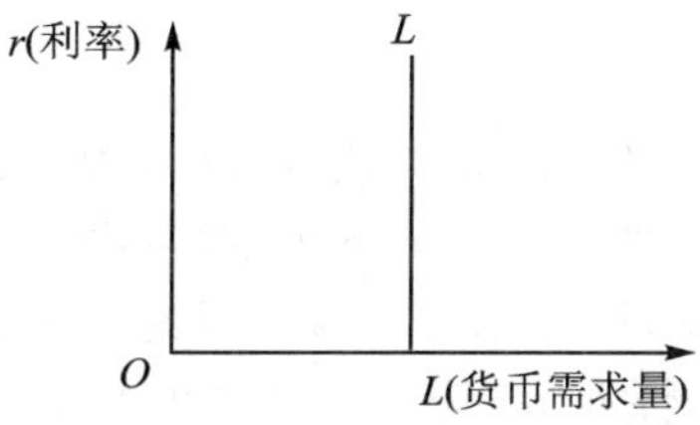

图 5-8　古典主义的货币需求曲线

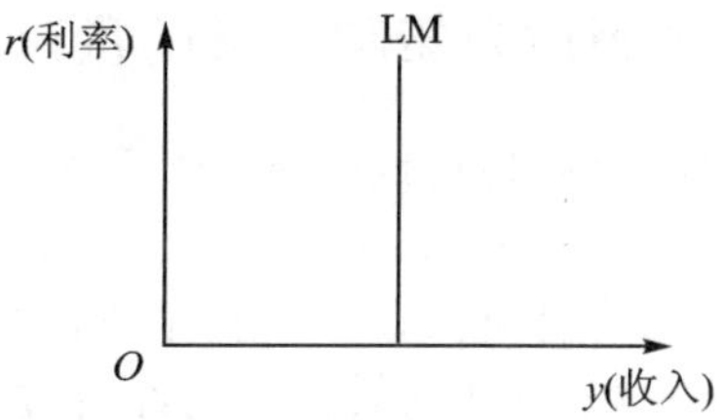

图 5-9　古典主义的 LM 曲线

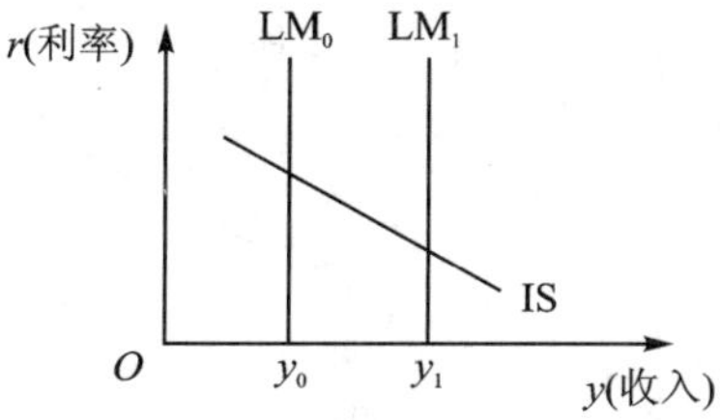

图 5-10　古典主义的货币政策效应

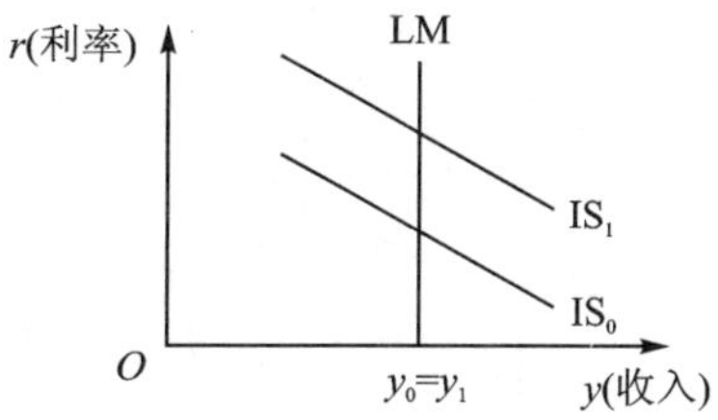

图 5-11　古典主义的财政政策效应

第二,投资需求的利率弹性很大。这时,IS 曲线斜率的绝对值非常小,也就是 IS 曲线非常平缓。这时,如果中央银行增加货币供给,LM 曲线向右下方移动,引起利率水平下降。由于投资需求的利率弹性很大,投资需求将增加很多,国民收入提高,如图 5-12 所示。如果政府实行扩张的财政政策,如图 5-13 所示,这时的挤出效应比较大。由此可见,在古典主义的情况下,促进经济稳定过程中,货币政策有效,而财政政策缺乏效力。

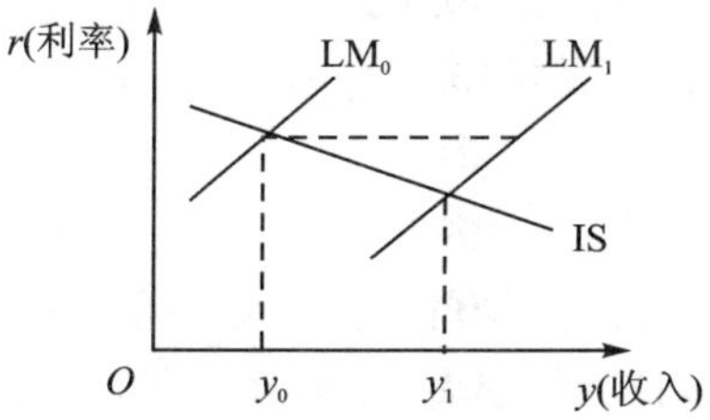

图 5-12　古典主义的货币政策效应

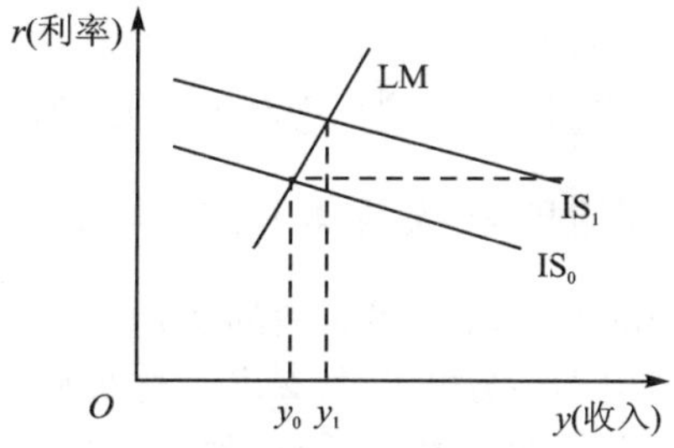

图 5-13　古典主义的财政政策效应

三、财政政策与货币政策的协调

中央银行的货币政策要想取得最大效果,必须与政府其他部门特别是财政部门进行充分协调和合作。货币政策和财政政策的共同点在于通过影响总需求来影响产出。在调控经济活动时,为了避免相互抵消作用,增强调控力度,这就需要货币政策与财政政策相互配合。

1. 宽松的财政政策与宽松的货币政策配合

宽松的财政政策与宽松的货币政策配合是指财政和银行都向社会注入资金,使社会的总需求迅速得以扩张,对经济活动产生强烈的刺激作用。这种政策配合适用于出现严重的经济衰退,经济生活中存在着大量未被利用的闲置资源的情况。从 IS-LM 图上来看,表现为在利率 基本不变的情况下,社会总需求 Y 大幅增加。如图 5-14 所示。

2. 从紧的财政政策和从紧的货币政策配合

从紧的财政政策和宽松的货币政策配合是指货币当局回收贷款、收缩银根,从而压缩社会总需求;同时财政部门也压缩财政支出、提高税率,增加其在中央银行的存款,减少社会货币量。这种双重压缩会使社会上的货币供应量明显减少,社会总需求得以迅速收缩。

这种政策配合适用于扭转严重的经济过热,抑制恶性通货膨胀,但要防止出现经济萎缩。从IS-LM图上来看,表现为在利率 r 基本不变的情况下,社会总需求 Y 大幅减少,如图 5-15 所示。

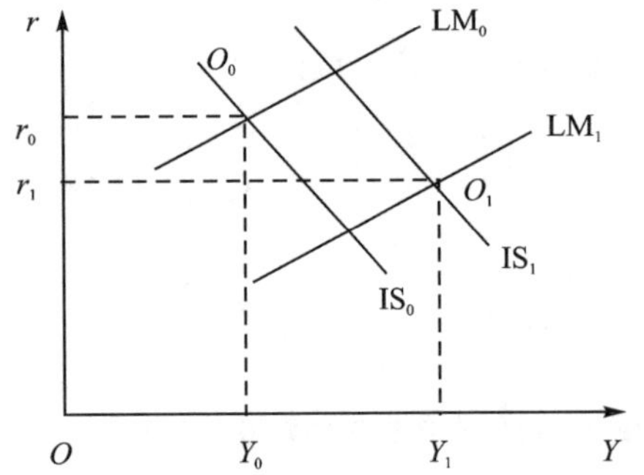

图 5-14 宽松的财政政策与宽松的货币政策配合使用的影响

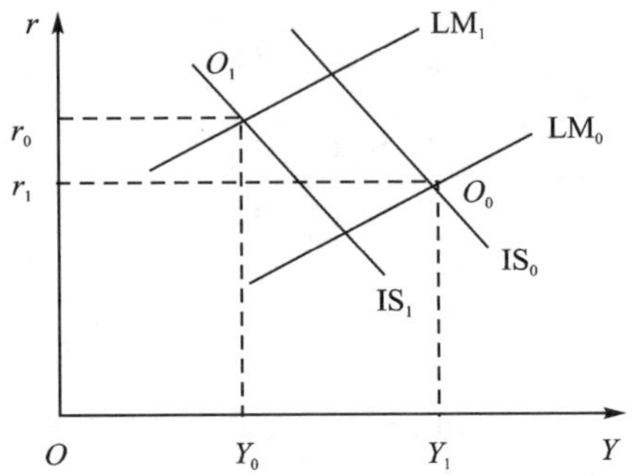

图 5-15 从紧的财政政策与从紧的货币政策配合使用的影响

3. 从紧的财政政策与宽松的货币政策配合

从紧的财政政策和宽松的货币政策配合是指财政部严格控制财政支出,财政收支保持平衡甚至盈余;而银行则根据经济发展需要,采取适当放松的货币政策,增加货币供给量。这种政策配合适用于财政赤字较大,物价基本稳定,经济结构合理,但企业投资并不旺盛,经济处于萎缩的情况。从 IS-LM 图上来看,表现为利率 r 大幅降低,而社会总需求 Y 变化不大,如图 5-16所示。

4. 宽松的财政政策和从紧的货币政策配合

宽松的财政政策和从紧的货币政策配合是指银行收缩银根,严格控制货币供应量,同时国家财政采用赤字方法扩大支出。这种政策适用于通货膨胀与经济比较繁荣并存,产业结构和产品结构失衡的情况,实行这种政策以在经济得到紧缩的同时治理通货膨胀,调整产业结构,中和金融紧缩可能过强带来的消极作用。从 IS-LM 图上来看,表现为在利率 r 大幅升高的同时,社会总需求 Y 有所下降,如图 5-17 所示。

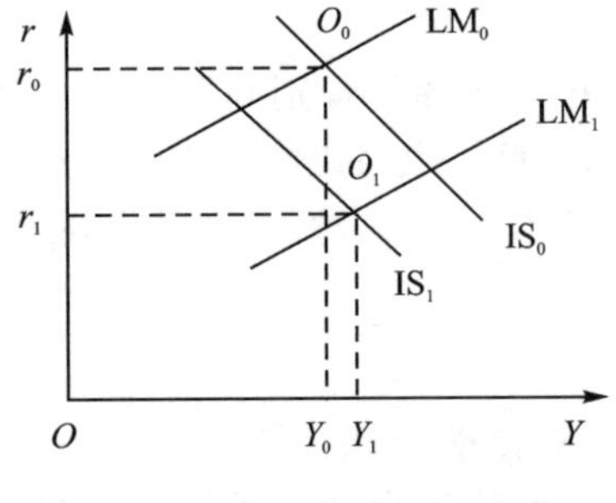

图 5-16 从紧的财政政策与宽松的货币政策的配合效果

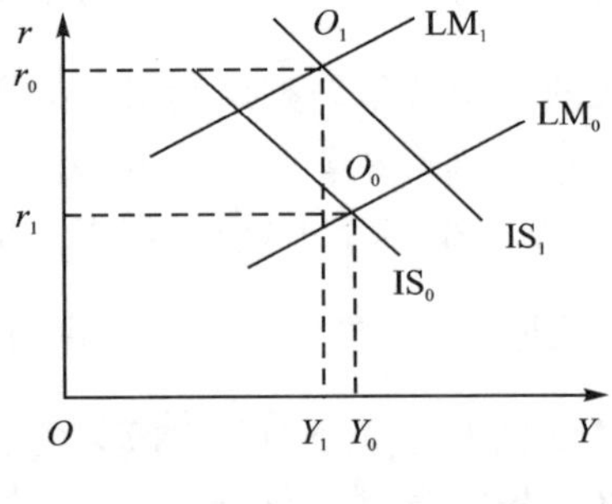

图 5-17 宽松的财政政策与从紧的货币政策的配合效果

联系到中国近几年的实际情况，自从 1997 年我国出现有效需求不足、物价总水平持续下降、经济增长速度放慢的情况以来，财政政策和货币政策的配合便日益受到政府的高度重视。从 1998 年以来，我国开始实行“积极的财政政策和稳健的货币政策”，前后多次共增发 5 100 亿元国债，加强基础设施建设，加大对高新技术企业和中小企业的资金支持；连续 8 次降息，增加货币供给量，改善信贷结构，促进商业银行改革，等等。这些政策措施对扩大内需、改善通货紧缩形势、促进经济增长起了很大的作用。这可以说是在社会总需求不足情况下的“双松”政策在中国特殊实际中的一次具体运用。

本章小结

1. 宏观经济政策主要有四个目标：充分就业、物价稳定、经济均衡增长和国际收支平衡。而宏观经济政策工具主要有需求管理、供给管理和对外经济管理。需求管理是凯恩斯主义政策的主要工具，在具体实践中，西方国家使用财政政策和货币政策力求达到四个目标。

2. 自从 20 世纪凯恩斯经济学产生起直到今天的近 80 年以来，西方宏观经济政策及理论随着经济形势的不断变化，经历了一个有时强调政府干预而有时强调经济自由的反复演变的过程。

3. 西方国家财政由政府收入（包括税收和公债）和支出（包括政府购买和转移支付）两方面构成，而财政对经济的调节又分为自动调节和主动调节两类。自动调节指西方财政制度本身有着自动抑制经济波动的作用，此即自动稳定器，包括政府税收的自动变化、政府支出的自动变化和农产品价格维持制度；主动调节指政府有意识地实行积极的财政政策，即斟酌使用的熨平经济波动的财政政策。

4. 积极的货币政策是中央银行通过货币供给量来调节利率进而影响投资和整个经济的政策。狭义货币包括通货和活期存款。活期存款的派生机制，使中央银行能通过控制准备金来调节整个货币供给。中央银行变动货币供给的政策工具主要有再贴现率、公开市场业务和变动法定准备金率。

5. 财政政策和货币政策在实施过程中，受到各种因素的影响，效果各不相同，并可用 IS－LM 模型进行具体的分析。由于各政策单独实施时效果的差异性和相对的局限性，因此，必须相互协调使用，确保经济的平稳运行。

自测题

1. 什么是自动稳定器（内在稳定器）？财政的自动稳定器功能主要是通过哪些制度得到发挥的？

2. 什么是货币创造乘数？其大小主要和哪些变量有关？

3. 什么是公开市场操作？这一货币政策工具有哪些优点？

4. 利用什么样的货币政策和财政政策相配合才能有效地治理经济衰退？试画出相关的 IS－LM 曲线分析。

【拓展阅读】 **美国的财政政策**

美国作为一个市场经济体制比较完善的国家,也很重视微观调节。特别是20世纪70年代后期,在经济陷入"滞胀"的情况下,用宏观政策进行总量调节,已经遇到了很大的难题。于是,美国政府扩大了财政政策的使用范围,强调以宏观政策与微观政策的配合解决经济发展中的问题。

美国财政政策工具的运用主要表现在以下一些方面:

1. 利用大幅度优惠,减轻企业、居民的负担,鼓励私人投资和消费,刺激供给和内需有效增长。

1981年,美国经济处于严重衰退之中。为了实现经济的复兴,里根政府奉行了以刺激供给、调动企业积极性为主要目标的新经济政策,其重大举措是《经济复兴税法》的实施。该税法在大幅降低公司所得税率的同时,把加速折旧制度推进到了一个新的高度,即把资产的使用年限与专为征税目的而折旧的周期之间的联系切断,如规定建筑物的折旧年限为10年,而实际平均使用年限为37年。这样,固定资产的加速折旧进一步加快,公司可以在短期内获得大笔固定资产的重置资金,从而为扩大投资迅速积累资金。另外,为了使无利或低利企业享受投资税收抵免,即企业资本投资额的一部分可从当年应纳税额中扣除,美国政府出台了"安全港租赁"条款。该条款允许低利或无利企业可向其他企业租赁设备。这样,作为出租方的高利贷企业因购入设备,可享受投资抵免的好处,而租用方的低利或无利企业不仅获得了设备,而且还可以与出租方"共享"投资抵免的好处。再加上在享受投资抵免后,仍可按全额计算折旧。这样,有力地激发了企业投资的积极性,维持了企业在经济衰退时适当的投资规模。

为了刺激国人消费,美国政府同样运用税收优惠政策鼓励居民消费。例如,美国政府运用减免税引诱人们购买房地产。住宅购买者在计算自己当年度的应税收人时,可以扣除购买第二栋住宅支付的地产税和住宅贷款利息;住宅购买者如因购买新宅而将旧宅出售,他可以将出售旧宅所得不计入当年的应税收入总额中,享受延税优惠。另外,美国政府还通过向高收入者征收高税,再以转移性支付的方式向低收入家庭提供贷款利息补贴、租金利息补贴、食品补贴等,以减轻他们的消费开支负担。类似的税收优惠和补贴极大地刺激了人们消费的积极性,保证了国内需求对经济增长的推动力。

2. 政府自身投入高新技术开发与研究,带动了高新技术产业的发展。随着信息技术革命的到来,1993年,美国政府提出了以信息产业发展为基础的信息高速公路计划,旨在发展高新技术产业。但是,由于技术投资风险大,收益不确定,私人企业对技术开发和研究往往不会投入足够的资金。这就要求政府在鼓励私人投资高新技术产业的同时,必须自身投入技术开发与研究,在推动高新技术产业发展中扮演重要角色。

首先,美国政府大幅度压缩军事开支,减少军事产业在国民经济中的比重,并向民用产业转移。据统计,1981—1990年与1991—1995年相比,联邦军事开支占总支出的比例由24.2%降到了19.3%。同时,1994年8月,美国政府推出了"技术新投资计划",鼓励国防部门与有关的民用企业一起合作进行技术开发,加快了国防技术向民用技术的转移,为美国经济的持续发展创造了良好条件。

其次,美国政府还选择了信息、生物技术、特种材料等10个部门作为优先发展的重点领域,在税收、补贴等方面实施产业倾斜政策。包括:(1)税收支持。设立专项税收信贷基金,支持企业进行技术改造;降低资本收益税率,鼓励风险资本家投资于技术创新型公司;不断延长"科技换税法"的实施期限,降低科研和实验费用。(2) 鼓励多方合作研究。美国政府放松了反托拉斯法的管制,有助于各公司共同发展高技术;增设了90个新的制造技术推广站,以加强政府与产业界的合作,加速新技术的发明和推广。(3) 直接提供科研补助。美国政府每年都向国家科学基金委员会提供2 000万美元的专款,用于资助大学和工业的合作研究;每年以签订合同的方式向工业企业所属的科研单位提供科研费用等。1993年,美国政府的研究与开发开支达715.48亿美元。

美国政府对科研等的极大支持有力地推进了美国新技术产业的迅速发展。据统计,在美国经济增长中,有27%归属于技术通信和信息产业。这样,随着产业结构的升级和劳动生产率的提高,高新技术的开发与研究自然就得到了恢复和加强。

3. 政府融入市场,引入竞争机制,提高国家开支效率。

随着市场的不断完善,美国政府作为市场经济中的重要组成部分,早已纳入市场运行之中。同时,政府对企业的非行政性干预也要求美国政府参与市场运行,以市场化的政策手段实现其影响经济的目标。目前,美国政府参与市场活动最显著的代表是政府采购活动。

在政府采购活动中,美国政府本着公平竞争、等价交换的原则,以招标等竞争手段参与市场活动。美国政府制定维护采购信誉的行为准则,捍卫采购的公正与道德;设立抗议程序,保持采购制度的透明度;增加商业操作,变换采购技巧,在众多的厂商之间展开竞争,以获得价格最低、质量最好的商品或服务。另外,在政府采购活动中,美国政府也要给予中小企业帮助。小企业管理局通过搁置购买、拆散合同、颁发能力证书,以及在二级合同中推动政府机构或大企业向小企业订货等方式,帮助小企业尽可能多地得到合同。

随着采购制度的不断完善和政府采购数额的不断增加,美国政府的采购支出已经构成了美国经济中社会需求的一个重要组成部分。据统计,1994年,美国政府的采购总额占国内生产总值的174%。美国政府以其作为一个超级公司所购买的商品或服务的数量影响市场价格,从而间接影响其他市场参与者的行为,最终调节市场经济的运行,包括增加就业、增加市场需求、带动新兴产业的发展等。

【案例评析】

1. 政府对经济的干预不仅可以涉及属于宏观的经济领域、涉及总量平衡和收入的再分配等,而且可以在属于微观范畴的生产和消费等方面发挥作用。现代资本主义市场经济中的国家具有双重身份:首先,它是一个微观经济的引导者、管理者,担负着干预、调节微观经济运行过程的任务;其次,它又作为市场主体之一,直接参与经济运行过程,通过提供供给产品等微观活动,对供给和需求都有重大影响作用。

2. 在本案例中,美国政府通过财政政策工具引导企业和居民的生产与消费,是政府干预微观经济的典型事例。当经济处于衰退时,政府运用税收优惠来减轻企业、居民的负担,可以有效地刺激私人投资和消费,拉动经济的复苏和增长。反之,当经济过热时,则可以加大税收力度,抑制私人投资和消费,避免经济发生波动。而政府投入高技术开发与研究,则直接弥补了市场中的不足,推动了高新技术产业的发展。同样,政府通过采购活动,间接影响市场微观主体的经济行为,达到调节市场经济运行的目的。

第六章　总需求与总供给

本章知识结构框架图

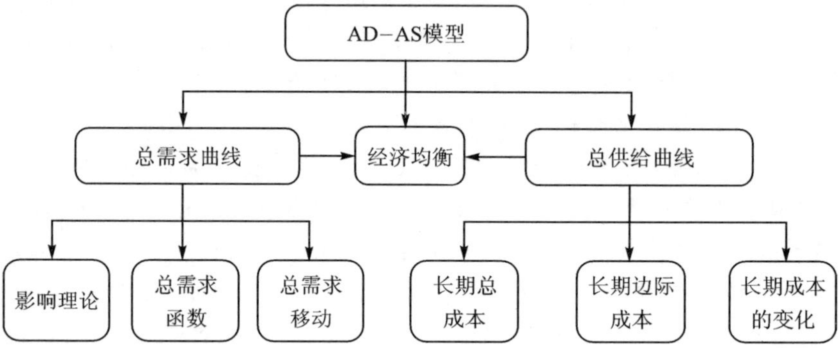

知识导引

过去的100年间，许多国家都经历了高速的经济发展，而同时高失业率和迅速上升的通货膨胀率也反复出现，甚至还出现了大萧条。因此，宏观经济学至少要回答以下重要的问题：经济为何会增长？经济为什么会发生较大波动？哪些因素导致失业率和通货膨胀率的波动？为促进经济增长或者缓和波动，政府采取行动是否有效？如果有效，能采取哪些行动？以上正是宏观经济的核心。关于国民收入决定的讨论中，所涉及的模型有物价水平保持不变的假设，所以不能说明产量(收入)与物价水平之间的关系，而产量与物价水平之间的关系是理解失业、通货膨胀、经济增长、经济周期等主要宏观经济问题的核心之所在。说明产量与物价水平之间关系的基本模型被称为总需求-总供给模型，从总需求和总供给两方面来说明产量与物价水平是如何决定的，并通过总需求和总供给的变动来解释各种宏观经济现象。

本章学习目标

◇ 理解总需求曲线向下方倾斜的原因。
◇ 掌握总需求曲线的移动。
◇ 理解短期总供给曲线和长期总供给曲线。
◇ 理解短期总供给持续向右上方倾斜的原因。
◇ 掌握总供给曲线的移动。
◇ 理解宏观经济的短期均衡和长期均衡。

关键概念

总需求	总需求曲线	财产效应
利率效应	总供给	短期总供给曲线
古典总供给	错觉理论	粘性工资
隐含合同理论	粘性价格理论	总需求总供给模型
宏观短期	宏观长期	均衡

第一节　总需求曲线

总需求是经济社会对产品和劳务的需求总和，这一需求总量通常以产出水平来表示。我们对总需求-总供给模型的介绍从总需求曲线开始。

一、总需求曲线的概念

总需求曲线(Aggregate Demand Curve)所描述的，是在每一种可能的既定物价水平下，所有市场参与者愿意并且能够购买的产品和劳务的总和。这里需要强调，是对所有物品和劳务的总体需求，即非单个产品或单个参与者需求。

总需求曲线看起来与微观经济学中介绍过的需求曲线非常像，不过两者所表达信息大相径庭：总需求曲线表达的是购买总量如何随物价水平(P)的变化而变化，该曲线并没有表明人们会购买哪些物品和劳务，而微观经济学里的需求曲线是在物价水平不变的情况下。总需求曲钱是向右下方倾斜的，即在其他条件不变的情况下，物价水平与总需求之间存在着负向变动的关系。为了解释为什么总需求曲线向右下方倾斜，我们需要运用已经学过的相关内容。

$$\mathrm{AD} = \mathrm{real\ GDP} = C + I + G + \mathrm{NX} \tag{6-1}$$

显然，消费(C)、投资(I)、政府购买(G)以及净出口(NX)中的每一个部分都对劳务的总需求做出了贡献。其中，政府需求由政府的政策决定，与物价水平无关，因此，我们研究物价水平如何影响消费、投资和净出口。

二、财产效应

消费取决于收入和财产。如果收入和财产增加，则消费增加。财产则受到物价水平的影响。人们的消费不取决于名义财产，而取决于实际财产。因此，财产效应就是物价水平变动通过对实际财产的影响而影响消费。当物价水平下降时，实际财产增加，人们感到更富裕，从而消费增加。当物价水平上升时，实际财产减少，从而消费减少。消费是总需求的一个组成部分。这样，物价水平就与总需求呈反方向变动，即物价水平下降，实际财产增加，消费增加，总需求增加。这种效应是英国著名经济学家庇古提出来的，故又称庇古效应，或称庇古财产效应，现在也常称为实际余额效应。

三、利率效应

物价水平越低，货币就越值钱，家庭为满足日常交易所需要持有的货币数量就越少。这样，当物价水平下降时，家庭会通过各种方式将盈余的货币借出(如购买债券或存入储蓄账户)，以减少货币持有量。这样，债券市场的资金供给就会增加，银行发放的贷款也会更多，这样会导致利率的下降。而较低的利率又鼓励更多的投资行为，从而也就增加了对物品与劳务的需求量。反之，当物价水平上升时，利率也将上升，从而抑制投资行为，从而减少了对物品和劳务的需求量，这就是利率效应。这种效应最早由经济学家凯恩斯提出，因此，也称为凯恩斯效应。

四、沉没成本

替代效应有两种：跨期替代效应和开放替代效应。

先看跨期替代效应。物价水平的上升往往会提高利率水平，利率水平的提高也就意味着当前消费的机会成本增加而未来消费的预期收益提高，因此，人们会减少当前消费量，增加未来消费。随着价格水平的上升，人们会用未来消费来替代当前消费，从而减少对商品的需求总量；而随着价格水平的下降，人们则会用当前消费来替代未来消费，从而增加对商品的总需求量，这就是跨期替代效应。跨期替代效应无疑也会导致总需求曲线向下倾斜。

再看开放替代效应。当一国的价格总水平下降时，在其他因素不变的情况下，其他国家生产的产品就会变得更加昂贵，本国的消费者将减少对进口品的购买，转而增加国内商品的购买；而随着国内商品价格的下降，外国消费者将逐步增加对本国商品的购买，这样，就必然会增加净出口。反之，当国内物价水平上升时，本国的消费者就会增加对进口品的购买，同时外国消费者会减少对本国商品的购买，因此净出口需求量减少，从而总需求量减少。因此，一国的价格总水平上升，人们会用进口来替代出口，从而减少对自内商品的需求量；而价格总水平下降，人们则会用出口来替代进口，从而增加对国内商品的需求量，这就是开放替代效应，也被称为外贸效应。当一国的经济对外开放时，开放替代效应就组成了总需求曲线向下倾斜的另一个重要原因。

自此，有三个不同但相关的原因说明了为什么物价水平下降增加了物品与劳务需求量：通过财产效应和跨期替代效应激励消费；通过利率效应刺激投资需求；通过开放替代效应刺激净出口需求。由于这三个原因，总需求曲线向右下方倾斜。

必须注意，与微观经济学中的需求曲线一样，总需求曲线也是在假设“其他条件相同”的情况下画出来的。在后文中，我们将分析“其他条件”发生变化时，总需求曲线将如何移动，不过在此之前，先来讨论一下总需求曲线要如何画出来。

五、总需求函数

总需求函数被定义为以产量(国民收入)所表示的需求总量和价格水平之间的关系，它表示在某个特定的价格水平下，经济社会需要多高水平的产量。在以价格水平为纵坐标、产出水平为横坐标的坐标系中，总需求函数的几何表示被称为总需求曲线。总需求曲线描述了与每一价格水平相对应的私人和政府的支出，因此，总需求曲线可以从 IS－LM 模型中推导出来。

先来举个例子看一下价格水平的变化如何导致总支出水平的变化。这里以价格水平上升为例加以说明。首先，如果价格水平上升，这将导致利率上升，进而导致投资和总支出水平下降，因为当价格水平上升时，人们需要更多的货币从事交易。假定价格水平为 1 时，社会需要 1 000 亿元从事交易，那么当价格水平上升为 1.2 时，为了维持同样规模的交易量，则社会需要 1 200 亿元的货币从事交易。从通常的意义上看，价格水平越高，商品和劳务越贵，所需交易的现金就越多，支付的金额就越大。可见，货币的名义需求是价格水平的增函数。如果货币供给没有变化，价格上升使货币需求增加时，利率就会上升，利率上升，使投资水平下降，因而使总支出水平和收入水平下降，这是利率效应的影响。

其次，价格水平上升，使人们所持有的货币及其他以货币衡量的具有固定价值的资产的实际价值降低，人们会变得相对贫穷，于是人们的消费水平就相应地减少，这个是实际余额效应的作用。最后，价格水平上升，会使人们的名义收入增加，名义收入增加会使人们进入更高级的纳税档次，从而使人们的税负增加，可支配收入下降，进而使人们的消费水平下降。现在就来具体说明如何根据 IS－LM 模型推导出总需求曲线。

上面的价格水平上升的例子表明，总需求函数同时涉及产品市场与货币市场。换句话说，总需求函数也可以从产品市场与货币市场的同时均衡中得到。如果暂时略去国际部门，在两部门的经济中，IS 曲线的方程为

$$Y = c(y-t) + i(r) + g \tag{6-2}$$

LM 曲线的方程为

$$\frac{M}{P} = L_1(y) + L_2(r) \tag{6-3}$$

在上面两个方程中，如果把 Y 和 r 当作未知数，而把其他变量，特别是 P 当作参数，对这两个方程联立求解，则所求得的 Y 的解式一般包含 P 这一变量。该解式表示了不同价格 P 与不同的总需求量 Y 之间的函数关系，即总需求函数。现在用一具体例子加以说明。假设在式(6－2)和式(6－3)中，有

$$0.5y + 240r = 3\,500$$

$$0.5y - 260r = \frac{1\,000}{P}$$

求出 y 的解式，就得到

$$y = \frac{3\,640P + 960}{P} = 3\,640 + \frac{960}{P} \tag{6-4}$$

式(6－4)即为总需求函数。

例 6－1 两部门经济由下述关系式描述：消费函数为 $C=100+0.8Y$，投资函数为 $I=150-6r$，货币需求函数为 $L=0.2Y-4r$，设 P 为价格水平，货币供给为 $M=150$。

求：(1) 总需求函数。

(2) $P=1$ 时的均衡收入和利率。

解：(1) 由 $$Y=C+I=C+S$$

可以求得 IS： $$150-6r=0.2Y-100$$

又 LM 曲线为 $$L=\frac{M}{P}$$

所以 LM： $$\frac{150}{P}=0.2Y-4r$$

因此总需求曲线为 IS＝LM，即 $Y=500+\dfrac{450}{P}$。

(2) 当 $P=1$ 时，根据(1)的结果可以知道，$Y=950$，$r=10$。

在这种情况下，总需求曲线反映的是产品市场和货币市场同时处于均衡时，价格水平和产出水平的关系。因此，总需求曲线可以从 IS－LM 图形中求取。在 IS－LM 模型中，一般价格水平被假定为是一个常数。在价格水平固定不变且货币供给为已知时，IS 曲线和 LM 曲线的交点决定均衡的收入(产量)水平。参看图 6－1 说明怎样根据 IS－LM 图形推导总需求曲线。

这里有两个图，图 6－1 为 IS－LM 图，图 6－2 表示价格水平和需求总量之间的关系，即总需求曲线。当价格 P 的数值为 P_1 时，此时的 LM 曲线 LM(P_1) 与 IS 曲线相交于 E_1，E_1

点所表示的国民收入和利率依次为 Y_1 和 r_1。将 P_1 和 Y_1 标在图 6－2 中便得到总需求曲线上的一点 D_1，现在假设 P 由 P_1 下降到 P_2。由于 P 的下降，LM 曲线移动到 LM(P_2)的位置，它与 IS 曲线的交点为 E_2，E_2 点所表示的收入和利率顺次为 Y_2 和 r_2。对应于图 6－1 中的点 E_2，可在图 6－2 中找到 D_2。按照同样的程序，随着 P 的变化，LM 曲线和 IS 曲线可以有许多交点，每一个交点都标志着一个特定的 y 和 r。于是就有许多 P 与 y 的组合，从而构成了图 6－2 中的一系列点。把这些点连在一起所得到的曲线便是总需求曲线 AD。

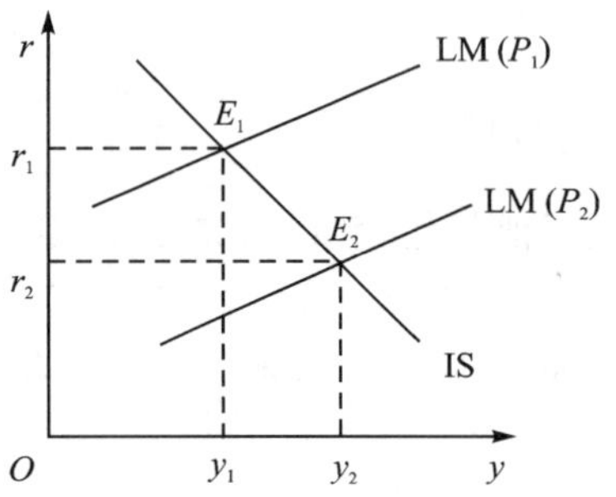

图 6－1　IS－LM 曲线

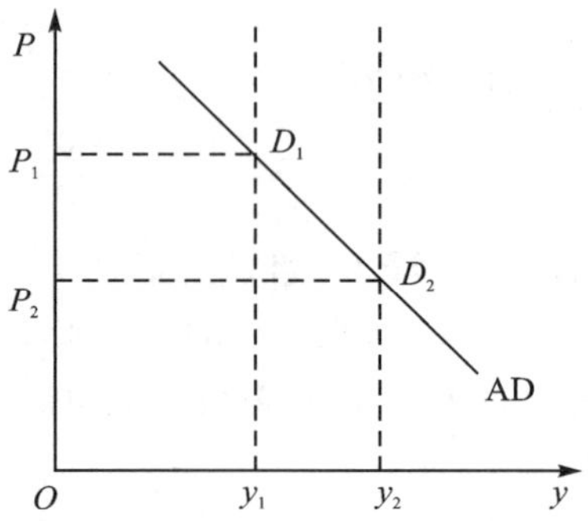

图 6－2　总需求 AD 曲线

第二节　总需求曲线的移动

总需求曲线表明的是在其他因素不变的条件下，物价水平与产品的总需求量之间的一种关系，而其他因素发生变动就会造成总需求曲线的移动。导致总需求曲线移动的因素可列为以下几种。

一、预　期

预期包括预期收入、预期利润率、预期通货膨胀等。人们预期未来收入提高时会增加他们当前的个人消费需求，从而增加总需求，使总需求曲线向右移动。而人们预期收入下降的作用正好相反，总需求减少，总需求曲线左移。预期利润率的提高会扩大企业的投资需求，其作用与预期收入的提高相同。预期通货膨胀率上升会使当前商品的价格变得相对低廉而未来商品价格变得相对高昂，从而扩大对当前商品的总需求。预期通货膨胀率下降期相反。

二、政府政策

政府的宏观经济政策是影响总需求的一个非常重要的因素。按照对总需求的不同作用，政府宏观经济政策大致可以分为扩张性政策和紧缩性政策两类。从财政政策来看，凡是能够增加总需求的财政政策均被称作扩张性财政政策，通常的手段包括增加政府购买、降低税收等。而凡是能够抑制总需求的政策均被称作紧缩性财政政策，政策手段包括减少政府支出、提高税收等。从货币政策来看，凡是能够增加货币供应最从而刺激总需求的货币政策，都被称作扩张性货币政策。反过来，凡是能够减少货币供给量从而抑制总需求的政策，被称作紧缩性货币政策。政府实行增加政府购买支出的财政政策会直接增加总需求，总需求曲线就会向右移动，而缩小政府开支就会使总需求下降。货币政策对总需求曲线的影响相对比较间接。当政府采取增加货供应量的货币政策时，利率水平会下降从而导致投资需求增加，总需求曲线向右移动，而减少供应量的结果恰好相反。

三、世界经济

世界经济会通过各种渠道影响一国的总需求，其中主要体现在两个方面：汇率和外国收入的变动。汇率上升意味着本国商品的相对价格上升，外国商品相对价格下降，本国将扩大对进口的需求而将减少对出口的需求，于是，本国净出口将减少，总需求下降；汇率下降的作用相反。外国收入增加会扩大对本国商品的需求，在进口不变的情况下增加净出口，总需求上升，而外国收入减少的作用相反。

总需求曲线只是给出了价格水平和以收入水平来表达的总需求水平之间的关系，并不能决定整个社会供求相等的价格水平和总产量。为了说明整个经济价格水平和总产出水平是如何决定的，宏观经济学需要引出另一个分析工具，即总供给曲线。

例 6-2　假设有一个经济社会是由三部门构成的，消费函数为 $C=20+0.8(Y-T)$，投资函数为 $I=600-4\,000r$，政府支出为 $G=420$，税收函数为 $T=100+0.25Y$，名义货币供给量为 $M_s=345$，货币需求函数为 $M_d=25+0.4Y-4\,000r$。

求：(1) IS 曲线方程。

(2) 价格水平 $P=1$ 时的 LM 曲线方程。

(3) 价格水平 $P=1$ 时，产品市场和货币市场同时均衡的利率和收入。

(4) 总需求曲线方程。

解：(1) IS 曲线方程：

由
$$Y=C+I+G$$
可以得
$$Y=20+0.8(Y-T)+600-4\,000r+420$$
$$Y=960+0.6Y-4\,000r$$
所以得到 IS：
$$Y=2\,400-10\,000r$$
(2) 又 LM 曲线为
$$25+0.4Y-4\,000r=\frac{345}{P}$$
所以价格水平 $P=1$ 时，LM：$345=25+0.4Y-4\,000r$

即
$$Y=800+10\,000r$$
(3) 当价格水平 $P=1$ 时，产品市场和货币市场同时均衡，则
$$Y=960+0.6Y-4\,000r$$
且
$$Y=800+10\,000r$$
因此均衡时 $Y=1\,600$，$r=0.08$。

(4) 联立 IS 曲线和 LM 曲线的方程，即
$$Y=2\,400-10\,000r$$
且
$$345=25+0.4Y-4\,000r$$
所以
$$Y=\frac{1\,725}{4P}-1\,043.75$$

第三节　总供给曲线

总需求曲线只是给出了物价水平和以收入(产出)水平来表达的总需求之间的关系,并不能决定物价水平和均衡的总需求水平。为了说明宏观经济中物价水平和总产出水平是如何决定的,就需要引出另一个分析工具,即总供给曲线,这正是本节的主要内容。

总供给是指在每一种可能的物价水平下,所有市场参与者愿意并能够提供的产品和劳务总量,因此,总供给曲线反映了价格总水平和总供给量之间的关系。显然,这里的着眼点,是对所有物品和劳务的总体供给,而非单个供给。与总需求曲线的情况有所不同的是,诸多理论中对于总供给曲线的分歧比较大,公认的总供给曲线的长期和短期有着明显的区别,我们简单介绍几种理论并着重介绍公认的一种。

按照西方经济学的区分标准,长期是指资本存量、生产技术以及一切生产要素都可以改变的情况,而在短期中,除了可变的生产要素,其他的因素(如资本存量、人口、生产技术等)均保持不变。在宏观经济学中,研究对象的差别使得对长期和短期的区分原则较为复杂。首先,就长期而论,除了厂房、设备等不变生产要素以外,宏观经济学在长期的程度上还涉及人口、技术水平等因素的变化,而这些因素的变化往往需要数年的时间。与此同时,微观经济学虽然也假设这些因素为既定的,但是,由于它主要考虑是个体(如企业)的行为,所以它着重研究作为不变生产要素的资本存量的改变导致的后果,如长期成本曲线等。而资本存量的改变所需要的时间显然要短于人口、技术水平的改变所需要的时间。因此,大致说来,宏观经济学的长期所意味着的时间要长于微观经济学的长期。有的西方学者把宏观经济学的长期称为超长期,有的学者则仍使用原有的长期的名称。为了简化名词,本书也仍然使用原有的长期来表示这一新情况。

一、短期总供给曲线

短期总供给曲线(Short-Run Aggregate Supply Curve)所描述的,是短期中总供给与物价水平之间关系的一条曲线,如图 6-3 所示。短期总供给曲线向右上方倾斜,物价水平的上升使得物品与劳务的供给量增加,而物价水平的下降则倾向于减少物品与劳务的供给量。

1. 错觉理论

根据这种理论,物价水平的变动会暂时误导供给者对他们出售其产品的市场发生变动的看法,由于暂时的错觉,供给者会对物价水平的变动做出反应,而这种反应导致总供给曲线向右上方倾斜。假设物价水平上升到高于预期水平。物价水平的上涨实际是各种物品与劳务价格都在上涨,但企业的决策者往往会更关注自己产品的价格,并没有注意到其他产品的合格也在上升,因而会错误地认为其产品的相对价格上涨了。他们会从中得出市场供不应求的乐观判断,从而增加生产,引起总供给增加。例如,生产酸奶的企业主在注意到他们作为消费者购买的许多物品价格上升之前,先注意

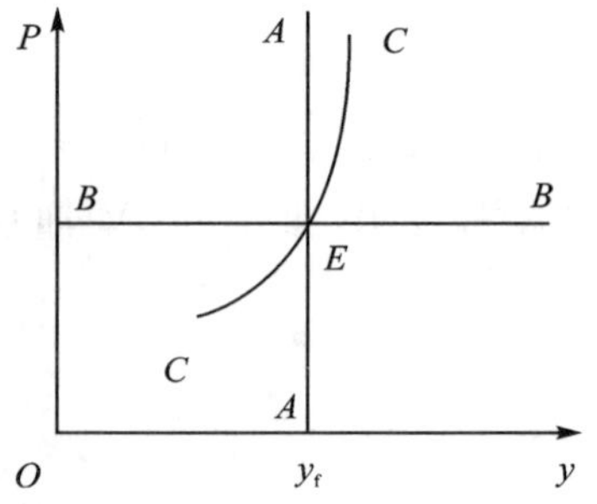

图 6-3　短期总供给曲线(非线性)

到酸奶价格的上升。他们可能从这种观察中推论出，生产酸奶的报酬暂时较高，而且他们的反应可能是增加酸奶的供给。与此类似，工人在注意到他们购买的物品价格上升之前先注意到他们的名义工资上升，他们会推论出，工作的报酬暂时增加了，并做出增加他们的劳动供给的反应。同时，当物价水平下降时，企业有可能没看到其他产品的价格下降，而误以为只有自己产品的价格下降了，从而做出市场供过于求的悲观判断，从而减少生产，引起总供给减少。

总之，当物价水平变动时，企业产生的这些错觉会使物价水平与总供给同方向变动。错觉的产生，是因为企业的决策者并不能总拥有充分的信息，也并非完全理性，判断难免发生失误。虽然他在长期中会纠正这些失误，但在短期中这些失误是难以避免的。

2. 粘性工资理论

根据这种理论，短期总供给曲线向右上方倾斜是因为名义工资调整慢于劳动供求关系的变化，或者说在短期中是“粘性的”，如果名义工资的变动与劳动供求的变动同步，工资就是具有充分伸缩性的。但在现实中名义工资的变动总是慢于劳动供求，这种名义工资变动的滞后性就是工资粘性。即在劳动供大于求时，工资不会立即下降，要过一段时间才能下降，而当劳动供不应求时，工资也不会立即上升，要过一段时间才能上升。

粘性工资必然影响总供给。因为企业根据预期的物价水平决定工人的工资。如果实际物价水平低于预期水平，那么，工人的名义工资仍然不变，但实际工资水平却增加了。由于工资是企业生产成本的主要部分(在一些发达国家，工资占 GDP 的比例甚至高达 70%，较高的工资就意味着企业的实际成本增加。企业对这些较高成本的反应是少雇佣劳动，并生产较少的物品与劳务量。换句话说，由于工资不能根据物价水平迅速调整，较低的物价水平就不利于就业与生产，这就引起企业减少物品与劳务的供给量。相反，如果实际物价水平高于预期的水平，那么，工人的名义工资仍然不变，但实际工资水平却下降了。工资的下降使企业实际成本降低，从而增加就业和产量，总供给增加。总之，总供给与物价水平同方向变动。

当凯恩斯提出这一理论时，当时的情况也表明，当产量增加时，价格和货币工资均不会发生变化。因此，凯恩斯的总供给曲线被认为是一条水平线，如图 6－4 所示。

图 6－4 中的 y_f 代表充分就业的产量或国民收入。P_0E_0 为水平线的意思是：在产量小于 y_f 的条件下，由于货币工资(W)和价格水平(P)都不会变动，所以在既有的价格(P_0)下，经济社会能提供任何数量的 y_0，即在达到充分就业以前，经济社会能按照既定的价格提供任何数量的产量或国民收入(如 y_0)。此外，该图也表明，在达到充分就业(y_f)之后，社会已经没有多余的生产能力，从而不可能生产出更多的产品，因此，增加的需求不但不会增加产量(y)，反而会引起价格的上升，如图中 E_0 点以上的垂直线所示。例如，在 E_1 点，产量仍旧是 y_f，但是价格已经上升到 P_1。

凯恩斯总供给曲线之所以具有水平的形状，其理由有两个：第一，货币工资(W)和价格均具有刚性，也就是说，二者完全不能进行调整；第二，凯恩斯所研究的是短期，即使不使用粘性工资的理论，由于时间很短，W 和 P 也没有足够的时间来调整。在目前西方经济学的文献中，这两个理由也均被使用。水平的凯恩斯总供给曲线代表短总供给曲线的一种极端情况。凯恩斯总供给曲线的政策含义是：只要国民收入或产量处在小于充分就业的水平，那么国家就可以使用增加需求的政策来使经济达到充分就业状态。

如图 6－5 所示，代表总需求曲线的 AD_1 和凯恩斯总供给曲线 P_0E_0 相交于 E_1 点，价格

水平为 P_0,产量 y_1 处于小于充分就业的萧条状态。为了改善这一状态,国家可以通过增加需求的政策使得总需求曲线向右移动到 AD_0,与 P_0E_0 相交于 E_0,该点表明,此时价格水平仍为 P_0,但国民收入达到充分就业的数量 y_f。

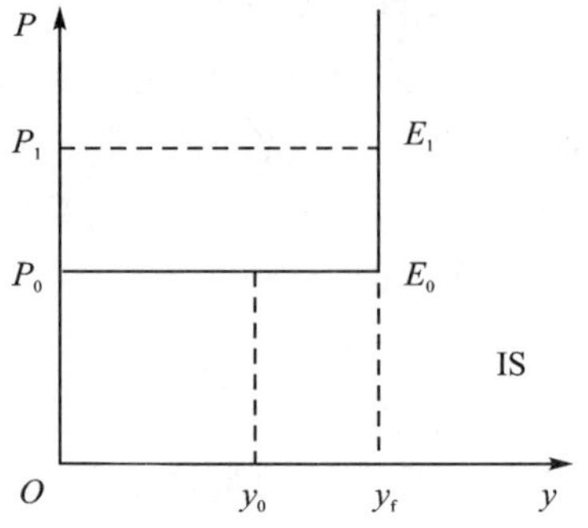

图 6-4 凯恩斯总供给曲线

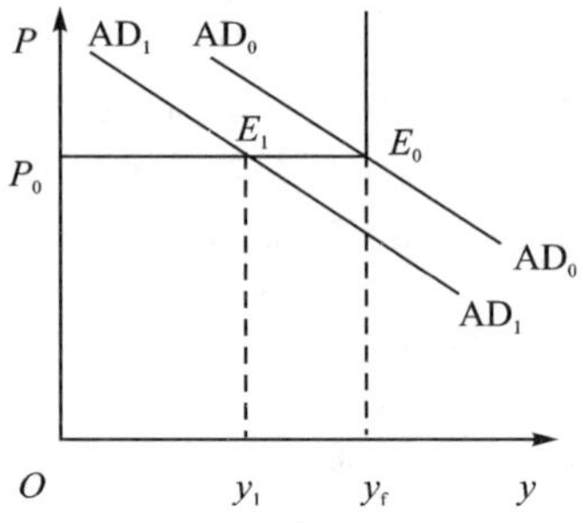

图 6-5 凯恩斯供给曲线的政策影响

对于粘性工资,凯恩斯主义者又进一步解释了工资具有粘性的原因,主要包括以下方面:

(1) 工会合同理论

在一些行业中,工会的力量可以很好地解释工资粘性。无论劳动市场供求状况如何,工会总坚持索取更高的工资。企业的管理者发现,满足工会的高工资要求或许是合算的,否则将可能承受罢工之类的过激行动所引起的损失。对于工会能否在长期中使其成员得到比竞争性劳动市场上更高的工资,经济学家们的看法并不一致,但他们一致认为工会减缓了工资调整速度。其主要在于:第一,工会合同往往长达三年之久;第二,工会合同往往确定一个工资随着通货膨胀率上升而增加的条款(被称为"生活费用调整"条款),结果实际工资受物价变动的影响较小,经济衰退时期工资率并不随之削减。

(2) 隐含合同理论

这种理论强调,雇主和雇员都希望在一定时期内把名义工资相对固定下来,而不随劳动供求关系的变化而随时调整,这样做对双方都有利,同时双方都为了一定的好处而放弃一些潜在的好处,这种情形被称为隐含合同(Implicit Contract),就工人而言,在一定时期内,名义工资稳定可以使生活稳定,即企业不在劳动供大于求时增加名义工资,可以保证工人收入与生活稳定,但为此,工人也不得不放弃在劳动供不应求时增加名义工资的潜在好处。就企业而言,工资是成本的主要部分,工资稳定有利于成本和利润稳定,生产稳定。在一定时期内名义工资稳定就是,如果劳动供小于求,工人也不能要求提高工资,但为了这种好处,企业必须放弃当劳动供过于求时降低名义工资的潜在好处。一种长期工资合约有利于双方,在合约期内,无论劳动供求关系如何变动,工资都不变,这就形成工资粘性。

(3) 效率工资

这种理论认为,企业通过支付给工人比劳动市场均衡时更高的工资率,即效率工资(Efficiency Wage),往往可以促使劳动生产率的提高,获得更多的利润,其原因主要包括:第一,较高的工资率可以保障劳动队伍的质量,企业在雇佣新员工时,往往无法断定应聘者的真实素质。通过支付高工资,企业更有可能吸引素质更高的应聘者来申请这些工作。比如某企业要招聘一个熟练技术工人,专门维护该企业的一批重要机器。有两个潜在的应聘者甲某和乙某,对这份工作都感兴趣。甲某是名技术非常熟练的工人，如果月工资高于 5 000 元他才愿意去工作，如果低于该水平，他宁愿干别的事情。乙某是一个不能胜任该工作的工人，只要月工资高于 2 000 元，他就愿意工作，但低于 2 000 元，也宁愿在家呆着。在这种情况下，企业应该把工资确定为多少呢？在二十世纪七八十年代，美国钢铁行业的高生产成本很多是由于其高工资引起的，1982 年，钢铁行业的平均工资是每小时 13.64 美元，比所有其他制造业当时的工资高 64%。过高的工资是导致美国公司在世界钢铁市场份额下降的主要原因。

如果企业关心劳动成本最小化，它将把该职位的月工资定为 2 000 元。此时，乙某将接受工作，而甲某则根本不会去申请该工作。但假设该企业知道，这两个申请者中只有一个胜任此项工作，但它并不知道是甲某还是乙某。如果企业雇佣了一个不胜任该职位的工人，他就影响公司的生产，甚至可能损坏那批重要机器，从而导致企业的巨额损失。在这种情况下，企业显然有比支付 2 000 元工资并雇佣乙某这种更好的选择。它可以提供每月 5 000 元的工资，使甲某和乙某去申请这份工作。通过在这两个申请者中进行选择，使其中的一个离开，企业至少有 50%的可能会找到一个胜任该职位的工人。与此相比，如果企业只能给出较低的工资，那么该企业就肯定不能找到一个能胜任该职位的工人。以上例子是虚构的，但说明的道理是现实的，降低工资的确有利于降低企业的劳动力成本，但可能只能聘请到素质相对较差的员工。因此，有时企业支付较高水平的工资可能是有利的。这或许也正是一些企业愿意以超过 30 万元的年薪聘请部分高级技术工人的重要原因。

第二，工资率会影响劳动者的努力程度。雇主通常并不可能完全监督工人行为，工资就构成了工人偷懒被发现继而被解雇的机会成本。工资率越高，机会成本越高，因此，较高的工资有助于减少偷懒的倾向。

第三，工资率影响劳动流动率。无论是雇佣还是培训新员工，每个企业都有不容小视的成本。另外，即使在经过一段时间的培训后，新雇佣的员工的生产量也不如那些有经验的员工。因此，流动率高的企业往往生产经营成本也高，员工会由于许多原因而离职，他们或跳槽，或移居，或干脆退休。究竟选择离职还是做出其他选择，往往取决于他们对于离开和留在企业的利益的比较。一般而言，企业向员工支付的工资越多，选择离去的员工就越少。工资越高，留在企业的利益就越大。因此，企业有时通过高工资降低员工的流动成本而提高了净生产率。

【案例 6-1】　　福特的高工资和高效率

作为福特汽车公司的奠基人，亨利·福特引进流水线来生产汽车，这样，就可以教会那些不熟练工人在流水线上完成不断重复的简单工作。其最成功的产品就是著名的 T 型福特车，这也是美国早期最著名的汽车之一。不久之后，或许是为了配合流水线的生产方式，福特又进行了另一项创新：每天支付 5 美元的工资，而当时美国的平均日工资水平大约是 2 美元多一点。甚至有人说，福特疯了，如此高的工资水平将使福特破产。

但是，重赏之下必有勇夫，5 美元的日工资却使福特工厂外面的求职者排起了长队。其实，这 5 美元包含的含金量是不言而喻的。高工资的决策或许与福特采用流水线生产方式是密切相关的。用流水线组织起来的工人是高度相互依赖的。如果一个工人旷工或工作缓慢，其他工人就不能完成他们自己的任务，因此，这种生产方式更需要保证出勤率，更需要降低工人的流动率，更需要高素质的工人（包括更健康的工人），更需要工人努力工作，为了达成以上要求，最好的手段莫过于支付比其他公司高得多的工资水平。

实践证明，福特公司的高工资政策的确带来了许多积极影响，流动率下降了，缺勤率减少了,生产率也大大提高。正因为如此,尽管工资大大提高,福特公司的生产成本竟然还减少了,在接下来的九年中,福特赚取了大笔的利润。所以,亨利·福特认为,提高工资到每天5美元是"我们所做出的最成功的降低成本的努力之一"。正如一位专门研究福特汽车公司的一个历史学家所说的,福特及其部下在许多场合公开宣称,高工资政策的结果是良好的经营,即高工资提高了工人的纪律性,使工人更加忠于公司,并提高了工人的个人效率。这也在一定程度上印证了马歇尔关于"高工资实际上不昂贵"的著名判断。

(摘自:《泰晤士日报》)

(4) 局内人局外人理论

局内人(Insider)是那些在某个企业有工作的人,局外人(Outsider)是想到这个企业工作的人。这种理论认为,局内人不希望局外人进入,因为如果局外人以低工资进入,就会给他们带来威胁,削弱他们在工资谈判中的力量。为了限制局外人进入,局内人就会在新人的培训上不与企业合作。只有在局内人与局外人工资相同时,局内人才不把局外人作为降低工资的威胁。另一方面,如果企业对新雇员实行低工资,经培训后的雇员就可能被出高工资的企业抢走。总之,企业往往给局外人和局内人相同的工资,这样的工资水平显然不是根据劳动供求关系确定的。

总之,无论什么原因,名义工资的粘性是客观存在的,这种工资特性引起物价与短期总供给同方向变动。

3. 粘性价格理论

这种理论强调,有些物品与劳务的价格对经济状况变动的调整也是缓慢的,这在一定程度上是因为价格的调整是有成本的,即所谓的菜单成本——包括印刷和分发目录的成本和改变价格标签所需要的时间。由于这些成本,短期中价格和工资可能都是具有"粘性"的。

假设经济中每个企业都根据它所预期的经济状况事先公布了它的价格。在价格公布之后,经济经历了未预期到的货币供给紧缩,这将降低长期的物价总水平。虽然一些企业根据经济情况的变动迅速降低了自己的价格,但还有一些企业不想引起额外的菜单成本,因此暂时不调整价格。由于这些滞后企业价格如此之高,所以它们的销售减少了。销售减少引起企业削减生产和就业。换句话说,由于并不是所有价格都根据变动的状况而迅速调整,未预期到的物价水平下降使一些企业的价格高于稳定水平,而这些高于稳定水平的价格压低了销售,并引起企业减少它所生产的物品与劳务量。

要注意的是,在以上关于短期总供给的三种理论中,每一种都强调了一个可能只是暂时存在的问题。无论总供给曲线向右上方倾斜是由于错觉、粘性工资或粘性价格,这些情况并不会持久地存在下去。最后,随着人们调整预期,错觉必然会得到纠正,名义工资也最终得到调整,价格也不再呆滞。换句话说,在长期中,短期与实际的物价水平是相等的,总供给曲线是垂直的,而不是向右上方倾斜的。

二、长期总供给曲线

在长期中,所有引起短期总供给曲线向右上方倾斜的原因都将不复存在,即工资不再有粘性(随着劳动供求而变动),价格也不再有粘性(将随着物品和劳务的供求而变动)。同时,在长期,企业和工人都将消除短期中的错觉,做出理性的决策。这样,由于价格、工资可以灵活变动,价格机制就可以在长期中充分发挥其调节作用，从而实现市场均衡，此时所有的生产要素都被充分利用，即资本不存在闲置，劳动力达到充分就业，这时，经济的产出称为潜在的产出水平，用 Y^* 来表示，这也就是长期总供给。因此，长期总供给曲线(LAS，Long-Run Aggregate Supply Curve)是一条与横轴垂直的线，如图 6－6 所示，它表示一个经济体长期总产出(即充分就业的 GDP，或潜在 GDP)不受价格总水平变动的影响，而由社会现有生产要素(主要是劳动和资本)存量、制度和技术水平等决定。长期总供给曲线由古典学派提出，因此也称为古典总供给曲线。

在实践中，长期总供给往往可以认为是一国在较长的一段时间内的平均产出，即由长期平均增长率决定的产出。产出水平显然与物价水平无关，而是由劳动、资本存量的增长速度和技求进步等因素决定的。

一般来说，垂直的古典总供给曲线和水平的凯恩斯总供给曲线分别代表两种极端状态。前者来自货币工资(W)和价格水平(P)能够立即进行调整的假设；后者则来自货币工资(W)和价格水平(P)完全不能进行调整的假设，在通常的或常规的情况下，总供给曲线位于两个极端之间。

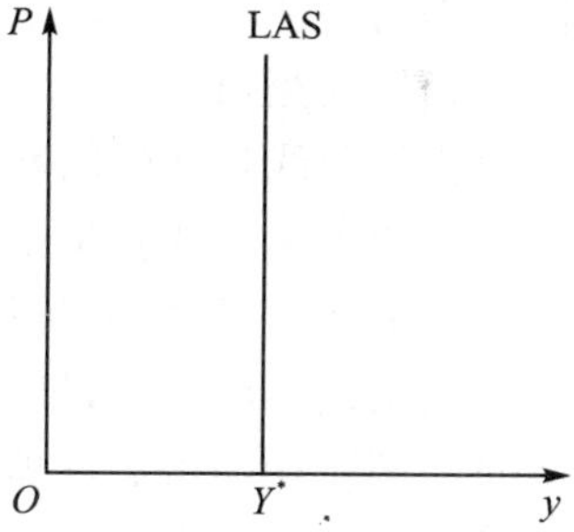

图 6－6　长期总供给曲线

第四节　总供给曲线的移动

正如前文分析，在短期内和长期内分别存在两条总供给曲线，因此总供给曲钱的移动也分为长期和短期两种情况。

一、长期总供给曲线的移动

对于长期总供给曲线而言，重要的是确定其位置，或者说它的移动方向和移动距离是重要的。由于一个社会长期总供给主要受人口(劳动力)、资本存量、技术以及制度等因素的影响，因此，可以根据这些因素确定长期总供给曲线的位置。随着人口的增长、资本存量的增加、技术水平的提高、制度的改良，潜在 GDP 就会增加，从而总供给必然增加，长期总供给曲线就会向右移动；反之，则会减少总供给，长期总供给曲线就会向左移动。

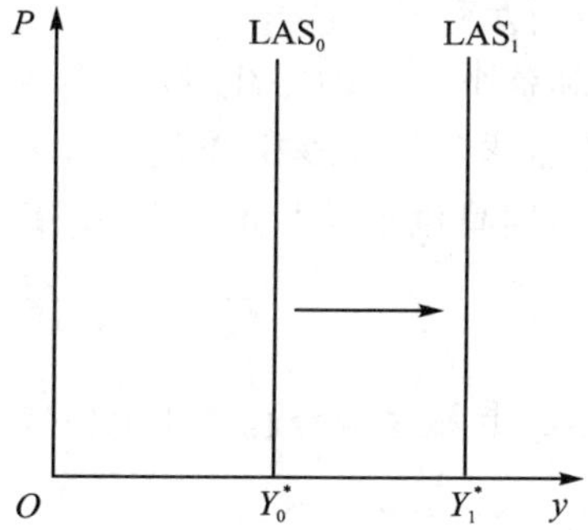

图 6－7　长期总供给曲线的移动

假定一项新的生物技术被广泛引入到生产过程，提高了整个社会的劳动生产率，从而使社会总产出提高，总供给曲线向右移动。在图 6－7 中可以看出，技术进步使长期总供给曲线由 LAS_0 向右移至 LAS_1，整个社会的潜在产出水平由 Y_0^* 提高到 Y_1^*。这种产量增长属于自然增长，因为整个增长过程与物价水平的变动无关。

二、短期总供给曲线的移动

短期总供给曲线表明的是在其他因素不变的条件下，物价水平与产品的短期总供给量之间的一种关系，而除物价水平以外的其他因素的变动就会造成短期总供给曲线的移动。短期总供给曲线的移动主要有两种情况。

第一种情况是,长期总供给曲线的移动而引起相应的短期总供给曲线的移动,如图 6-8 所示。这是因为,在短期内,短期总供给量和长期总供给量会出现偏离,但在长期内两者必然相等,即长期总供给是短期总供量的基础。当长期总供给曲线向右移动时,与长期总供给曲线对应的短期总供给曲线也向右平移,代表潜在产量与现实产量一致的两条曲线的交点也向右由 A 平移到 B,表明在任一价格水平下,由于潜在的社会总产量增加,企业所愿意提供的总产量也随之提高。

第二种情况是,在长期总供给不变的情况下短期总供给曲线本身的移动,如图 6-9 所示。使短期总供给曲线移动的因素也就是影响生产成本的因素,或者说主要是工资和原材料价格等因素。工资水平上涨会带动成本上升,从而导致短期总供给减少,而工资水平下降不会造成短期总供给增加。另外,原材料价格的变动具有重要意义,在经济学中称之为"供给冲击",也会造成总供给曲线的移动,供给冲击既有降低生产成本的正向冲击,也有增加生产成本的负向冲击。负向的供给冲击如世界原油价格的上涨,增加生产成本,总供给曲线左移;正向的供给冲击如特别好的气候会带来丰收,降低食品的成本,从而降能生产成本,使总供给曲线右移。

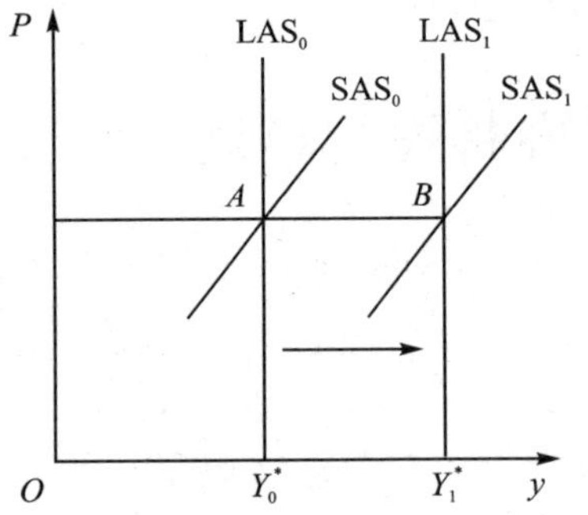

图 6-8　长期总供给曲线移动与短期总供给曲线移动

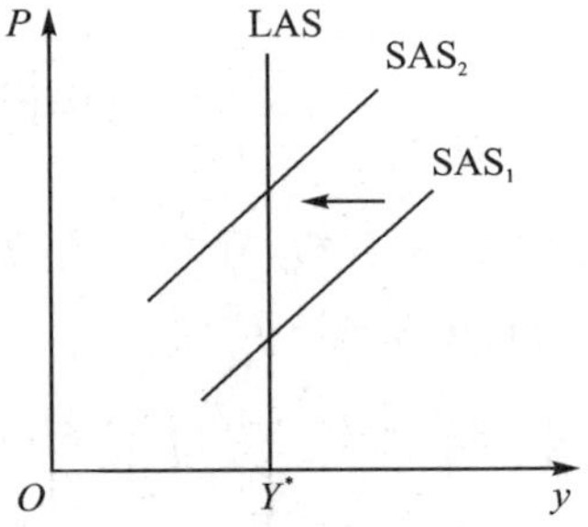

图 6-9　成本导致短期总供给曲线移动

假定世界市场原油价格上升,使得很多企业的生产成本上升,在产品价格不变的情况下企业的利润减少,因此企业会减少总供给量,使短期总供给曲线向左移动。

但是,短期内生产成本的上升并不会造成一个社会人口和资本存量的变化,既不会改变当前的技术状况,也不会导致当前的制度变迁,因此长期总供给曲线并不会发生变化。这就表现为短期总供给曲线沿着同一条长期总供给曲线左移,表明在短期总供给减少的过程中,社会的潜在 GDP 水平保持不变。

【案例 6-2】　　石油与世界经济之波动

综观历史,在过去 90 年间对世界经济最具破坏性的事件似乎都在某种程度上与世界石油市场相关。

一方面,在一个经济日益全球化的大背景下,不仅发达国家对石油的依赖性很强,一些发展中国家(如中国)对于世界原油市场的依赖也在日益增强,这样,各国也越来越容易遭受世界原油市场的冲击。由于这种冲击主要影响各国的生产成本,从而影响总供给,我们把这种冲击称为供给冲击。另一方面,在某种程度上,当前的原油市场是比较脆弱的。当某个事件减少了来自中东的原油供给时,世界石油价格上升。结果是总供给曲线自左移动,这就会引起滞胀。

第一次这种事件发生在 20 世纪 70 年代中期。有大量石油储藏的国家(以阿拉伯国家为主)的元首们组织了一个国际卡特尔组织——欧派克,以阻止竞争并减少原油产量来提高价格。在阿拉伯的酋长们开过会之后,石油价格大幅度上升。从1973年到1975年,石油价格上升了好几倍,世界主要的石油进口无一例外地都同时经历了滞胀(通货膨胀和衰退并存的尴尬局面)。在美国,按CPI衡量的通货膨胀率几十年来第一次超过了10%,失业率从1973年的4.9%上升到1975年的8.5%。在几年后,几乎完全相同的事又发生了。在20世纪70年代末期,欧派克国家再一次控制石油的供给来提高价格。从1978年到1981年,石油价格翻了一番还多,结果又是滞涨。第一次欧派克事件之后通货膨胀已有点平息,但这次石油冲击又使得各国的通货膨胀率又上升到10%以上,很快又是衰退,失业率从1978年和1979年的6%左右,在几年后上升到10%。

(摘自:Matthew R. Simmons, *Twilight in the Desert: The Coming Saudi Oil Shock and the World Economy*)

第五节　宏观经济的均衡

在了解总需求曲线和总供给曲线的基础上,就可以建立起总供给-总需求模型。该模型要说明均衡的国内生产总值(总产出)与均衡的物价水平的决定。

一、宏观经济的短期均衡

在总需求等于总供给时,就会出现均衡的总产出水平和物价水平。在总供给-总需求模型中,存在着两种均衡:短期均衡和长期均衡。我们先分析短期均衡。

总需求曲线AD和总供给曲线AS分别概括了买方和卖方的行为,并提供了如何度量宏观经济运行后果的初步线索。最重要的线索就是AD和AS相交的点。这是使买方和卖方行为相一致的唯一点。在该点时,价格为P_0时,人们愿意并且能够购买的商品总量是Y_f,而对应的在供给曲线上所有厂商准备出售的商品总量是Y_f,因此,买卖双方愿意在这个物价水平上正好成交数量Y_f,我们称之为宏观经济均衡(Macro-Equilibrium),使买卖双方均合意的物价水平和产出的唯一组合。

例6-3　设某经济体的总供给函数为AS=600,总需求函数为AD=800-50P。

求:(1) 均衡产量和均衡价格。

(2) 如果AD曲线斜率不变,均衡价格上升到6,请写出新的总需求函数。

解:(1) 由AS=600,得Y=600,又因为均衡条件AD=AS,所以800-50P=600。

解得P=4。

(2) 设新的总需求曲线为AD=X-50P,所以X-50×6=600,X=900。

因此AD=900-50P。

二、宏观经济的长期均衡

当实际GDP等于潜在GDP时,也就是说,当经济处于其长期总供给曲线时,就达到了长期宏观经济均衡(Long-Run Macroeconomic Equilibrium),如图6-10所示。长期宏观经济均衡发生是因为货币工资率的调整。潜在GDP和总需求决定价格水平,而价格水平影响货币工资率。在长期均衡中,货币工资率调整到使SAS曲线通过长期均衡点。

在长期的宏观经济均衡中,实际 GDP 等于潜在 GDP,因此,长期均衡发生在总需求曲线 AD 和长期总供给曲线 LAS 相交处。在长期,总需求决定价格水平,并且对实际 GDP 没有影响,货币工资率调整,因此 SAS 曲线与 LAS 曲线在长期均衡价格水平相交。

1. 总需求的波动

实际 GDP 围绕潜在 GDP 波动的一个原因是总需求波动,首先讨论总需求增加时会发生什么。

图 6-11 表明经济处于充分就业,总需求曲线是 AD_0,短期总供给曲线是 SAS_0,且长期总供给曲线是 LAS_0 在 12 万亿美元和价格水平为 115 时,实际 GDP 等于潜在 GDP。现在假设世界经济扩张并且日本和欧洲对美国生产的商品和服务需求增加。美国出口增加,增加了美国的总需求,且图中总需求曲线从 AD_0 向右移动到 AD_1。

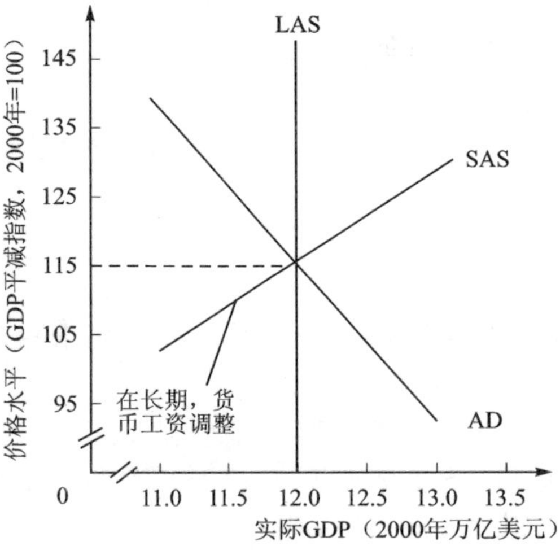

图 6-10 长期均衡

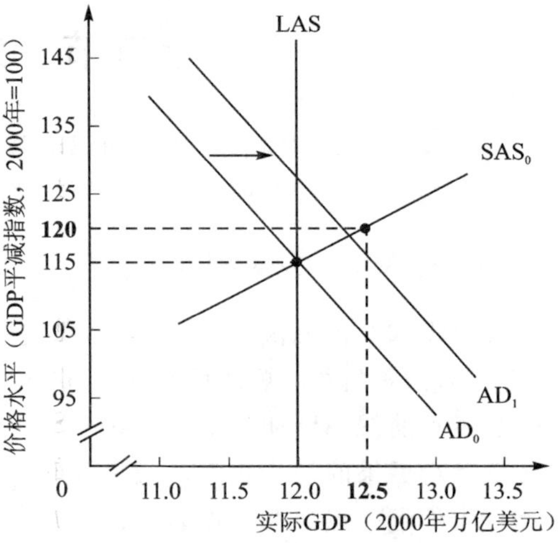

图 6-11 短期总需求增加

面对需求增加,企业增加生产并提高价格。实际 GDP 增加到 12.5 万亿美元,且价格水平上升到 120。经济现处于高于充分就业的均衡。实际 GDP 超过潜在 GDP,且存在膨胀性缺口。

总需求增加提高了所有商品和服务的价格。面对更高的价格,企业增加它们的产出率。在这个阶段,商品和服务的价格上升但货币工资率不变。(回顾当沿着短期总供给曲线移动时,货币工资率不变。)经济不能永远在超过潜在 GDP 时生产。为什么不能呢?引起实际 GDP 回到潜在 GDP 起作用的因素是什么?因为价格水平上升而货币工资率不变,工人经历了他们工资购买力的下降而企业利润增加。在这些情况下,工人要求更高的工资,而企业渴望维持自己的就业和产出水平,从而满足那些要求。如果企业不提高货币工资率,它们将失去工人或不得不雇佣生产率低的工人。

当货币工资率上升时,短期总供给曲线开始向左移动。在图 6-12 中,短期总供给曲线从 SAS_0 向左移动到 SAS_1。货币工资率上升和 SAS 曲线的移动引起一系列新的均衡位置。沿着调整的路径,实际 GDP 减少而价格水平上升。经济沿着图中箭头所示的总需求曲线向上移动。

最后，货币工资率和价格水平上升同样百分比。在这个时候，总需求曲线 AD_1 与 SAS_1 相交于新的充分就业均衡，价格水平上升到 130，且实际 GDP 回到其开始时的潜在 GDP 处。

总需求的减少与总需求的增加的影响相似，但方向相反。也就是说，总需求减少使总需求曲线向左移动。实际 GDP 减少到低于潜在 GDP，并且衰退性缺口出现。企业降低价格。较低的价格水平提高了工资的购买力，而相对于它们的产出价格而言增加了企业成本，因为货币工资率不变。最终，货币工资率下降且短期总供给曲线向右移动。

现在让我们探讨当总供给变动时，实际 GDP 和价格何变动。

短期总供给的波动会引起实际 GDP 围绕潜在 GDP 的波动。假设最初实际 GDP 等于潜在 GDP，然后石油价格大幅度上升，实际 GDP 和价格水平会发生什么变动？图 6－13 回答了这个问题。总需求曲线是 AD_0，短期曲线 SAS_0，且长期总供给曲线是 LAS_0，实际 GDP12 万亿美元，且等于潜在 GDP，而价格水平为 115。然后石油价格上升。面对更高的能源和运输成本，企业减少生产。短期总供给减少且短期总供给曲线向左移动到 SAS_1，价格水平上升到 125 而实际 GDP 减少为 11.5 万亿美元。因为实际 GDP 减少，经济经历衰退。因为价格水平上升，经济经历通货膨胀。衰退和通货膨胀并存被称为滞胀（Stagflation），20 世纪 70 年代中期和 80 年代初期，在美国确实发生过这样的滞胀，但这并不常见。当石油价格回到最初的水平时，经济回到充分就业。

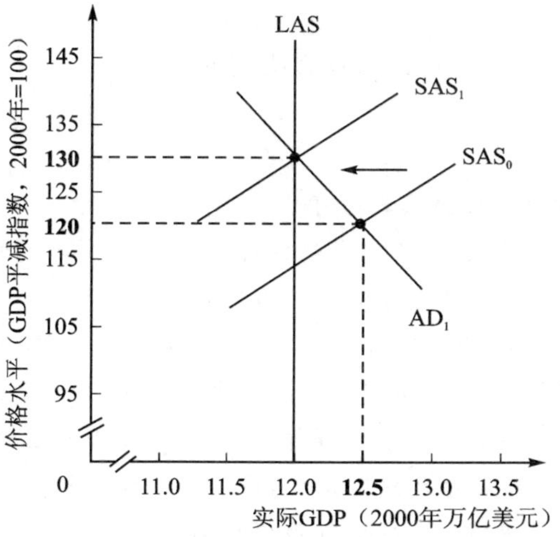

图 6－12　总供给曲线变动

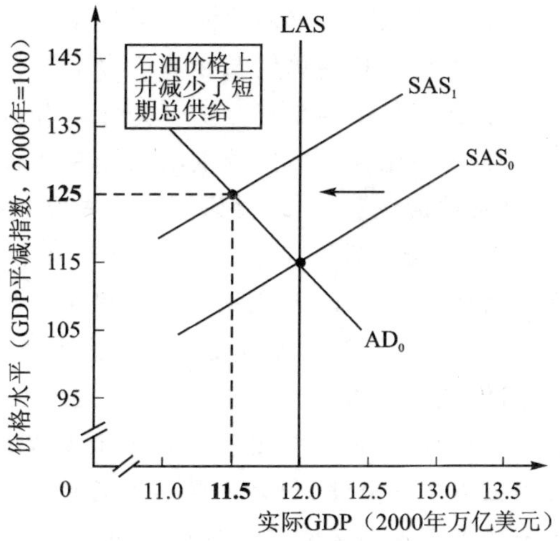

图 6－13　短期总供给减少

本章小结

1. 总需求曲线表示物价水平与总需求量之间的关系。由于财产效应、利率效应、进口替代效应和跨期替代效应，总需求曲线向右下方倾斜，即物价水平与总需求量之间负相关。

2. 除物价水平之外的其他因素变动会引起总需求曲线的移动。这些因素主要包括：预期（预期收入、预期利润率、预期通货膨胀等）、政府政策（财政政策与货币政策）和世界经济（主要通过汇率和外国收入的变动这个渠道）。

3. 短期总供给曲线表示在短期中物价水平与总供给量之间的关系。由于在短期中，工资和价格具有粘性，企业也会出现错觉，因此，短期总供给曲线向右上方倾斜，即物价水平与总供给量同方向变动。

4. 长期总供给曲线是一条垂线,表示在长期中,总供给量与物价水平无关。长期总供给曲线的位置由经济的潜力决定,也就是说,由生产要素(劳动和资本)的存量、技术水平和制度等决定,随着经济的增长,长期总供给曲或向右移动。

5. 由于长期总供给曲线的移动和成本因素的变动,会引起短期总供给曲线的移动。但在短期内成本因素变动导致的短期总供给曲线的移动不会影响长期总供给曲线的位置。

6. 总需求-总供给模型是从总需求与总供给的角度分析均衡的国内生产总值和物价水平的决定。在总需求-总供给模型中,当总需求曲线与短期总供给曲线相交时,就决定了均衡的国内生产总值与物价水平。

7. 短期宏观经济均衡可能是不稳定的。在短期中,总需求和短期总供给的变动都会改变短期宏观经济均衡的位置,从而造成短期宏观经济的不稳定。

8. 宏观经济的短期均衡与长期均衡根本差异在于,在短期内工资和价格均不能自由变动从而使经济调整到充分就业的水平。在短期中,实际产出水平取决于总需求曲线和短期总供给曲线的交点,因此,短期均衡有可能偏离长期均衡。这时,总需求的波动和总供给的波动都将导致经济的波动,通过市场机制的调节或政府的宏观经济政策,经济可以回到长期均衡。

自测题

1. 为什么总需求曲线向右下方倾斜?
2. 为什么长期总供给和物价水平没有关系?长期总供给是由什么决定的?
3. 什么是粘性工资?工资为什么有粘性?
4. 价格粘性对短期总供给曲线有什么影响?

【拓展阅读】　美国历史上总需求的剧烈变动:大萧条与战争

在20世纪的美国经济史中,有两大事件因为特别重要而经常受到经济学家的关注,30年代初的大萧条和40年代初的经济繁荣。这两大事件均可归结为总需求的变动。

20世纪30年代初的大萧条是美国历史上最剧烈的经济衰退。从1929年到1933年,实际GDP减少了27%,失业率从3%增加至25%。同时,在这4年中,物价水平下降了22%。在这一时期,其他许多国际也经历了类似的产量与物价下降。经济学家虽然在大萧条的具体原因上有不少分歧,但大多数学者的解释都集中于总需求的大幅度减少,许多经济学家认为经济崩溃主要是因为货币供给的减少:从1929年到1933年,美国的货币供给减少了28%。货币供给减少是由于银行体系的问题。随着家庭从金融不稳定的银行提取货币,同时银行家开始持有大量准备金,货币创造过程向反方向发展。另一些经济学家提出了总需求崩溃的其他理由,比如,在这一时期股票价格下降了90%左右,减少了家庭财富,从而也减少了消费者支出。此外,银行的问题也阻止了一些企业获得投资款项,这就抑制了投资。

第二个重大时期是20世纪40年代初的经济繁荣,这次事件显而易见的原因是二战。随着美国在海外进行战争,联邦政府不得不把更多资源用于军事。从1939年到1944年,政府对物品与劳务的购买几乎增加了5倍。总需求的巨大扩张几乎使经济中物品与劳务的生产翻了一番,并使物价水平上升了20%,失业率从1939年的17%下降到1944年的1%,美国史上最低水平。

(摘自:加里·M·沃尔顿 & 休·罗考夫,《美国经济史》)

【案例评析】

西方国家1929—1939年的大萧条时期是因为总需求骤减而带着来的经济衰退。如图6-14所示，在某一时期，AD_0和AS相交于代表充分就业的E_0点，其就业量为W，价格水平是P_0。而在此时，由于投资减少，AD向左移动到AD_1的位置，这样AD_1就和AS相交于E_1点，这就表明了，经济社会处于萧条状态，其产量和价格分别为Y_1和P_1，二者都低于充分就业的数值。然而AS的形状也表明了，二者下降的比例并不相同。在小于充分就业的水平时，越是偏离充分就业，经济中过剩的生产能力就越来越多，价格下降的空间就越来越小，这也说明了价格下降的比例要小于就业量下降的比例。

西方学者认为，如果不加干预，经济能恢复正常，因为在短期内，例如几个月或者一两年内，企业所使用的生产要素的价格相对不变，因而总供给曲线向右上方延伸，在长期内，一切价格都能自由地涨落，经济具有达到充分就业的趋势，因而总供给曲线称为垂线。相应地，在政策主张上，经济学家认为，虽然资本主义经济在长期内可以处在充分就业的均衡，但短期内的萧条和过度繁荣是不可避免的，仍然可以给社会带来损失，因此有必要执行凯恩斯主义的经济政策，以熨平萧条和过度繁荣所带来的经济波动，如图6-15所示。

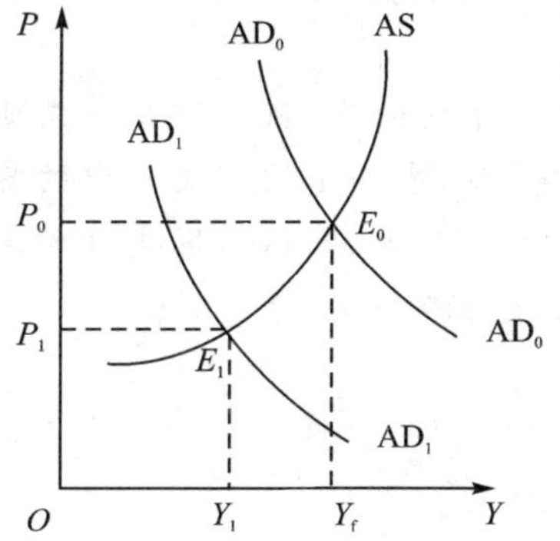

图6-14 总需求减少

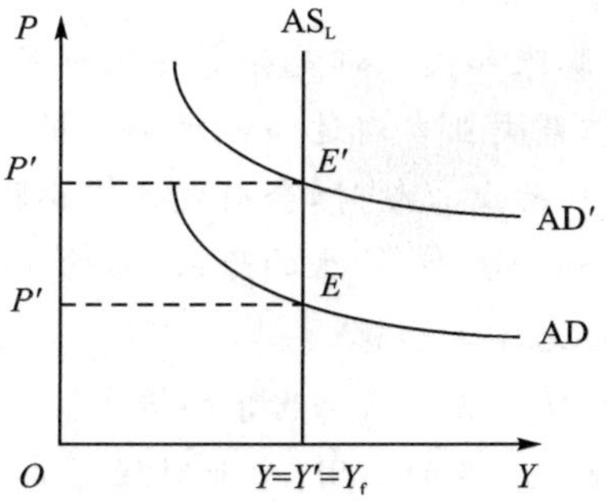

图6-15 凯恩斯主义经济政策

第七章　失业与通货膨胀

本章知识结构框架图

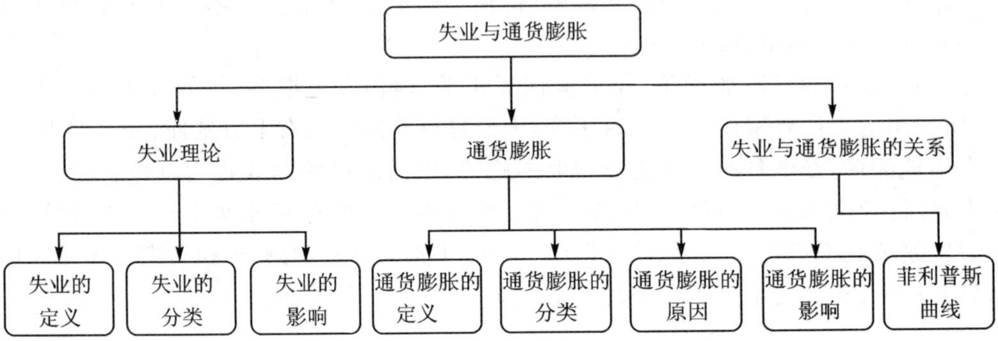

知识导引

通货膨胀和失业都是备受关注的宏观经济现象。对于市场而言，较小比率的失业是不可避免的，但是失业率超过一定比率后将会给经济带来损害。而当一个国家流通中的货币量超过经济的实际需求量时，会引发通货膨胀，对经济发展也是不利的。因而，国内外学者对失业与通货膨胀的类型、产生的原因、影响等展开了广泛而深入的研究。

本章学习目标

◇ 理解失业和通货膨胀的概念。

◇ 理解失业的原因、失业对经济的影响和奥肯定律。

◇ 理解通货膨胀的原因、通货膨胀对经济的影响。

◇ 掌握菲利普斯曲线。

关键概念

失业	自愿失业	摩擦性失业
结构性失业	周期性失业	充分就业
自然失业率	奥肯定律	通货膨胀
价格指数	需求拉动型通货膨胀	成本推进型通货膨胀
结构型通货膨胀	菲利普斯曲线	长期菲利普斯曲线

第一节　失　业

在讨论失业对经济的影响之前，需要明白失业的含义和分类。

一、失业的定义

失业(Unemployment)这一概念是指有劳动能力并且想工作的人找不到工作的社会现象，即指劳动的完全闲置状态。在美国，失业者是指那些失去工作，而且属于以下三种情况之一的人：第一，寻找工作达四周的人；第二，暂时被解雇正在等待恢复工作的人；第三，正等待在四周之内到新工作岗位报到的人。

一般来说，用失业率来衡量失业的水平。失业率是指失业人口与劳动力人口的比率。而一国或地区的失业率，由三个层次的指标构成。

第一，对劳动人口作出估计，世界各国一般根据年龄来界定。世界上许多国家把14～65周岁之间的人口定义为劳动年龄人口。我国则规定女性16～60周岁，男性16～55周岁为劳动年龄人口。对于从事领导工作、科技文化工作的人群，则另有规定。

第二，将劳动年龄人口进一步划分为劳动力人口与非劳动力人口。非劳动力人口包括：在校学生；家务劳动者；因病退职人员以及丧失劳动能力、服刑犯人等不能工作的人员；不愿工作的人员；家庭农场或家庭工厂中每周工作少于一定时间的人员。

第三，从劳动力人口中区分出就业人口和失业人口。

根据以上三个层次的指标，得出以下关系：

$$\text{劳动力人口}=\text{劳动年龄人口}-\text{非劳动力人口}$$

$$\text{失业人口}=\text{劳动力人口}-\text{就业人口}$$

$$\text{失业率}=\frac{\text{失业人口}}{\text{劳动力人口}}\times 100\%$$

年失业率取决于该年中有失业经历的人数，以及他们失业时间的平均长度。年失业率的公式为

$$\text{年失业率}=\frac{\text{该年度有失业经历的人数}}{\text{劳动力总数}}\times\frac{\text{失业的平均周数}}{52\text{周}}\times 100\%$$

除了失业率之外，还可以用其他指标来反映失业与就业状况。

就业增长率(Accession Rate)，或称雇佣率(Hiring Rate)，指某一时期内增雇的职工人数在就业总人数中所占的百分比，它表明了就业增长或失业减少的情况。

离职率(Separation Rate)，或称解雇率(Layoff Rate)，指某一时期内退职、解雇以及退休的总人数在就业总人数中所占的百分比，它表明了就业减少或失业增加的情况。

由于劳动流动性大，这两个比率都较高，从美国来看，这两个比率每月都在3%以上。这两个指标还可以反映经济周期的状况，就业增长率提高表明经济正走向繁荣，离职率提高表明经济已走向衰退。因此，国民经济研究所(NERB)在研究经济周期状况时很重视这两个指标。

失业持续时间(Duration of Spells of Unemployment)指失业者连续失业的时间。这一指标可以反映劳动力流动情况，即失业变动情况。在失业率既定的情况下，失业持续时间越短，说明劳动力流动越大，即流入与流出失业的速度越快。

二、失业的分类

失业的种类比较多，主要有以下几种形式。

1. 摩擦性失业

工人找到适合自己的工作岗位是需要一些时间的。首先，工人有不同的偏好和能力，而工作又有不同的性质。其次，有关寻找工作者和空缺职位的信息交流并不完全。最后，工人在不同地区间也不能迅速流动。因此，找一份合适的工作需要一些时间，寻找工作者在这一时间段

内就处于失业状态。我们将由于需要时间寻找工作而引起的失业称为摩擦性失业(Frictional Unemployment)。

即使经济处在充分就业水平,也总会发生一些职业调整,例如辞去现有的工作而寻找更合适的工作。学生刚从学校毕业时需要寻找工作。母亲在生育孩子以后,可能又要重归劳动者队伍。由于摩擦性失业的劳动力经常是在变换工作岗位,或者是正在寻找更好的工作,所以人们经常认为这是一种自愿失业。这从另一方面也反映出摩擦性失业是不可避免的。更重要的是,完全竞争理论指出,要素的自由流动是高效率资源配置的必要条件。既然摩擦性失业是不可避免的甚至是必要的,经济学家和政治家们也就不会将过多的注意力放在这一方面。

2. 结构性失业

如果对一种劳动的需求上升,对另一种劳动的需求下降,而劳动的供给又未能及时地作出调整,这时候就会出现劳动力的供给与劳动力的需求不匹配的情况,由此产生的失业称为结构性失业(Structural Unemployment)。常见的情况是,产业的兴衰所引起的职业间或地区间的结构性调整。近几十年来伴随着计算器制造行业的扩张,算盘制造行业不断萎缩。这就意味着各种生产要素不断从算盘制造行业撤出并投入到计算器制造行业。但是,一个算盘制造师傅并不能马上适应计算器的生产工作。经过一段时间的学习,他可能成为一个计算器制造工人,也有可能他一辈子也不能适应计算器的生产工作。在20世纪80年代中期,由于老年人口增加和其他因素,美国对护士的需求急剧上升,但同一时期护士数量的增长却相对缓慢,于是导致这一时期护士严重短缺。等到护士的薪金上升、供给调整完成之后,这一结构性短缺才能得到缓解。另外,我国20世纪末、21世纪初也出现过类似的情形。由于高新技术产业在中国政府大力支持下蓬勃发展,给电子设备行业注入了很大活力。此时便出现了计算机方面人才短缺的现象,全社会掀起了一股学习计算机的热潮。但随后的几年对计算机人才需求出现了饱和,大批计算机专业的学生失业或转而从事其他工作。在过去的10年中,欧洲一些国家的高实际工资、高社会福利和高税收都导致了较高水平的结构性失业。结构性失业的一个基本特征是失业人数与空置的工作岗位数大致相等。

因为经济结构的变革是经济增长的必要形式,所以结构性失业也是不可避免的甚至也是必要的。这种失业也不是经济学家和政治家所关注的重点。

3. 周期性失业

周期性失业(Cyclic Unemployment)指经济波动中因需求下降而造成的失业,这种失业是由整个经济的总支出和总产出下降造成的,与经济周期有关。美国在1982年衰退时期,50个州中有48个州的失业率都有较大幅度的上升。这种多个市场的失业率同时上升是一个信号,体现了失业率上升具有明显的周期性。从经济衰退低谷的1991年到经济繁荣高峰的2000年,美国各个州的失业率都在不断下降。2008年金融危机给全世界经济都带来了灾难性的打击。受此影响,各国经济严重受挫,直接导致了大量的失业。美国失业率也达到了近25年来的最高水平。

三、充分就业和自然失业率

失业还可以划分为自愿失业和非自愿失业。自愿失业(Voluntary Unemployment)是指工人所要求得到的实际工资超过了其边际生产率，或不愿接受现行的工作条件而未被雇佣而造成的失业。这种失业在西方不被看成真正的失业。非自愿失业（Involuntary Unemployment）是指具有劳动能力并愿意按现工资率就业，但由于有效需求不足而找不到工作造成的失业。

凯恩斯认为，如果非自愿失业已消除，仅存在摩擦性失业和自愿失业的话，就实现了充分就业。充分就业本意是指所有的人力、物力、财力都已得到充分利用的一种经济状态。但在经济学中特别强调人力资源的作用，他们认为任何经济活动都是人和其他各种生产要素相互结合、共同发生作用的结果，因此他们推论只要人有了工作，也就意味着其他各种生产要素得到了充分利用，从这个意义上说，充分就业是指想要工作的劳动者，都没有多大困难地找到按现行货币工资率付酬的一种经济状况。因为摩擦失业、自愿失业和季节失业这些因素在某种程度上总是存在的，西方经济学家认为，充分就业概念必须将其排除。因此，充分就业并不是指完全就业。在美国4%的失业率一般是作为临时性失业的正常比率，也是对充分就业来说可以容忍的最高失业水平。

自然失业率（Natural Rate of Unemployment）通常是指在没有货币因素干扰的情况下，让劳动市场和商品市场自发供求力量作用时，总需求和总供给处于均衡状态的失业率。这一概念最早是由货币主义的主要代表人物弗里德曼提出来的。弗里德曼认为，只要对劳工市场的工作加以改进，比如劳动力有较大的流动性，减少寻找工作的时间，提供职位空缺的信息，以及排除劳工和产品市场的垄断，那么一切有工作技能而且愿意工作的人，迟早都会得到就业机会，而一切缺乏就业技能而不被雇主所需要的人，不管生产量如何变动，他们也不会得到就业机会。由此可见，弗里德曼的“自然失业率”概念是指摩擦失业和自愿失业。

四、失业的影响与奥肯定律

高失业率不仅仅是经济问题，而且还是一个重大的社会问题。之所以是经济问题，是因为它意味着要浪费有价值的资源。而成为社会问题是因为它会使失业人员面对收入减少的困境而痛苦挣扎。在高失业率时期，经济上的压力使人无法承受，影响着人们的情绪和行为。

失业的经济影响可以用机会成本的概念来解释。失业意味着销毁掉那些本可由失业工人生产的商品和服务。在衰退期间，这种情形就好像是将无数的汽车、房屋、服装、食品和其他商品倒进了大海。高失业时期的经济损失是现代经济中有据可查的最大损失，美国在20世纪70年代和80年代的石油危机中失业使得产出损失超过1万亿美元。这种经济损失比微观经济中由于垄断而引起的效率损失或关税和配额所引起的效率损失都要大许多倍。

失业的经济成本显然非常大，但长时间持续非自愿失业给人们所造成的精神损失，却无法用一个确定的货币数额来充分地加以表达。事实一再证明，失业的社会成本虽然难以估量，但却是最易被人们感受到的。

一个失业的建筑工人在回忆录里写到：“我申请去盖屋顶，可他们不需要我，因为已经有人为他们工作五六年了，没有工作岗位在等着我。大部分工作都要求受过高等教育。我寻找任何可以找到的工作，从清洗汽车到任何其他事情。于是，你成天干什么呢？回到家里，坐在家里，变得垂头丧气。家里每一个人也都变得有些紧张和不安。他们开始为一些蠢事而互相争吵，因为每个人都成天被囚禁在那个空间里，整个家庭气氛被破坏了。”

心理研究指出，解雇所造成的创伤绝不亚于亲友去世或学业失败，而且高失业率常常与吸毒、高离婚率以及高犯罪率联系在一起。不仅如此,由于受失业的影响,家庭之外的人际关系也会受到很大的冲击,失业者在就业者中失去了自尊、信心和影响力。

对国民经济而言,失业会减少产出水平。就业水平的变化将引起产出水平的变化。当包括劳动力在内的所有生产要求都被充分利用时,这时所达到的产出水平被称为潜在的产出水平。在由于周期性波动导致生产要求尤其是劳动力不能充分利用时,实际的产出水平总是小于潜在的产出水平,出现产出缺口。可以说,失业在经济上的最大损失就是实际国民收入的减少。美国经济学家阿瑟·奥肯在20世纪60年代统计分析基础上首先发现了产出和失业率之间存在着显著的相关关系,也就是著名的奥肯定律。奥肯定律认为,GDP相对于其潜在值每下降2个百分点,失业率就大约会上升1个百分点。这个定律可以用下面的公式(7-1)来表示:

$$\frac{y-y_f}{y_f}=-a(u-u^*) \tag{7-1}$$

其中,u为实际失业率,u^*为自然失业率,y为实际GDP,y_f为潜在GDP;a为参数,表示失业率与实际GDP变动之间的程度。

奥肯定律所揭示的关系对宏观经济政策的制定有着重要的意义。当经济中的失业率高于自然失业率时,为了减低失业率使其达到自然失业率水平,每降低1%的失业率,就要提高2%左右的产出增长率。

第二节 通货膨胀

一、通货膨胀的定义

在我们的生活中,大多数物品的价格倾向于一直在上升。这种物价总水平的上升被称为通货膨胀(Inflation)。可见,通货膨胀不是指这种或那种商品及劳务的价值上升,而是指物价总水平的上升。物价总水平或一般物价水平是指所有商品和劳务交易价格总额的加权平均数。这个加权平均数,就是价格指数(Price Index)。

经济学家通常用价格指数来衡量价格上涨的幅度,为了便于比较,价格指数衡量任何一个既定年份相对于共同基年的价格水平。根据定义,基年的物价指数为100。任何其他年份的物价指数由该年价格水平与基年价格水平的比率乘以100计算而得。把大量的价格变动概括在一个指数之中,为观察某一个时期的价格趋势提供了一个简单易行的方法。一旦有了任何一年的指数数值,我们就可以将它与其他任何一年相比较。宏观经济学中常涉及的价格指数主要有GDP折算指数、消费者价格指数和生产者价格指数。下面依次进行介绍。

1. GDP折算指数

GDP折算指数表示购买今日经济中全部物品和劳务组合所需费用与基年购买这一组合所需费用之比。换句话说,GDP折算指数是不同物品与劳务价格的加权平均数,其中加权数代表每种物品与劳务在GDP中的重要程度。

$$\text{GDP折算指数}=\frac{\text{名义GDP}}{\text{实际GDP}}$$

2. 消费者价格指数

消费者价格指数(CPI,Consumer Price Index)是指通过计算居民日常消费的生活用品和劳务价格水平变动而得到的指数,其计算公式为

$$\text{CPI}=\frac{\text{一组固定商品按当期价格计算的价值}}{\text{一组固定商品按基期价格计算的价值}}\times 100$$

例如,假定在2000年某国一普通家庭每月支出1 000美元购买一组物品,到2005年购买同一组物品要花1 500美元,那么2005年的CPI=1 500/1 000×100=150。

消费者价格指数一般与消费者的切身利益相关,国家宏观调控也非常关注此指数。一般来说,每个月的月初都会公布上月的消费者价格指数,以监控消费价格的变动情况,对相关的政策做出适当的调整。

3. 生产者价格指数

生产者价格指数(PPI,Producer Price Index)是用来衡量生产者出售的物品的价格水平,是对给定的一组商品的成本的度量,包括产品和原材料。生产者价格指数使我们意识到不久的将来消费物价指数将发生的情况。正常情况下,如果生产者从把物品出售给批发商的过程中获得了较高价格,那么零售商最终也要收取较高的价格。这使得PPI成为反映一般价格水平变化的一个信号,被当作经济周期的指示性指标之一,受到了政策制定者的密切关注。

有了价格指数这一概念后,就可以更为精确地描述通货膨胀。通货膨胀一般用通货膨胀率(Rate of Inflation)来衡量。通货膨胀率指从一个时期到另一个时期价格变动的百分比。用公式(7-2)表示就是:

$$\pi_t=\frac{P_t-P_{t-1}}{P_{t-1}} \tag{7-2}$$

其中,π_t 为 t 时期的通货膨胀率;P_t 和 P_{t-1} 分别为 t 时期和 $t-1$ 时期的价格水平。如果用上面介绍的消费者价格指数来衡量价格水平,则通货膨胀率就是不同时期的消费者价格指数变动的百分比。

假设一个经济的消费者价格指数,从2003年的120增加到2005年的150(均以2000年为基期),那么2005年相对于2003年的通货膨胀率为(150-120)/120=25%。

【案例7-1】　　玻利维亚超级通货膨胀时期的生活

不稳定的比索——在疯狂的通货膨胀中,玻利维亚人忙于兑换货币。

当埃德加·米拉达每月得到他作为教师的工资2 500万比索时,他一刻也不敢耽误。比索的价值每小时都在下降。因此,当他妻子赶快到市场买一个月大米和面条这类供给品时,他也赶紧把剩下的比索换成黑市美元。

米拉达先生的做法是现在大多数失控的通货膨胀世界中存在的首要原则。玻利维亚是飞速通货膨胀如何破坏社会的一个典型案例。物价上升如此之高,以至于这个数字几乎让人难以置信。例如:在过去的6个月中,比索按每年38 000%的比率上升。很容易理解,如果38岁的米拉达先生不赶快把比索换成美元,他的工资会发生什么变动。他得到2 500万比索工资的那一天,一美元值50万比索。因此他得到50美元。仅仅几天之后,兑换率为90万比索,他只能得到27美元。

"我们只考虑今天,并把比索兑换成美元。"一位金矿企业的经理罗纳尔的·麦克雷恩说:"我们已经变成'近视眼'了。"

为了生存,如果没有额外的小费,饭店服务员连个手势也不打。律师、会计师、理发师都几乎放弃了工作,成为街上的货币交易者。工人阶级多次罢工并偷窃自己老板的东西。老板把产品走私到国外、取出假贷款、逃税——任何东西都成为用于投机的美元。

例如:国家矿业生产从上一年的18 000吨减少到12 000吨。矿主通过把最富的矿石走私出去来支付工人的工资,而且矿石通过走私网送到邻国秘鲁。秘鲁并没有大的锡矿,但现在每年出口精炼锡4 000吨左右。

"我们不生产任何东西,我们都是通货投机者。"拉巴斯一个重型设备中间商说:"人们根本不知道什么是好,什么是坏,社会变得不道德。"

政府也深受通货膨胀之害。政府的收入仅仅能弥补其支出的15%,而且财政赤字已经扩大到接近该国一年总产出的25%。税收收到纳税滞后的危害,而且大部分税收收不上来,因为存在普遍的盗窃和贿赂。

(摘自:曼昆,《宏观经济学》)

二、通货膨胀的分类

按照不同的划分标准,西方经济学家把通货膨胀划分为不同的类别。

1. 按物价上涨的速度划分

按照物价上升的速度,通货膨胀可以分为三类,即温和的通货膨胀、急剧的通货膨胀和超级的通货膨胀。

我们将年通货膨胀率在10%以下的通货膨胀称为温和的通货膨胀(Moderate Inflation),其特点是价格水平上涨缓慢而且可以预期。此时物价相对来说比较稳定,人们对货币比较有信心,因为这些钱的价值在一个月或一年中不会有太大变化。人们会很愿意签订以货币形式表示的长期合同,因为他们有把握相信自己买卖的商品的相对价格变动不会太离谱。大多数工业国在过去都长期经历着温和的通货膨胀,它是一个危险信号,如果不高度重视,就有可能加速。

将年通货膨胀率超过10%但在100%以下的通货膨胀称为急剧的通货膨胀(Galloping Inflation)。意大利和日本这样的发达工业国家会不时地遭到这类通货膨胀的困扰。许多拉丁美洲国家,例如阿根廷和巴西,在20世纪70年代和80年代,年通货膨胀率就曾高达50%~70%。这种急剧的通货膨胀局面一旦形成并稳定下来,经济便会受到很大的冲击。一般来说,大多数经济合同都会用某种价格指数或某种外币(如美元)来加以指数化。在这种形势下,货币贬值非常迅速,人们仅在手中保留最低限度的货币以应付日常交易所需。金融市场逐渐消亡,资本逃向国外,人们囤积商品,购置房产,而且绝不会按照很低的名义利率出借货币。对于这种通货膨胀,政府必须采取强有力政策措施加以控制,以免对一国经济和人民生活造成不利影响。

年通货膨胀率超过100%称为超级的通货膨胀(Hyperinflation)。发生这种通货膨胀时,物价持续飞涨,货币体系崩溃,正常经济秩序遭到破坏,经济濒于瓦解。当物价频繁地大幅度上升时,顾客很难找到价格最合理的商店。这种物价的大幅度变动在许多方面也改变了人们的行为。除此之外，超级的通货膨胀也扭曲了税制。在大多数税制中，征税的时间和向政府纳税的时间之间有一段时滞。在超级的通货膨胀期间，即使是短暂的间隔也会大大减少实际税收收入。到政府得到它应该得到的钱时，钱的价值已经大幅度下降了。因此，一旦恶性通货膨胀开始，政府的实际税收收入往往会大幅度减少。随着时间的推移，货币失去了作为价值储藏手段、计价单位和交换媒介的作用，物物交换变得更为普遍。更加稳定的非官方货币（例如香烟或黄金）自然就开始替代官方货币。一般来说，这种类型的通货膨胀通常很少发生，历史上记载最为全面的超级通货膨胀发生在20世纪20年代的德意志魏玛共和国。从1922年1月到1923年11月，魏玛共和国的价格指数从1上升到10 000 000 000。假如某人在1922年初拥有一张价值1百亿的德国债券，那么两年后，这么多钱可能连个鸡蛋也买不到了。

2. 按人们的预期程度划分

分析通货膨胀时，价格增长可否预期是区分通货膨胀的一个显著标志，从而按这个标准通货膨胀划分为可预期的通货膨胀和不可预期的通货膨胀。

可预期的通常膨胀又称为惯性通货膨胀，它是指一国政府、厂商和居民对未来某时期的通货膨胀可以在一定程度上加以预期到的通货膨胀。

不可预期的通货膨胀是指物价上涨的速度超出人们的预料，或人们对未来时期的物价变化趋势无法预测。这种类型的通货膨胀在短期内对就业与产量有扩张效应。

假如年通货膨胀率为3%，且每个人都预期这种趋势会持续，那么通货膨胀还会令人措手不及吗？假如每年实际的和预期的通货膨胀率都是3%或5%，那么情况又有什么区别呢？经济学家们通常认为，预期到的温和的通货膨胀对经济效率或者对收入和财富的分配几乎没有什么影响。事实上，通货膨胀往往是不可预期的，例如，俄国人在过去几十年间都习惯于稳定的价格。当1992年突然放开物价时，没有人能预测未来5年内价格会上升1 000倍，甚至经济学家也无法做到这一点。那些仍旧以传统方式保持财富（无论是持有现金还是储蓄账户）的人都是最不幸的，他们眼看着自己的积蓄一夜之间大幅贬值。

在物价平稳得多的国家如美国，不可预期的通货膨胀的影响就没有那么严重。价格不可预期地上升会使某些人变穷，也会使另一些人变富。这种再分配的代价很难用“成本”来反映，因为它对社会的影响可能远大于对经济的影响。一系列的盗窃案可能不会使GDP水平明显降低，但却会带来很大的混乱。同样，由于通货膨胀随机地重新分配财富，就好比强迫人们去玩他们本想竭力避免的彩票赌博一样。

【案例7-2】　　西班牙：白银与价格革命

16世纪，西班牙物价上涨4倍多，年上涨率1.5%，贵金属过剩是这次通货膨胀的根源。1501—1600年，由墨西哥和秘鲁神话般的矿山产出的1 700万公斤纯银和18.1万公斤纯金涌入西班牙。除官方渠道，走私的数量估计相当于官方进口的10%，相对于已有的储存，来自新世界的金银可谓数额巨大。无论如何，贵金属的涌入掀起了一场价格革命。这次通货膨胀价格上涨缓慢，没有对西班牙的各个经济部门产生什么影响。想想年增长率1.5%，这在目前来说是经济发展过程中一个再合适不过的数字了。但在当时，它至少证明了这样一些观点：①货币不等于财富；②缓和的通货膨胀可以和经济增长兼容；③白银减缓了制度变革的压力；④以贵金属为保证的货币制度并不能预防通货膨胀；⑤西班牙最终没有留住海外流入的金属；⑥始于西班牙的通货膨胀扩散到其贸易对象；⑦对经济规律的懵懂无知并不妨碍人们自行其事;⑧货币幻觉尽管充满了神秘,但如果人们警惕周围的变化,其迷惑性必将大大降低。

三、通货膨胀形成的原因

通货膨胀是经济社会在一定时期内物价总水平持续地和显著地上涨过程。通货膨胀的原因在西方经济学界有多种不同角度的解释,可分为三个方面:第一是货币数量论的解释,这种解释强调货币在通货膨胀过程中的重要性;第二是用总需求和总供给来解释,包括从需求的角度和供给的角度解释;第三是从经济结构因素变动的角度来说明通货膨胀的原因。

1. 作为货币现象的通货膨胀

古典经济学家以货币数量论为基础分析通货膨胀,认为通货膨胀是一种货币现象,每一次通货膨胀的背后都有货币供给的迅速增长。这一理论的出发点是如下交易方程式(7-3)

$$M \cdot V = P \cdot Y \tag{7-3}$$

其中,M 为货币供应量,V 为货币流通速度,P 为价格水平,Y 为实际产出水平。通常讲 $P \cdot Y$ 定义为总收入或总产出(GDP)。

货币数量论者认为,货币流通速度一直是较为稳定的;由于货币流通速度稳定,当货币量(M)变动时,它就引起名义产值($P \cdot V$)同比例变动;产出水平完全是外生的,即不受货币因素和价格因素变动的影响,而是由要素供给(劳动、物质资本、人力资本和自然资源)和可以得到的技术决定的。因此,他们的结论是,在产量(Y)由要素供给和技术决定的情况下,当货币供给(M)发生变化并引起名义产量价值($P \cdot Y$)相应变动时,这些变动便会反映在物价水平(P)的变动上,即产生通货膨胀。如果货币供给迅速增加,则会出现高通货膨胀率。

根据这个理论,货币数量越多,物价水平越高。经济中所得到的货币量决定了货币的价值,而且货币量增长是通货膨胀的主要原因。正如著名的货币主义者弗里德曼所说:"通货膨胀无论在哪里都只是一种货币现象。"

2. 需求拉动型通货膨胀

需求拉动型通货膨胀理论认为,通货膨胀理论是总需求的过度增长所引起的,包括在为实现充分就业时的瓶颈式通货膨胀和充分就业时需求上拉的通货膨胀。总需求的过度增长可能来自于消费需求、投资需求、政府需求、国外需求,也可能由于货币政策的改变而引起。如图 7-1所示,在需求曲线 AD 向上移动的过程中,当供给保持不变时,价格水平逐渐上升。

图 7-1 中,横轴表示产量,纵轴表示价格水平。AD 为总需求曲线,AS 为总供给曲线。总需求的增加用总需求曲线向右位移来表示。当产量较低时,总需求的增加不会引起价格水平的上涨。例如,当产量从零增加到 Y_1 时,价格水平始终维持在 P_1 的水平。当总产量达到 Y_1 以后,如果继续增加总需求,如总需求曲线从 AD_1 移到 AD_2,由于总供给曲线 AS 开始向右上方倾斜,因而使价格上升,从 P_1 上升至 P_2,同时产量继续增加,从 Y_1 提高到 Y_2。如果总需求继续增加,在经济达到潜在产量 Y_f 以前,价格水平和产量都会继续上升。而在经济达到潜在产量 Y_f 以后,由于 AS 呈垂线,总需求的增加如从 AD_3 移动到 AD_4,总会使价格水平上升,如从 P_3 上升至 P_4,而产量保持不变,仍处于潜在产量 Y_f 以内的水平。这就是需求拉动的通货膨胀。

3. 成本推动型通货膨胀

成本推动型通货膨胀理论认为，通货膨胀是在没有超额需求的情况下，由于供给方面成本的提高所引起的一般价格水平持续和显著的上涨。引起这种通货膨胀的原因在于市场的不完全竞争，即特定集团在经济中形式市场权利：一是工会要求得到较高工资导致的工资推动通货膨胀；二是垄断和寡头企业谋取过高利润导致的利润推动通货膨胀。另外，在开放经济中，进出口所引起的成本增加也会导致通货膨胀。如图 7－2 所示，在供给曲线 AS 上升的过程中，当需求保持不变时，价格水平上升。

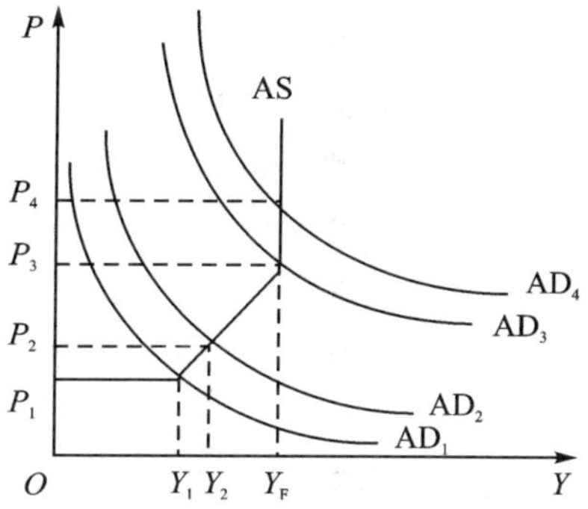

图 7－1　需求拉动型通货膨胀

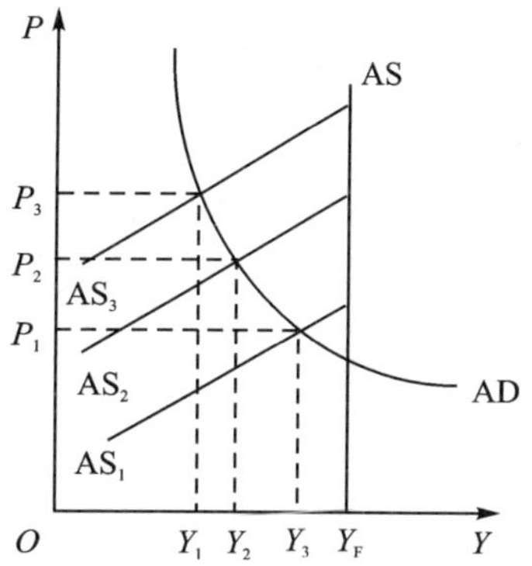

图 7－2　成本推动型通货膨胀

如图 7－2 所示，总供给方面由于多方面的原因使成本增加，从而引起总供给曲线向左位移，如从 AS_1 位移到 AS_2。这引起价格水平上升至 P_2，产量水平下降至 Y_2。

一些西方学者认为，单纯用需求拉动或成本推动都不足以说明一般价格水平持续上涨，而应当从需求和供给两个方面以及两者的相互影响说明通货膨胀。于是又有人提出了从供给和需求两个方面及其相互影响说明通货膨胀的理论，即混合型通货膨胀理论。

4. 结构型通货膨胀

西方经济学者认为，在没有需求拉动和成本推动的情况下，只是由于经济结构因素的变动，也会出现一般价格水平的持续上涨。这种价格水平的上涨称为结构型通货膨胀。结构性通货膨胀是指由于社会经济中各部门结构性因素变动导致各经济部门之间发展不平衡而引起的通货膨胀。

结构型通货膨胀理论认为，通货膨胀起因不在于需求增加或成本上升，而在于经济结构本身所具有的特点。社会可能从不同角度划分成许多部门，各个部门提高劳动生产率的速度各不相同。那些能够大量应用最新技术成果的部门，其劳动生产率提高得比较快。在其中工作的劳动者工资也增加得较快。但其他部门的工人要求按“公平原则”也提高工资，并形成巨大的社会压力，于是那些劳动生产率提高较慢，甚至没有提高的部门的劳动者工资也跟着提高了。这就使社会的货币增长率高于劳动生产率的增长率，从而形成通货膨胀。

这种类型的通货膨胀可以分为三种。一是需求转移型通货膨胀。即在总需求不变的情况下，由于消费者偏好的改变，一部分需求转移到其他生产部门，而劳动力等其他各种生产要素却不能及时转移，在这样的情况下，需求增加，部门的工资和产品价格上升，而需求减少，部门的工资和产品价格具有一定的刚性,未必相应下降,因此物价总水平上涨。二是部门差异型通货膨胀。即产业部门和服务部门的劳动生产率、价格弹性、收入弹性等是不相同的,但两部门的货币工资增长率却趋向统一,加上价格和工资的刚性,就引起了物价全面上涨。三是所谓的输入型通货膨胀,也称斯堪的纳维亚小国型通货膨胀。对于北欧一些开放经济的小国来说,经济结构可以分为"开放部门(生产出口产品)"和"隐蔽部门(不生产出口产品)"两大部分。因为在国际贸易中,小国一般是国际市场价格的接受者,世界通货膨胀会通过一系列机制传递到小国的开放经济部门,首先引起开放部门的物价上涨,然后又引起隐蔽部门的物价上涨,进而导致全面通货膨胀。

四、通货膨胀的经济影响

通货膨胀降低了单位货币的购买力,增加了社会生产和生活的成本,因此人民普遍厌恶通货膨胀。实际上,如果通货膨胀率相当稳定,而且人们可以完全预料,那么根据货币中性理论,通货膨胀对经济的影响很小。因为在这种可预期的通货膨胀之下,各种名义变量(名义工资、名义利率等)都可以根据通货膨胀率进行调整,从而使实际变量(实际工资、实际利率等)不变。这时,通货膨胀的影响更多的是人们将减少他们所持有的现金量,因为通货膨胀可以使钱包中的货币贬值。

然而,在通货膨胀不能完全预期的情况下,由于人们无法准确地根据通货膨胀率来调整各种名义变量以及相应的经济行为,因此通货膨胀对收入再分配以及经济活动都将产生一定的影响。

1. 影响收入再分配

当通货膨胀完全可预期时,包括各种资产在内的各种商品与生产要素的价格都按预期的通货膨胀率来调整,各种债务合同也是如此,从而通货膨胀对实际收入与财产分配没有任何影响。但是实际上这种情况并不存在,那么通货膨胀就会对社会不同集团的人产生不同的影响。

(1) 通货膨胀不利于靠固定货币收入维持生活的人

在社会保障系统不完善的国家,通货膨胀会冲击那些靠固定收入生活的群体,例如靠抚恤金生存的老人、领取固定退休金的退休工人、大学教授、公务员等。由于其收入是固定的货币数额,落后于上升的物价水平,随着通货膨胀率上升,其实际收入不断下降,他们接受每一美元的收入的购买力将随着价格的上升而下降,最终导致生活水平的下降。

相反,那些靠变动收入维持生活的人,则会从通货膨胀中得益。这些人的货币收入会走在价格水平和生活费用上涨之前。例如,那些从利润得到收入的企业主就能从通货膨胀中获利,如果产品价格比资源价格上升得快,则企业的收益将比它的成本增长得快。

(2) 通货膨胀会引起债权人与债务人之间的收入再分配

一般来说,不可预期的通货膨胀会将财富从债权人手中部分地转移给债务人,也就是说,通货膨胀往往有利于债务人而不利于债权人。假如你为买一所房屋借款 100 000 元,每年偿还的固定利率的抵押贷款额是 10 000 元。倘若大幅度的通货膨胀突然将所有的价格和收入都翻了一番,虽然你需要偿还的贷款名义上还是每年 10 000 元,但是你的贷款的实际成本却只有原来的一半了,即你只需要付出过去一半的实物来支付这 10 000 元。这种大幅度的通货膨胀使你的负债实际额减少了一半，从而增加了你的财产。若你是债权人，且持有固定利率的抵押贷款或长期债券作为资产，那么你的处境就会完全相反，价格突然上涨会使你变得比以前更穷，因为别人还给你的货币的实际价值比你原先借出时要小。

(3) 通货膨胀会增加纳税人的负担

因为大部分国家对所得税实行累进制征税，货币名义收入越高，征缴的税率越高，从而加大个人的纳税负担。具体来说，在不可预期的通货膨胀情况下，随着名义工资的提高，达到征税起征点的人数增加，还有许多人进入了更高的税率等级，这样政府的税收增加，而公众的实际收入水平则相对下降。可见，通货膨胀有利于政府，而不利于公众。

但是由于制度变迁，这些说法已经不能完全适应现有社会了。在今天，社会保障抚恤金已经根据消费价格被指数化了，教师的工资、国家公务员所领取的薪金也会随着 CPI 的提高而增加。有许多债务(如“浮动利率”抵押借款)的利率也按照规定随着市场利率而上下变动，因而对债务人和债权人的影响也不像以前那样明显了。

2. 影响经济效率

除了收入再分配，通货膨胀对经济效率产生影响。

(1) 通货膨胀扭曲了价格信号，无法正常发挥价格杠杆调节经济的作用

通货膨胀之所以损害经济效率，是因为它会扭曲价格信号。在一个低通货膨胀的经济中，如果一种商品的市场价格上升，则买方和卖方都很清楚：这种商品的供给和需求的两个方面都发生了实际的变化，他们就可以对此作出正确的反应。例如，如果附近的超市都将牛肉的价格提高 50%，消费者就知道应该是多吃猪肉而少吃牛肉的时候了。与此类似，如果新型电脑的价格下跌 90%，你也许就会决定换掉那台旧型号的电脑了。在一个高通货膨胀的经济中，人们就很难区分相对的价格变化与整体的价格变化，消费者和厂商无法根据变化了的价格正确地进行消费和生产决策，从而使价格机制失去调节经济的作用。

(2) 通货膨胀使社会整体和它的所有成员增加了一种机会成本

如果通货膨胀率高达每月 20%或 30%，商店就会频繁地变动价格，以至于相对价格变得混乱无序，令人无所适从。企业为了适应高通货膨胀而经常地改变报价是要付出成本的，这种成本称为菜单成本(Menu Cost)。例如餐馆经常地印刷新菜单，超市更频繁地更换标价牌，出租汽车公司重新调制计价表等。

此外，在通货膨胀时期，人们更愿意持有实际资产而减少货币持有量。他们频繁地进出银行，磨坏了皮鞋，浪费了宝贵的时间。这种来自为减少货币持有量所付出的成本被称为通货膨胀的皮鞋成本(Shoe-Leather Cost)。企业精心设计现金管理计划，实际资源仅仅被用来适应不断变化的货币尺度，而不是被用来进行生产，这自然会影响社会的经济效率。

但这些并不是通货膨胀的全部代价。在一个价格水平急剧变动的世界里，人们生活很不方便。家庭面临的一个重要决策是把他们的收入进行适当的划分，其中多大比例用于现在的消费，多大比例用于储蓄等。价格水平的大幅度变动使个人的金融计划变得十分复杂而难以正确制定。企业通过预期未来价格水平来确定产品价格和产量不但困难重重，而且决策成本也大大增加。更重要的是，难以预测的通货膨胀会干扰这些决策，使得产量和工厂规模等指标偏离利润最大化的目标。这些社会成本虽难以准确衡量，但通货膨胀对经济效率的影响却无疑是非常明显的。

【案例 7-3】　　　　　　抵御通货膨胀:买房还是买金?

刘小姐和先生今年30多岁,家庭年收入在20万元左右。有一个才10个月大的宝宝,现有一套住房,已还清贷款。家中有大约17万元的存款,其中6万元买了一只股票基金,另外每月定投1 000元作为宝宝未来的教育基金。全家都已买了保险,一年的保险费用大约1.3万元。

刘小姐原本打算贷款购买第二套房产做长期投资,进行保值。但现在房价这么高,贷款利率一直涨,而且听说房子的折旧率很高,也只有70年的使用权,所以现在又在考虑放弃房产投资,进行黄金投资。刘小姐问,这种理财方式是否合理?房产和黄金哪个更能抵御通胀?

随着居民收入不断提高和人民币持续升值等因素,中国房地产长期升值的预期比黄金更加确定一些,长期升值的空间也更大一些,因此房产投资应该是首选。当然,如果客户的资产量非常大,除了配置房产,也可以适当投资黄金分散风险。

但就刘小姐目前的实际情况,仅从抵御通胀来看,两者对她来说都不是最佳选择。房产投资需要长期占用大量的资金,如果家庭资产规模不大,则会造成房产长时间占家庭资产的比重过大,影响家庭资产稳定性和灵活性;从近年来看,黄金价格的波动非常剧烈,且黄金是以美元计价,因此其实际涨幅还会因人民币升值造成扣减,因此不确定性较大。综合来看,黄金对于突发的政治和经济危机来说,避险的作用才较为突出,否则也是一种风险不小的投资产品。

如果刘小姐只是想抵御通货膨胀,可以直接投资一些低风险的金融产品来实现,具体操作如下:当实际存款利率低于通货膨胀率时(即目前状况),可购买新股申购类的银行理财产品,该产品年化收益率在7%~20%;当经过一轮加息后,存款利率接近或超过通货膨胀率时,可以购买国债或债券基金进行保值。

(摘自:《南方都市报》)

第三节　失业与通货膨胀的关系

前面两节介绍了宏观经济学中所面临的两大现实问题,即失业和通货膨胀。半个多世纪以来,经济学家一直在关注着失业与通货膨胀的关系。西方经济学家一般用菲利普斯曲线来描述这种关系,本节将对此进行较为深入的介绍和分析。

一、菲利普斯曲线

失业与通货膨胀之间的短期关系通常被称为菲利普斯曲线(Phillips Curve)。1958年,在伦敦经济学院任教的经济学家菲利普斯在英国《经济学杂志》上发表了题为《1861—1957年英国失业和货币工资变动率之间的关系》的文章。在这篇文章中,菲利普斯说明了失业率和货币工资增长率之间存在的负相关关系:当失业率降低时,货币工资趋于上升;当失业率上升时,货币工资趋于下降。将失业率和货币工资增长率之间的这种负相关关系画在以横轴表示失业率、纵轴表示货币工资增长率的坐标系中,得到一条向右下方倾斜的曲线,这就是最初的菲利普斯曲线。

此后,1960年,美国经济学家保罗·萨缪尔森和罗伯特·索洛在《美国经济评论》上发表题为《反通货膨胀政策分析》的文章。在文章中,他们把工资增长率换成了通货膨胀率,则可以得出通货膨胀率与失业率之间也是一种负相关关系，并且他们用美国1961—1968年的数据进行了验证，并通过了假设。也就是说，低失业率往往伴随着高通货膨胀，而低通货膨胀往往伴随着高失业率。他们认为，低失业与高需求相关，而高需求会给整个经济带来工资与物价上升的压力。萨缪尔森和索洛把失业率和通货膨胀之间的这种负相关关系称为“菲利普斯曲线”，如图7-3所示。

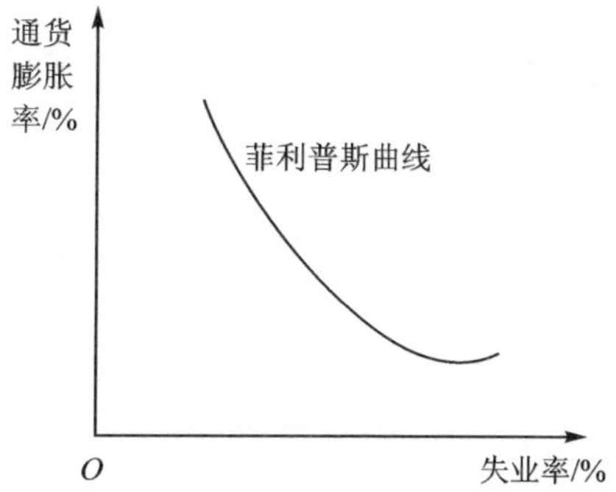

图7-3　菲利普斯曲线

在图7-3中，横轴表示失业率，纵轴表示通货膨胀率，向右下方倾斜的曲线即为菲利普斯曲线。由图可知，当沿着这条菲利普斯曲线向左移动以降低失业率时，曲线上的通货膨胀率随之提高。菲利普斯曲线为政府决策者在通货膨胀与失业之间的权衡取舍提供了政策空间。在这里举个例子，假设产品价格由每单位产出的平均劳动成本所决定，或者说，价格P总与$W\cdot L/Q$成比例，这里P表示价格水平，W表示工资，L表示劳动时间，Q表示产出水平。进一步假设平均劳动生产率(Q/L)以每年上升1%的比率缓慢增长，如果工资每年上升4%，则价格每年上升3%(工资增长率4%－生产率增长率1%)。也就是说，如果劳动生产率不变，则价格水平与货币工资同步增长；如果劳动生产率提高，则其增长率会抵消一部分货币工资增长的效果而体现出较低的通货膨胀率，即

通货膨胀率＝货币工资增长率－劳动生产率增长率

二、短期菲利普斯曲线

菲利普斯曲线所反映的失业率与通货膨胀率之间的负相关关系，基本上符合20世纪50年代至60年代西方国家的实际情况。但是，20世纪60年代末以来各国的实践经验表明，除了短期之外，失业率和通货膨胀率之间并不存在这种简单的此消彼长的关系。针对这一现象，以弗里德曼为代表的西方经济学家对菲利普斯曲线所表示的失业率与通货膨胀率之间的关系提出了疑问，并认为这一现象是由于忽视通货膨胀预期是所造成的。那么通货膨胀预期是如何影响菲利普斯曲线的变化的呢？

货币主义者弗里德曼认为，菲利普斯曲线所描述的失业与通货膨胀的交替关系发生了新的变化，即菲利普斯曲线向右上方移动了，这种情况被称为“菲利普斯曲线恶化”。这就是说，现在必须用更高的通货膨胀率才能使失业率维持在某一水平，或者说，必须用更高的失业率才能使通货膨胀率与失业率降到原先的“社会可接受程度”即“临界点”之内。于是他们不得不提高“临界点”，以便在新的菲利普斯曲线下调节通货膨胀与失业的水平，如图7-4所示。

在图7-4中，原来的菲利普斯曲线PC_1位于社会可接受程度之内，即位于图7-4上阴影部分为“临界点”以下的安全范围。但当菲利普斯曲线从PC_1移到PC_2以后，PC_2不通过原来的安全范围，此时无论政府采取什么样的政策措施，都不能将失业率与通货膨胀率下降到图上阴影部分所表示的安全范围。于是只得提高“临界点”。图上的虚线框表示提高“临界点”以后的安全范围。因此，向右上方移动的菲利普斯曲线是对西方国家高通货膨胀率与高失业率同时并存局面的反映。

为什么菲利普斯曲线会向右上方移动呢?货币主义者认为,原来的菲利普斯曲线 PC_1 反映的是通货膨胀预期为零的失业率与通货膨胀率之间的交替关系,如果通货膨胀连年上升,特别是政府利用菲利普斯曲线进行相机抉择,用高通货膨胀换取低失业率的话,就会形成一种通货膨胀预期。如果通货膨胀被预期到了,工人就会要求提高货币工资以避免生活水平受通货膨胀的侵蚀,如果人们预期到通货膨胀会以 4%的速度增加,那么当货币工资率上升 7%时,人们会认为实际工资率只上升 3%。因此,如果以往货币工资率上涨 6%便能使失业率降到 3%,那么现在达到 3%的失业率必须使货币工资率上涨 10%,即以往的货币工资上涨率 6%加上 4%的通货膨胀预期。

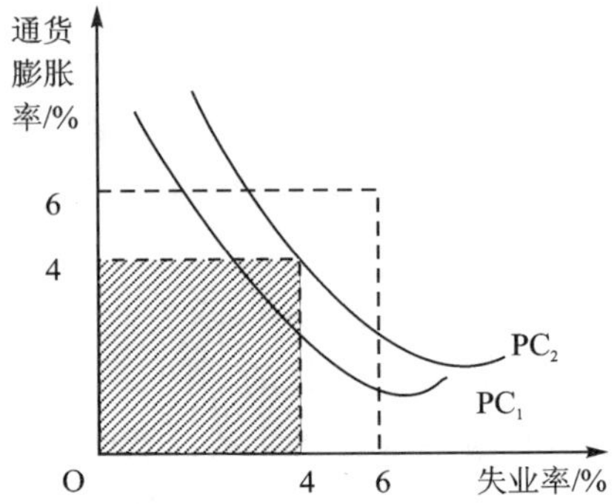

图 7-4 附加预期的菲利普斯曲线

按预期扩大的菲利普斯曲线依然表示失业率与通货膨胀率之间的交替关系,只不过现在的交替关系表现为用更高的通货膨胀率来换取一定的失业率。

三、长期菲利普斯曲线

长期菲利普斯曲线表示在通货膨胀完全可以预期、失业率为自然失业率情况之下失业率与通货膨胀率的关系。弗里德曼认为,菲利普斯曲线所描述的通货膨胀率与失业率之间的交替关系只是一种短期现象,长期中并不存在。长期内,菲利普斯曲线变为一条从失业率水平出发的垂直线或正相关曲线。不论通货膨胀率上升多少都不能使失业率降下来,甚至失业率与通货膨胀率呈同方向变化,即通货膨胀率越高,失业率越高,如图 7-5 所示。

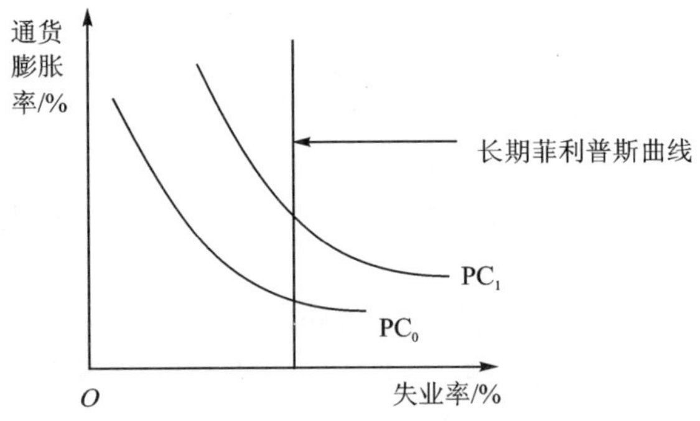

图 7-5 长期菲利普斯曲线

在图 7-5 中,假设某一经济处于自然失业率 6%,通货膨胀率为 3%。这时若政府希望使失业率降低,采取扩张性政策,会刺激总需求,而总需求的增加导致价格水平上升,所以实际通货膨胀率上升到 6%。而在短期内,工人预期的通货膨胀率仍为 3%,实际通货膨胀率高于预期的通货膨胀率,导致工人的实际工资下降了。此时导致工厂成本降低,工厂便会增加生产,扩招劳动力,于是失业率降低。然而扩张性政策的效应是暂时的,经过一段时间,工人会发现实际通货膨胀率高于预期的通货膨胀率,为了不降低实际生活水平,工人会要求提高工资水平,同时将预期的通货膨胀率提高到实际水平 6%。伴随着这种调整,工厂生产成本增加,会减少产量和劳动量,失业率又恢复到 6%。这在图中表现为菲利普斯曲线向右移动。这种过程如果不断持续下去,换取一定失业率的通货膨胀率势必会越来越高,菲利普斯曲线不断向右移动,最终演变成为一条垂直的菲利普斯曲线,也就是长期的菲利普斯曲线。

在弗里德曼对通货膨胀与失业之间的长期负相关关系否定后,这种观点在提出时难以令人信服。然而,从 20 世纪 60 年代末开始,美国政府实行扩张的经济政策,随着越南战争的升级,财政政策是增加政府支出,货币政策是美联储在面临扩张的财政政策时降低利率。结果是通货膨胀率由 60 年代初的 1%～2%增加到 20 世纪 60 年代末至 70 年代初的 5%～6%,但是失业率并没有降低。这些数据进一步对长期菲利普斯曲线进行了验证。

垂直的长期菲利普斯曲线在本质上是古典货币中性思想的一种表现。垂直的长期菲利普斯曲线意味着货币政策影响名义变量(物价水平和通货膨胀率),但并不影响实际产量(产量与失业)。无论当局采取什么样的货币政策,在长期中,产量和失业并不受其影响。其政策含义是:扩张性财政货币政策只能在短期使失业率降低到自然失业率之下;在长期只会加剧通货膨胀。

四、理性预期学派的观点

理性预期学派所采用的预期概念不是适应性预期,而是理性预期。与货币主义者的适应性预期不同的是,理性预期是合乎理性的预期,其特征是预期值与以后发生的实际值一致。也就是说,理性预期不仅有过去的经验,还要考虑事态在今后的发展。因为人们已经掌握了充分的信息,拥有了过去的经验,完全可以根据经济变量的概率或规律性,形成一种理性预期。在这种预期假设下,短期中也不可能有预期的通货膨胀率低于以后实际发生的通货膨胀率的情况,即无论在短期或长期中,预期的通货膨胀率与实际发生的通货膨胀率总是一致的,从而也就无法以通货膨胀为代价来降低失业率。所以,在短期或长期中,菲利普斯曲线都是一条从自然失业率出发的垂线,即失业率与通货膨胀率之间不存在交替关系。因此,理性预期学派认为,政府试图利用通货膨胀来降低失业的政策是无效的。由此得出的推论就是:在短期还是长期中,宏观经济政策都是无效的。

失业与通货膨胀关系理论的发展,是对西方国家经济现实的反映。凯恩斯的观点反映了 20 世纪 30 年代大萧条时的情况,菲利普斯曲线反映了 50—60 年代的情况,而货币主义和理性预期学派的观点反映了 20 世纪 70 年代以后的情况。凯恩斯主义、货币主义与理性预期学派,围绕菲利普斯曲线的争论,表明了他们对宏观经济政策所持的不同态度。凯恩斯主义认为,无论在短期与长期中,失业率与通货膨胀率都存在关系,从而认为宏观经济政策在短期与长期中都是有效的。货币主义认为,短期中失业率与通货膨胀率存在交替关系,而长期中不存在这种关系,从而认为宏观经济政策只在短期中有效,而在长期中无效。理性预期学派则认为,无论在短期或长期中,失业率与通货膨胀率都没有交替关系,因此宏观经济政策都是无效的。

本章小结

1. 失业是指有劳动能力并且想工作的人找不到工作的社会现象,即指劳动的完全闲置状态。

2. 一般而言,失业可以分为摩擦性失业、结构性失业和周期性失业。摩擦性失业是指由于需要时间寻找工作而引起的失业。结构性失业是指如果对一种劳动的需求上升,对另一种劳动的需求下降,而劳动的供给又未能及时地作出调整,由此产生的失业。结构性失业的特点是会出现劳动力的供给与劳动力的需求不匹配的情况。周期性失业指经济波动中因需求下降而造成的失业,这种失业是由整个经济的总支出和总产出下降造成的,与经济周期有关。

3. 失业也可分为自愿失业和非自愿失业。自愿失业是指工人所要求得到的实际工资超过了其边际生产率,或不愿接受现行的工作条件而未被雇佣而造成的失业。这种失业在西方不被看成真正的失业。非自愿失业是指具有劳动能力并愿意按现工资率就业,但由于有效需求不足而找不到工作造成的失业。自然失业率是指在没有货币因素干扰的情况下,让劳动市场和商品市场自发供求力量作用时,总需求和总供给处于均衡状态的失业率。

4. 失业率是指失业人口与劳动力人口的比率,是衡量失业水平的指标。根据奥肯定律,GDP 相对于其潜在值每下降 2 个百分点,失业率就大约会上升 1 个百分点。

5. 通货膨胀是指物价总水平的上升。通常用价格指数来衡量价格上涨的幅度,包括 GDP 折算指数、消费者价格指数和生产者价格指数。按照物价上升的速度,通货膨胀可以分为温和的通货膨胀、急剧的通货膨胀和超级的通货膨胀。按照价格增长是否预期,通货膨胀可分为可预期的通货膨胀和不可预期的通货膨胀。

6. 西方经济学界认为,通货膨胀的原因可分为三个方面。第一是货币数量论的解释,这种解释强调货币在通货膨胀过程中的重要性。根据这个理论,货币数量越多,物价水平越高。经济中所得到的货币量决定了货币的价值,而且货币量增长是通货膨胀的主要原因。第二是用总需求和总供给来解释,包括从需求的角度和供给的角度解释。需求拉动型通货膨胀理论认为,通货膨胀理论是总需求的过度增长所引起的,包括在为实现充分就业时的瓶颈式通货膨胀和充分就业时需求上拉的通货膨胀。成本推动型通货膨胀理论认为,通货膨胀是在没有超额需求的情况下,由于供给方面成本的提高所引起的一般价格水平持续和显著的上涨。第三是从经济结构因素变动的角度来说明通货膨胀的原因,即结构型通货膨胀,是指由于社会经济中各部门结构型因素变动导致各经济部门之间发展不平衡而引起的通货膨胀。

7. 通货膨胀对收入再分配和经济效率具有影响。从收入再分配的角度,通货膨胀不利于靠固定货币收入维持生活的人,会引起债权人与债务人之间的收入再分配,并会增加纳税人的负担。从经济效率的角度,通货膨胀扭曲了价格信号,无法正常发挥价格杠杆调节经济的作用,并且使社会整体和它的所有成员增加了一种机会成本,如菜单成本和皮鞋成本。

8. 一般来说,失业与通货膨胀之间的短期关系通常被称为菲利普斯曲线。向右下方倾斜的菲利普斯曲线只适用于短期的情况。从长期来看,通货膨胀和失业率不存在负相关关系,菲利普斯曲线是一条垂直线。

自测题

1. 什么是自然失业率?影响自然失业率的因素有哪些?
2. 失业可以分为那几种类型?有什么特点?
3. 失业带来的损失有哪些?
4. 简述通货膨胀的类型,如何衡量通货膨胀?
5. 通货膨胀的成因有哪些?
6. 通货膨胀的经济成本是什么?是怎么形成的?
7. 什么是菲利普斯曲线?它具有什么特点?
8. 菲利普斯曲线的恶化是怎么形成的?说明了什么问题?
9. 为什么长期菲利普斯曲线是垂直的?

【拓展阅读】 **为什么20世纪90年代末美国通货膨胀和失业如此之低**

当20世纪结束时,美国经济在许多年中经历了某种最低的通货膨胀率和失业率。例如在1999年,失业率降低到4.2%,而年通货膨胀率仅为1.3%,按这两个重要的宏观经济变量来衡量,美国享有一个不常见的繁荣时期。

一些观察家认为,这种经历使人怀疑菲利普斯曲线理论。的确,低通货膨胀和低失业的结合似乎表明,这两个变量之间不再有权衡取舍。但大多数经济学家采取一种谨慎的观点。正如我们在本章所讨论的,通货膨胀和失业之间的权衡取舍一直在移动。20世纪90年代,这种权衡取舍向左移动,这使经济可以同时享有低失业和低通货膨胀。

什么引起短期菲利普斯曲线这种有利的移动?部分答案在于预期通货膨胀下降。在保罗·沃尔克和艾伦·格林斯潘领导下,美联储追求旨在降低通货膨胀并保持低通货膨胀的政策。随着时间的推移,由于政策的成功,美联储获得公众信任,认为它会在必要时继续反通货膨胀。信任的增加降低通货膨胀预期,这又使短期菲利普斯曲线向左移动。

除了这种预期通货膨胀下降引起的移动之外,许多经济学家认为,在这一时期美国经济经历了一些有利的供给冲击。下面是可能引起总供给有利移动的三个事件:

(1)商品价格下降。20世纪90年代末,世界市场上许多基本商品的价格下降。商品价格这种下降部分是由于日本和其他亚洲国家经济的严重衰退,这种衰退减少了对这些产品的需求。由于商品是重要的生产投入,其价格下降减少生产者的成本,并作为对美国经济有利的供给冲击而起作用。

(2)劳动市场的变化。一些经济学家认为,二战后出生的婴儿潮一代的老龄化引起劳动市场根本性变化。由于老工人比年轻工人的工作更为稳定,劳动力平均年龄的提高会降低经济的自然失业率。

(3)技术进步。一些经济学家认为,美国经济已经进入更迅速技术进步的世纪。像互联网这样的信息技术进步是深刻的,而且影响到许多经济部门。这种技术进步提高生产率,因而是一种有利的供给冲击。

经济学家争论对菲利普斯曲线移动的哪一种解释是最重要的。最可能的是,完整的情况会包括这每一种因素。这些假设中没有一个否认菲利普斯曲线的基本结论——控制总需求的决策者总要面对通货膨胀和失业之间的短期权衡取舍。但20世纪90年代提醒我们,这种短期权衡取舍一直是在变动的,有时是以难以预期的方式变动的。

【案例评析】

西方经济学家一般用菲利普斯曲线来描述失业与通货膨胀的关系。菲利普斯曲线说明了失业率和货币工资增长率之间存在的负相关关系:当失业率降低时,货币工资趋于上升;当失业率上升时,货币工资趋于下降。因此,政府可以在失业与通货膨胀之间进行权衡,以较高的失业率换取较低的通货膨胀率,或者以较高的通货膨胀率换取较低的失业率。但是,20世纪60年代末以来各国的实践经验表明,除了短期之外,失业率和通货膨胀率之间并不存在这种简单的此消彼长的关系。一些经济学家提出了附加预期的菲利普斯曲线,说明短期菲利普斯曲线和长期菲利普斯曲线是不同的。根据货币主义派学者的观点,由于预期的存在,政府治理通货膨胀与失业的政策措施可能是无效的。如果能够打破人们对通货膨胀的心理预期,政府治理通货膨胀与失业政策便可以取得成功,原因有二。第一,如果人们相信政府为了抑制通货膨胀所采取的措施是有效的,这种预期本身有助于消除通货膨胀,即政府政策的成功部分得益于人们相信它能够成功。第二,如果人们的预期变化非常缓慢,在失业和通货膨胀之间就会存在一个替代关系,这种关系会持续相当长的时间。由于人们的预期变化缓慢,使得政府更容易在不引发通货膨胀的情况下降低失业率。另外,根据西方经济学家对总需求和总供给的动态调整理论,经济在受到一定的冲击之后,在向长期均衡的调整过程中,低通货膨胀与低失业率并存或者高通货膨胀率与高失业率并存会成为一种可能的中间现象。

(摘自:曼昆,《经济学原理》(下册))

第八章　经济增长与经济周期理论

本章知识结构框架图

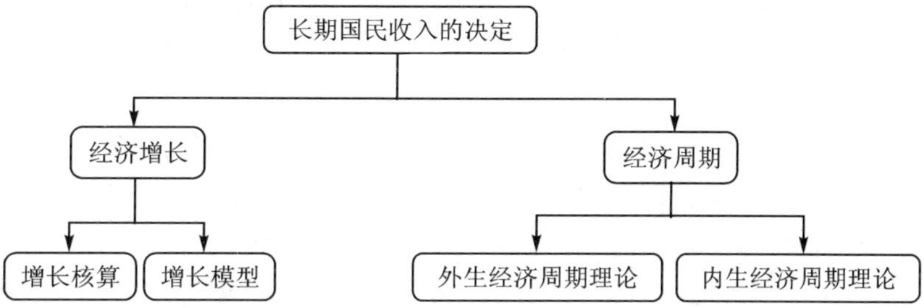

知识导引

截止到本章之前，我们所论述的国民收入决定问题都是在短期内进行的，本章的内容则涉及长期国民收入的决定，包括国民收入长期增长的趋势问题和实际国民收入围绕长期趋势作出的周期性波动的问题。具体来讲，在本章中首先对长期经济增长的决定因素和主要理论及其模型进行阐述，并对经济增长和经济发展的相关问题进行探讨，然后对经济周期进行简单的定义和划分，并对经济周期理论进行介绍。

本章学习目标

◇ 理解经济增长的含义、特征、分类及源泉。
◇ 掌握经济增长的核算方法。
◇ 掌握新古典增长模型、内生增长模型的基本方程。
◇ 理解经济周期的定义、特征、分类及成因。
◇ 掌握乘数-加速数模型的原理。
◇ 理解实际经济周期理论的内容。

关键概念

经济增长	经济周期	朱格拉周期	基钦周期
康德拉季耶夫周期	加速数	乘数-加速数原理	实际经济周期

第一节　经济增长理论概述

过去几个世纪中经济增长一直是人们关注的焦点。只有经济增长才能为不断膨胀的人口提供一个持续提高的生活水平。18 世纪后期形成的一种观点认为，土地作为生产的必须投入将严重制约人口增长，如果人口增长超过经济潜力，就会被战争或者各种自然灾害如饥饿或传染病所限制。英国经济学家马尔萨斯是这一悲观论调的积极倡导者。然而，过去的两个世纪中世界经济持续增长，马尔萨斯的预言落空。人口增长速度明显提高，总产量也是如此。经济增长一般用 GDP 和人均 GDP 这两个指标来衡量。根据这两个指标，世界经济和大部分国家表现出持久增长趋势。

一、经济增长的含义及特征

在宏观经济学中,经济增长(Economic Growth)通常被定义为一个国家或地区在一定时期内生产的商品和提供的劳务的增加,也就是实际国内生产总值的增加,这种增加既表现为总量上的增加,又包含了人均量的增长。

美国经济学家S.库兹涅茨概括了经济增长的标志、源泉和条件:“一国的经济增长可定义为,向人们提供各种经济物品的能力的长期增长,这一能力的不断增长以技术进步以及所要求的制度和意识形态调整为基础。”这一定义对经济增长的概念诠释得更加具体和贴切,为大多数学者所接受。

库兹涅茨的定义至少包含两方面的含义。一方面,商品和劳务供给量的不断增加即国内生产总值的增加,是经济增长的集中体现和现实结果,如果我们考虑到人口增长和价格变动等因素,经济增长也就是人均实际国内生产总值的增加。所以我们将经济增长简单定义为一国总产值或者人均产值的增加是可以被接受的。另一方面,长期经济增长有赖于科学技术的不断进步和社会制度、思想意识等方面的相应调整。技术进步可以大大提高一国潜在生产能力,是实现经济增长的重要条件,但同时,要将这种潜在生产能力转化为现实的经济增长,则需要社会制度及思想意识方面的相应调整。只有将这两者结合起来,才能推动一国实际经济增长,提高潜在的生产能力。

库兹涅茨根据美、英、法等14个国家近百年的经济增长统计分析,总结出了现代经济增长的六大特征:

① 人均国民生产总值和人口呈加速增长的趋势,但人均产值的增长率要高于人口增长率。

② 由于技术进步的推动,生产率不断提高。

③ 经济增长过程中经济结构的转变率很高。经济增长不断改变着产业结构、产品结构、消费结构、收入分配结构和就业结构等,它使农业过剩人口转向城市和工业,小业主转向大企业,从而促成了农业向非农业、工业向服务业的转变。经济结构的转变反过来又推动了经济更快地增长。

④ 经济增长伴随着社会结构与意识形态的迅速改变。经济增长使过去僵化的社会结构变得比较灵活,使传统的思想观念转变为工业化、城市化、国际化等新意识。

⑤ 经济增长不是一国的独特现象,而是在世界范围内迅速扩大,成为各国追求的目标。

⑥ 经济增长在世界范围内是不平衡的,因而世界经济增长受到限制。

二、经济增长的分类

根据不同的划分标准,可以对经济增长进行不同的区分,一般有以下几种分类方法。

根据经营方式的不同,可以将经济增长方式分为粗放型经济增长和集约型经济增长。粗放型经济增长即依靠大量资金、劳动力的投入和大量原材料、能源的消耗来支撑,其结果是高投入、高消耗、低质量、低效益。这种增长方式的特点是:片面追求数量、产值和速度,忽视增长的质量和效益;经济增长靠消耗大量资源,忽视要素生产效率的提高对经济增长的贡献。相反,集约型经济增长则更注重生产要素效率的提高,通过增加技术含量对经济增长的贡献来提高生产质量和增加社会效益。

根据经济增长是否依赖于外部力量，可以将经济增长分为内生经济增长和外生经济增长。所谓内生经济增长，是指经济增长主要以内在力量诸如内生的技术变化和资本积累等因素驱动的经济增长。外生经济增长则指经济增长的动力主要来源于经济外部的其他因素。内生经济增长和外生经济增长不是绝对的，我们说一个经济体的增长内生还是外生，取决于内生因素发挥主导作用还是外生，因素发挥主导作用。

此外，还有许多学者根据经济增长所依赖的主要因素的不同，将经济增长区分为劳动密集型经济增长、资本密集型经济增长、全要素生产型（即技术进步）经济增长，等等。

三、经济增长的源泉

经济增长直接体现为产品的产量增加，因此可以根据总生产函数来研究增长的源泉。

总生产函数是总产量与生产中使用的全部生产要素投入量之间的函数关系，由式（8－1）表示

$$Y = AF(N, K) \qquad (8-1)$$

其中 Y 为产量，K 为资本，N 为劳动，A 代表技术。经济增长的源泉是资本、劳动与技术进步。

1. 资本（K）

它包括物质资本和人力资本。前者指的是设备、厂房、存货等存量；后者指的是体现在劳动者身上的投资，如劳动者的文化技术水平、健康状况等。

从古典经济学开始，就把资本积累（增加）作为国民财富增加的源泉。

现代经济增长理论主要是从资本-劳动比、人均资本量、资本-产出比、储蓄与资本积累等相关理论范畴来分析探讨资本在经济中的影响和贡献作用。

经济学通常把经济增长规定为产量的增加，通常用国民收入量或人均国民收入量来衡量。库兹涅茨概括了经济增长的标志、源泉和条件：“一国的经济增长可定义为，向人们提供各种经济物品的能力的长期增长，这一能力的不断增长以技术进步以及所要求的制度和意识形态调整为基础。”

2. 劳动（N）

一般来说，在经济增长的开始阶段，人口增长率也高。这时劳动的增加主要依靠劳动力数量的增加。当经济增长到了一定阶段时，人口增长率下降，劳动工时缩短，这时就要通过提高劳动力的质量来弥补劳动力数量的不足。

3. 技术进步（A）

现代科学技术已经成为影响经济增长的决定性因素，科技进步对经济增长的贡献已明显超过资本和劳动力的作用。

① 生产率的提高——用同样的资源可以生产出更多的产品。

② 资源配置的改善——人力资源配置的改善，即劳动力从低生产率部门转移到高生产率部门中，包括农业劳动力转移到工业中，以及独立经营者与小企业中的劳动力转移到大企业中去。劳动力的这种转移，提高了生产率。

③ 规模经济——由于企业规模扩大而引起的成本下降与收益增加。企业规模的扩大，由

于能采用新技术与最先进的设备,能采用新的生产方法而提高了生产率。

④ 知识的进展——包括科学技术、管理科学的进展及其在生产中的运用,新工业的发明与采用等,是技术进步中最重要的内容。根据美国经济学家尼森计算,技术进步引起的生产率提高中有 60%要归功于知识的进展。

4. 制度因素

社会制度和意识形态对经济增长是很重要的。非经济因素,尤其是政治因素,也是经济增长中应考虑的。一个社会只有在具备了经济增长所要求的基本制度条件,有了一套能促进经济增长的制度之后,这些经济因素才能发挥作用。“二战”后许多发展中国家之所以经济发展缓慢,关键并不是缺乏资本、劳动或技术,而是因为制度落后或制度演进缓慢。

第二节 增长核算

一、经济增长的核算方程

对于总生产函数

$$Y = AF(N,K)$$

如果技术、劳动和资本的变动分别为 ΔA、ΔN、ΔK,则产出的变动 ΔY 为

$$\Delta Y = MP_N \cdot \Delta N + MP_K \cdot \Delta K + F(N,K) \cdot \Delta A \tag{8-2}$$

将式(8-2)进一步变化,可得

$$\frac{\Delta Y}{Y} = \frac{MP_N}{Y} \cdot \Delta N + \frac{MP_K}{Y} \cdot \Delta K + \frac{\Delta A}{A} \tag{8-3}$$

将式(8-3)再进一步变化,可得

$$\frac{\Delta Y}{Y} = MP_N \cdot \frac{N}{Y} \cdot \frac{\Delta N}{N} + MP_K \cdot \frac{K}{Y} \cdot \frac{\Delta K}{K} + \frac{\Delta A}{A} \tag{8-4}$$

根据微观经济学的原理,$MP_N \cdot N$ 和 $MP_K \cdot K$ 为劳动和资本的收益,那么 $MP_N \cdot \frac{N}{Y}$ 和 $MP_K \cdot \frac{K}{Y}$ 就是劳动收益和资本收益在总产出中的份额,可以称为劳动份额和资本份额,分别用 a 和 b 表示。式(8-4)可以改写为

$$\frac{\Delta Y}{Y} = a \cdot \frac{\Delta N}{N} + b \cdot \frac{\Delta K}{K} + \frac{\Delta A}{A} \tag{8-5}$$

即　　产出增长=劳动份额×劳动增长+资本份额×资本增长+技术进步

这就是经济增长的核算方程。它表明经济增长是由生产要素的增长和技术的进步带来的。另外,式(8-5)也提供了一种测量技术进步的方法。它表明,如果知道了劳动和资本收益在产出中的份额,而且有产出、劳动和资本增长的数据,那么经济中的技术进步就可以作为一个余值被估算出来,即

$$\frac{\Delta A}{A} = \frac{\Delta Y}{Y} - a \cdot \frac{\Delta N}{N} - b \cdot \frac{\Delta K}{K}$$

这一理论是由经济学家索洛提出来的,所以又被称为索洛余值。

例 8-1　在一个经济体中，资本占收入的份额为30%，劳动力占收入的份额为70%。收入、资本、劳动力的增长率分别为3%、3%、1%。求技术进步的增长率。

解：由
$$\frac{\Delta A}{A}=\frac{\Delta Y}{Y}-a\cdot\frac{\Delta N}{N}-b\cdot\frac{\Delta K}{K}$$

代入数据：
$$\frac{\Delta A}{A}=3\%-70\%\times1\%-30\%\times3\%$$

解得$\frac{\Delta A}{A}=1.4\%$。

即技术进步的增长率为1.4%。

二、经济增长的因素分析

经济增长的因素分析是现代经济增长理论的重要研究分支，它通过对影响经济增长的各因素及其在经济增长中的作用进行数量分析，使经济增长理论更为具体化、实证化。

1. 西蒙·库兹涅茨对经济增长因素的分析

库兹涅茨对经济增长因素的分析主要采用统计分析的方法，对多个国家尤其是发达国家100多年来的国民收入增长和国民生产总值的主要组成部分进行比较研究，从各国经济增长的差异中探索了现代经济增长的特征和原因。

(1) 生产率的高增长

现代经济增长的主要特征是人均国民生产总值的高增长率，而这个高增长率主要来自于生产率的高增长，而不是来自于人均的生产要素(劳动和资本)投入的高增长。第一，劳动的投入。库兹涅茨对十几个发达国家的统计资料进行分析后认为，一方面总劳动力在总人口中所占的比例除一两个国家有些变动外，在长期内是相对稳定的；另一方面，经济部门工作人员工时数在长期内是下降的，每10年平均要下降2%～3%，这两方面原因都说明按人口平均的劳动投入不可能对人均产值的高增长率作出贡献。第二，资本的投入。库兹涅茨从对统计资料的分析中得出：按人口平均的总资本的增长率，比按人口平均的产值的增长率低35%～40%，而且总产值的增长率越高，总资本的增长率就越小于总产值的增长率。库兹涅茨的分析还认为，人口中人均物质资本和劳动力投入的增长受到来自社会生活的其他方面因素的制约，人均投入的增长绝不可能与人均产值增长速度相等。因此，增长率中的一个重大份额必须归功于单位投资产出的增长，即生产率的高增长率。库兹涅茨通过对美国的统计资料的计算，认为美国1869—1908年间，人均投入的提高对人均产值上升的贡献份额仅为29%，剩下的71%归功于效率的提高；1929—1957年间，人均投入事实上有所下降，因此，人均产值的所有上升均可归功于效率的提高。

(2) 结构变化

库兹涅茨认为，结构方面的迅速变化是现代经济增长的一个重要源泉。库兹涅茨把生产结构区分为三个主要部门：A部门(主要包括农业、渔业、林业、狩猎业等)；I部门(主要包括矿业、制造业、建筑业、电力、煤气、水、仓储、运输和通讯等)；S部门(主要包括商业、金融、保险、房地产、娱乐、教育、服务等)。库兹涅茨通过对多个国家的统计资料进行分析，认为A部门的份额显著下降，其份额与人均产值成反比例关系；I部门的份额显著上升，其份额与人均产值成紧密的正比例关系;S部门的份额轻微地、并非始终如一地上升,其份额与人均产值的变动呈不密切的有限反映。生产结构的上述变化趋势可通过各部门劳动力在总劳动力中所占的比重反映出来。A部门劳动力在总劳动力中的比例趋于下降,而后两类部门劳动力在总劳动力中的比例上升,即生产结构中"工业化"和"服务化"份额上升。因此,库兹涅茨认为,发达国家在现代化经济增长时期的生产结构转换率和劳动力结构转移比率远比其在现代化以前几个世纪的转换率要快得多。

为什么人均产值的高增长率与生产结构的高转换率在现代时期是相联系的呢?首先,需求结构的高转换率是现代经济增长中生产结构高转换率的一个重要原因。人均产值提高,需求结构就会改变,比如人们的消费从必需品范围转移至高档品和奢侈品范围,这就会引起"新产品"的技术革新和发展,促使新产业的形成和发展,由此又带来人们生活条件的改变,造成新的需求压力,同时促进现代化经济增长的加速。其次,库兹涅茨还指出,各国在经济增长速度上的差异是很大的,这就引起各国产品生产的比较优势的改变,各国进出口结构发生变化,促使一国产出结构的改变。最后,库兹涅茨还强调了技术革新在这个问题上的重要作用。技术革新总是先在某个部门出现后随着时间过程向其他部门扩展,从而引起产业结构的变动;技术革新还会造成生活条件和工作条件的变化,创造某些新的需求,从而引起生产结构的新变化,使经济增长保持高速度。

库兹涅茨还指出,生产结构的变化必然影响到经济结构的变化,而经济结构的变化与人口结构、法律政治制度、意识形态的结构变化又必然联系在一起。因此,不仅生产结构而且经济和社会其他方面的结构变化,都成为现代经济增长的根源。

(3)知识储存的高增长率

库兹涅茨认为,知识储存的高增长率与人均产值高增长率、生产率高增长率和生产结构高转变率之间是相互联系的。一方面,生产结构的高速改变必然伴随着新知识的运用,而人均产值的增加,同时又增加了许多实际的经验数据,为进一步的研究提供新的工具、新的准则,增加更多的资料情报,并产生新的科研动机,这就为知识储存的高增长率提供了条件。另一方面,科学知识储存的高增长率又是人均产值高增长率和生产率高增长率的必要条件,一旦这种知识存量大量运用,它就成为现代经济高速增长和生产率高速增长率以及生产结构高转变率的推动力。

2. 肯德里克对经济增长因素的分析

在20世纪50年代,美国经济增长率远远落后于西欧(除英国之外)和日本,这一现象引起美国国内的恐慌,经济学界纷纷着手对经济增长问题进行研究,以期找出美国经济增长率落后的原因,促进美国经济增长。肯德里克就是这个时期的一个重要代表人物。

肯德里克对美国不同时期的生产率的发展趋势进行了研究,从而对经济增长的源泉进行了分析。根据肯德里克的观点,经济增长的因素有两个:全部生产要素投入量的增加和全部生产要素生产率的提高。在此他使用的是全部生产要素增长率的概念而非部分生产要素生产率的概念。所谓部分生产要素生产率,即产量和某一特定要素投入量(如劳动量或资本量)之比;全部生产要素生产率即产量与全部要素投入量之比。

根据这一全部生产要素生产率的概念,肯德里克通过计算得出:1889—1957年间,美国国内私营经济领域全部生产要素生产率平均每年增长1.7%,同期实际产值平均每年增长

3.5%。这说明实际产值增长率中，其中一半源自实际的劳动和资本投入量的增加，另一半源自生产效率的提高。肯德里克还对美国1958—1966年的资料进行计算分析，此时实际产值年平均增长率为5.3%，实际生产要素投入年平均增长率为2.3%，全部生产要素生产率年平均增长率为2.99%，此时全部生产率提高对经济增长的作用要大于要素投入量增加的作用。

肯德里克还列举了一些影响全部要素生产率增长的因素，主要包括：无形投资的增加、资源配置的合理化、生产规模的变动、技术革新的扩散程度、人力资源和自然资源的质量等。但是肯德里克没有说明这些因素对全部要素生产率的增长所作的贡献，而另一位美国经济学家丹尼森则在肯德里克分析基础上对该问题进行了定量的分析。

3. 丹尼森对经济增长因素的分析

20世纪60年代初，丹尼森对美国1909—1929、1929—1957、1929—1969年的经济增长作了分析估算。丹尼森把影响经济增长的因素分为两大类七小类。第一大类：生产要素投入总量的增加。其中包括四小类内容：就业人数与工时、就业者的年龄与性别构成、就业者的受教育年限、资本存量的大小。第二大类：单位投入量的产出量(生产率)，包括资源配置改善、规模经济、知识进步。

丹尼森估算了各种因素对经济增长的贡献。1929—1969年间美国国民收入年均增长率为3.33%，其中由要素投入总量增加带来的增长率为1.81%，占总增长率的54.4%；由单位投入量的产量增加带来的增长率为1.52%，占总增长率的45.6%。在单位投入量的生产率的增长中，资源配置改善因素是0.29%，占总增长率的8.7%；规模经济因素是0.36%，占总增长率的10.8%；知识进步因素是0.92%，占总增长率的贡献又上升到27.6%。1983年，丹尼森又对美国1948—1981年的经济增长作了分析，结果发现这期间经济的年增长率是3.2%，其中要素投入量增长率为1.1%，对总增长率的贡献是34%；而全部要素生产率的增长率为2.1%，对总增长率的贡献是66%。在这中间，教育因素的贡献占19%，知识进步因素的贡献占47%。由此可见，在两大类因素中，要素生产率提高对总增长率的贡献已大大超过要素投入量增加所作的贡献；而在七小类因素中，知识进步因素的贡献最大、增加最快，其次是教育因素。根据上述分析，丹尼森得出一个结论：影响经济增长的因素主要有要素投入量和要素生产率两大类，其中，单位投入量的产出量即要素生产率的增长对经济增长起着越来越重要的作用，而知识进步(技术、管理及其应用)则是对经济增长影响最大、最重要的因素。因此，要促进经济高速增长，必须大力发展教育，开发新技术，提高管理水平。

第三节　新古典经济增长模型

解释经济增长问题的方法有两种：一种是第二节所述的增长核算方法，它试图把产量增长的不同决定因素的贡献程度数量化；另一种是增长理论，它把增长过程中生产要素供给、技术进步、储蓄和投资互动关系模型化。1956年，新古典综合经济学家索洛和斯旺将凯恩斯经济理论与新古典经济学结合起来，分别提出了所谓的新古典增长模型。1961年，英国经济学家米德又对新古典经济增长理论做了系统的表达。由于他们的分析路径大体一致，分析的结论基本相当，因此，后来的经济学家们就将其理论合称为新古典经济增长模型。

一、基本假定

新古典经济增长模型建立在一个新古典生产方程体系之上，强调了在一个封闭的没有政府部门的经济中储蓄、人口增长及技术进步对增长的作用，它关注的焦点是经济增长的直接原因。新古典经济增长模型的基本假定如下(先假定技术不变，之后再考察技术进步对经济增长的影响)：

1. 生产函数

生产函数说明产出(供给)取决于资本和劳动力：

$$Y=(K,N)$$

此处关于生产函数主要有三个假定条件：一是假定生产函数规模报酬不变；二是边际产量递减；三是假定劳动力以固定增长率 n 增加。规模报酬不变假定通常被认为是符合现实的且有助于简化分析。生产函数的规模报酬不变性质意味着，对任何一个正数 t，下式均成立：

$$tY=F(tK,tN)$$

如果令 $t=\frac{1}{N}$，就可以得到 $\frac{Y}{N}=F\left(\frac{K}{N},1\right)$，该式表明人均产出 $\frac{Y}{N}$ 是人均资本 $\frac{K}{N}$ 的函数。如果用 y 代表人均产出，k 代表人均资本，那么可以将总生产函数写成人均生产函数形式：

$$y=f(k)$$

2. 消费函数

两部门经济中需求取决于消费和投资。为确定消费函数，模型假定家庭的储蓄率 s 固定。储蓄率固定条件下，家庭将收入的 $(1-s)$ 比例用于消费。用线性消费函数来表达该假定：

$$C=(1-s)Y \tag{8-6}$$

从消费函数可知 $(1-s)$ 即边际消费倾向。其中 s 为外生变量，它的不同取值会导致不同的模型结果，意味着政府可以通过各种政策影响储蓄率进而影响经济增长。

3. 产品市场均衡

模型中产品的需求由家庭的消费 C 和企业的投资 I 构成，产品的供给由企业的生产提供。产品市场供求相等意味着：

$$Y=C+I \tag{8-7}$$

将式(8-6)代入到式(8-7)并整理可得

$$I=sY \tag{8-8}$$

式(8-8)表明产品市场供求达到平衡时，总投资等于总储蓄。对于式(8-8)两边同除以 N，可得

$$i=sy \tag{8-9}$$

即在产品市场均衡时，人均投资也等于人均储蓄。

二、没有技术进步的新古典经济增长模型

1. 基本方程

一般来说，资本积累受两种因素的影响，即投资和折旧。假定折旧是资本存量的一个固定比率 $\delta k(0<\delta<1)$，人口增长率为 n，且储蓄能有效地转化为投资，则有

$$\dot{K}=I-\delta K=sY-\delta K$$

上式两边同时除以 N，可得

$$\frac{\dot{K}}{N}=\frac{sY}{N}-\frac{\delta K}{N}=sy-\delta k=sf(k)-\delta k \tag{8-10}$$

另一方面，由 $k=\dfrac{K}{N}$，对该式关于时间变量求导，经运算可得

$$\dot{k}=\frac{\dot{K}}{N}-\frac{\dot{N}}{N}\cdot\frac{K}{N}=\frac{\dot{K}}{N}-nk$$

进而有

$$\frac{\dot{K}}{N}=\dot{k}+nk$$

将上式代入式(8-10)并整理，可得

$$\dot{k}=sf(k)-(n+\delta)k \tag{8-11}$$

式(8-11)是新古典经济增长模型的基本方程。这一关系式表明人均资本变化等于人均储蓄减去 $(n+\delta)k$ 项。表达式 $(n+\delta)k$ 可以理解为“必要”的或者“临界”的投资，它是保持人均资本 k 不变的必需的投资。为了阻止人均资本 k 下降，需要用一部分投资来抵消折旧，这部分投资就是 δk 项。同样还需要一些投资，因为劳动数量以 n 的速率在增长，这部分投资就是 nk 项。因此，资本存量必须以 $(n+\delta)$ 的速度增长，以维持 k 不变。总计为 $(n+\delta)k$ 的储蓄（或投资）被称为资本的广化。当人均储蓄（投资）大于临界投资所必要的数量时，k 将上升，这时经济社会经历着资本深化。根据以上解释，新古典经济增长模型的基本方程式(8-11)可表述为

资本深化＝人均储蓄（投资）－资本广化

2. 稳　态

式(8-11)说明了资本随时间的推移而变化的情况。按照此方程，如果投资 $sf(k)$ 大于资本广化所需的投资，则资本存量的变化量为正数，即资本存量增加；反之，如果投资 $sf(k)$ 小于资本广化所需的投资，则资本存量的变化量为负数，即资本存量减少。如果 $sf(k)=(n+\delta)k$，即投资量等于资本广化所需的投资量，或称为临界投资，那么资本存量将保持不变。

图 8-1 以图形的方式表示了式(8-11)所反映的内容。图中给出了式(8-11)右边的两个组成部分，即 $sf(k)$ 和 $(n+\delta)k$，前者代表投资量，后者代表资本广化所需的投资量。

图中投资曲线 $sf(k)$ 和 $(n+\delta)k$ 相交处的点被称为稳态。在增长模型中，稳态意味着包括资本存量和产出在内的有关内生变量将不会随时间的推移而变化的一种状态。按照这一说明，在图 8-1 中，当经济在稳态上运行时，对应的人均资本存量为 kA，根据式(8-11)，当经济

的人均资本等于 kA 时，$\dot{k}=0$，即这时的人均资本量将不再随着时间的推移而变化。

根据以上说明，在新古典经济增长模型中，经济达到稳态的条件是 $\dot{k}=0$，进一步地，根据式(8-11)，该模型稳态的条件是

$$sf(k)=(n+\delta)k \tag{8-12}$$

由式(8-12)所确定的人均资本量，即图 8-1 中的 kA 被称为稳态资本存量。将 kA 代入人均生产函数，即可求出相应的人均产量，此时的人均产量成为稳态人均产量。

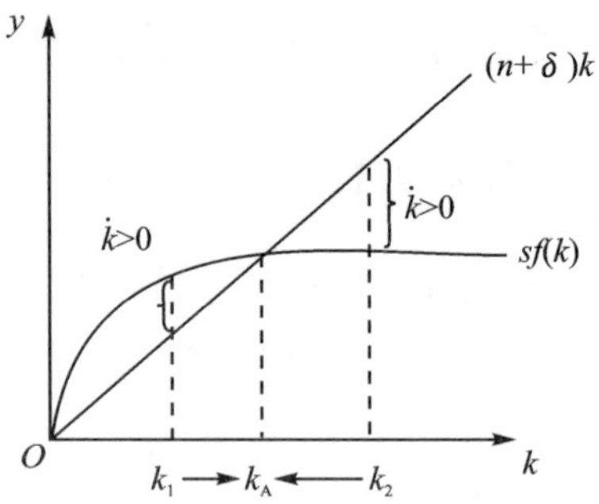

图 8-1　经济运行的均衡状态即稳态

如果资本存量不等于稳态水平，情况又如何呢？图 8-1 显示，在这种情况下，随着时间的推移，经济的资本存量将向稳态移动。例如，如果实际资本水平低于稳态水平，那么从图中可以清楚地看出，投资量 $sf(k)$将大于 $(n+\delta)k$，这时，资本存量 $\dot{k}$ 将增加。同样，如果资本存量大于稳态水平，那么投资量 $s(k)$将小于 $(n+\delta)k$，在这种情况下，经济中的资本存量 $\dot{k}$ 将随时间的推移而减少。综上所述，当经济偏离稳态时，无论人均资本过多还是过少，都存在着某种力量使其恢复到稳态。这意味着，新古典经济增长模型所确定的稳态是稳定的。

例 8-2　考虑如下经济体，其总生产函数 $Y=K^{0.5}L^{0.5}$，K 为资本存量，L 为劳动力。设劳动人口等于人口，并假设该经济体的人口增长率和技术进步率均为 0。该经济体的折旧率为 0.07，储蓄率为 0.7。那么稳定状态的人均资本存量、人均产出各为多少？

解： 稳态的条件是 $sy=\delta k$。

又已知 $\delta=0.07, s=0.7; y=k^{\frac{1}{2}}$。

解得 $k=100, y=10$。

所以，稳定状态的人均资本存量为 100，人均产出为 10。

三、具有技术进步的新古典经济增长模型

前面关于新古典经济增长理论的论述是在没有考虑技术进步的情况下进行的，现在把技术进步这一因素引入进来。把经济中的总生产函数写为

$$Y=F(AN,K) \tag{8-13}$$

在上述总生产函数中，当作为技术状态的变量 A 随着时间的推移增大时，说明存在着技术进步，这时，经济中劳动效率提高了。20 世纪最有影响的劳动效率提高的例子是亨利·福特通过流水线进行大规模生产的创新，根据当时的观察计算，这一技术进步把工人组装一辆汽车主要部件的时间从 12.5 小时缩短到 1.5 小时。

在总生产函数式(8-13)中，表达式 AN 被称为有效劳动，在这种情况下，新古典经济增长理论对生产函数的假定就变为，产出 Y 是资本 K 和有效劳动 AN 的一次齐次函数。可以证明，如果记 $\tilde{y}=Y/AN$，称其为按有效劳动平均的产量，$\tilde{k}=K/AN$，称其为按有效劳动平均的资本，则式(8-13)可写为

$$\tilde{y}=f(\tilde{k}) \tag{8-14}$$

新古典经济增长理论的一个重要的假定是技术进步是外生给定的，即假定 A 以一个固定的比率 g 增长。

考虑到上述情况后，可以证明，这时新古典经济增长模型的基本方程为

$$\dot{\tilde{k}} = s\tilde{y} - (n + g + \delta)\tilde{k}$$

这种情况下，经济处于稳态的条件是 $s\tilde{y} = (n + g + \delta)\tilde{k}$，这种稳定状态代表经济的长期均衡。在考虑到技术进步后，新古典经济增长模型可以解释一些国家生活水平的持续提高。因为技术进步会引起人均产出的持续增长，一旦经济处于稳定状态，人均产出的增长率只取决于技术进步的比率。换句话说，根据新古典经济增长理论，只有技术进步才能解释生活水平（即人均产出）的长期上升。

第四节　内生增长模型

20 世纪 60 年代到 80 年代中期，新古典经济增长模型在经济增长的研究中一直占有主导地位。但是，该模型对规模收益不变的假设与现实不符。另外，新古典经济增长模型中储蓄率、人口增长率、资本折旧率和技术进步都是外生变量的结论，也很难对现实中的经济现象作出解释。鉴于此，在 20 世纪 80 年代中后期以来，经济学家罗默和卢卡斯等人在对新古典经济增长理论反思的基础上，陆续发表了关于经济增长的一系列成果，逐步形成了“新经济增长理论”。新经济增长理论是在新古典经济增长模型不能很好解释增长时，就应该将储蓄率、人口增长率和技术进步等重要参数作为内生变量来考虑，从而可以由模型的内生变量来决定经济的长期增长率，因此，这些模型也被称为内生经济增长模型。

一、内生经济增长的基本模型

以内生经济增长为主要特征的新经济增长理论的诞生，标志着现代经济增长理论进入了一个新的发展阶段。由于经济增长可以分为由资本或劳动等要素增长推动的和由技术进步推动的两种类型，因此，内生增长也可以分为“要素投入的内生增长”和“技术进步的内生增长”两种类型。

各种生产要素的增长是经济增长的源泉之一。经济增长理论中考虑的生产要素主要是资本和劳动，因此，内生要素增长推动的内生经济增长包括资本投入内生决定的增长和劳动供给内生决定的增长。一个经济的内生资本增长依靠自身的资本积累，而储蓄率是决定资本积累的关键变量。要将储蓄率作为内生变量引入增长模型，就必须分析家庭的消费行为，因为储蓄率取决于家庭在储蓄与消费之间的选择。另外，一个经济的劳动供给取决于人口增长率、移民和人们对工作和闲暇的选择。因此，居民对生育、移民和工作时间的选择，是从劳动供给内生决定的角度考虑内生经济增长的模型。

经济增长除了依靠要素的增长以外，就是靠生产率的提高，而生产率的提高主要依靠技术进步。当一个经济的技术进步速度和路径由这个经济中家庭、厂商的行为决定而不是外生决定的常数时，这种技术进步就被称为“内生技术进步”。

技术进步是指可使同样数量的劳动和资本生产出更多的产品的任何因素。因此，许多事情都可以导致技术进步。例如，生产的流水线方法，用拖拉机代替马拉的犁，工人技能的提高等。因为技术进步种类多种多样，发展一个模型包括所有这些行为是很难的。

罗默提出一个办法,设想代表技术的思想和发明像其他物品一样由劳动和资本生产出来。要看这个模型是如何运作的,可以设想经济中有很多“发明工厂”,那里的工人生产出“发明”。事实上,在美国和许多国家有很多研究实验室,在研究实验室工作的研究者的工作就是生产出新的思想和发明。实验室的管理者部分地依赖于获得的新的专利的数量来度量实验室的生产率。但是“发明工厂”的概念含义一般包括不太正式的但依然是有目的性的提高技术的方法,不管是否在实验室里。

类似于产品的生产函数,我们可以定义一个技术的生产函数如下:

$$\Delta A = T(N_A, K_A, A) \tag{8-15}$$

也就是说,每年的技术进步 ΔA 依赖于用于生产技术的劳动的数量 NA,用于生产技术的资本的数量 KA 和现有的技术 A,函数 T 是技术的生产函数。

式(8-15)已经说明为什么技术是内生的。如果更多的劳动力资源被用于技术的生产,则技术会得到更大提高;如果更多的资本被用于技术的生产,则技术也会得到更大的提高。

需要注意的是,技术本身也对新技术的生产有贡献。技术有着重要的溢出效应,在一个实验室中发展出来的思想可以帮助它在其他实验室里创造出新的思想。虽然一些发明可以注册专利,但专利包含的思想常常可以被其他实验室的研究者使用;技术可以被用来生产新的技术,是非排他品的一个例子;一个厂商无法阻止其他厂商使用技术。因为一个人可以一次又一次地使用同一想法,所以技术在本质上不同于其他经济物品。对技术进步内生化的研究,归结起来主要有以下四个方面:

(1) 报酬递增的生产函数

通过选择具有要素报酬递增性质的生产函数,可以解释内生经济增长的存在性和原因。罗默在他 1986 年的《收益递增与长期增长》一文中认为,企业通过投资增加资本存量的行为提高了知识的水平。知识是非竞争性的,具有外部效应,这种效应不仅使其自身形成收益递增,而且也使物质资本和劳动等其他投入要素也具有收益递增的特性,而这种收益递增会导致经济的长期增长。

(2) 人力资本

卢卡斯在《论经济发展机制》一文中,用人力资本解释了长期经济增长。人力资本不同于劳动力,必须通过教育和培训成本等的投入才能形成。人力资本可以相互传递,结果是不仅提高了投资者本身的生产率,而且也增加了劳动与物质资本的生产率,从而形成了生产的收益递增。拥有大量人力资本的国家会取得较快的经济增长速度,人力资本水平低下则是不发达国家经济增长缓慢的重要原因之一。

(3) 边干边学

边干边学模型强调从事生产的过程也是获得知识的学习过程。生产过程中积累了资本品的同时也积累了更多的知识,因为新生产的资本品所含的技术水平在提高。边干边学积累起来的经验使劳动力和固定资产的效率在生产过程中都有所提高。技术水平随着资本水平的提高而提高,学习参数的提高会促使长期增长率的提高,边干边学模型以此来解释经济的长期增长。

(4) 创　新

创新是厂商投资进行研究开发的成果。根据创新产品的类型不同,创新可以分为中间产品创新和消费品创新。当创新产品为中间产品时,创新表现为中间产品的品种增加和质量的上升，实际上意味着生产率的提高。生产率的提高保证了在中间产品投入总量不变的情况下消费品总量的上升，从而产生了经济增长。当创新产品为消费品时，在消费品总支出不变的情况下，创新表现为消费品的品种增加或者质量的上升，这可以提高消费者的效用，这样经济增长就表现为福利的增加。

二、对内生经济增长模型的评价

内生经济增长模型否定了新古典经济增长模型外生技术变革的假设，把注意力集中于解释技术进步，而不是把技术看作外生的。内生经济增长理论致力于提供一个清晰的理论来解释技术因子变化的决定因素。新古典经济增长理论并没有对技术进步的原因和机制进行分析，只是把技术作为一种外生的因素，但内生经济增长理论讨论了技术进步本身的机制和规律，并把技术进步作为内生变量引入了经济增长模型。例如，内生经济增长理论把技术进步与投资和资本积累联系起来，认为技术进步是某些投资和生产活动的正的"外部性"，如在投资生产过程中产生的生产方式改进等。罗默等人认为，如果政府不对科学技术的发展加以倡导，则分散经营的经济增长率就会过低。因此，政府可以通过对研究和开发提供补贴来达到促进经济增长的目的。

当然，内生经济增长模型对影响一国经济增长的制度以及市场发育程度等这些问题仍没有引起足够的重视。而这些往往是制约发展中国家经济增长的重要因素。

第五节　经济周期理论概述

在经济的长期运行中，与经济增长相伴随的一个不容忽视的现象是经济增长经常受到各种因素的干扰，经济增长并不是稳定上升的：扩张、繁荣、衰退、萧条交替更迭，并伴随着失业、通货膨胀等的较大变化。那么，经济为什么会有这种周期性现象呢？有没有什么政策措施来平抑经济周期的波动呢？要回答这些问题就需要学习和了解经济周期理论。

一、经济周期的定义与特征

在经济学中，经济周期指的是总体经济运行中不规则的经济扩张与经济紧缩交替更迭、反复出现的波动现象。对于经济周期的定义，经济学家有不同的解释。一些经济学家将经济周期的定义建立在实际产出 GDP 或总产量绝对量的变动基础上，认为经济周期是指实际产出 GDP 上升和下降的交替过程。另一些经济学家则将经济周期的定义建立在经济增长率变化的基础上，认为经济周期是指经济增长率上升和下降的交替过程，根据这一定义，衰退不一定表现为 GDP 绝对量的下降，只要 GDP 的增长率下降，即使 GDP 增长率仍为正数，也可以称之为衰退，因此在经济中存在着增长性的衰退。

1946 年，美国经济学家伯恩斯和米切尔在《衡量经济周期》一书中给经济周期下了一个经典性定义："经济周期是指主要按企业来组织经济活动的国家所出现的总体经济活动的一种波动。一个周期由几乎同时在许多经济活动中所发生的扩张，随之而来的同样普遍的衰退、收缩和于下一个周期的扩张阶段相连的复苏所组成。这种变化的顺序反复出现，但并不是定期发生，经济周期的持续时间在 1 年以上到 10 年或 12 年，它们不再分为具有接近自己的振幅的类似特征的更短周期。"

这一定义得到多数经济学家的认可,并被美国研究经济周期的权威——国家经济研究局作为确定经济周期波峰与波谷的标准。在美国,经济衰退日期的裁定是由国家经济研究局做出的,国家经济研究局的经济学家不是完全依据实际 GDP 的变动来确定经济周期的,而是根据包括了多种宏观经济指标的综合指标来确定经济衰退以及经济周期的。

要对经济周期有一个比较完整的理解,必须把握经济周期的以下特征:

(1) 总体经济活动

经济周期被定义为总体经济活动的波动,而不是某一个具体的经济变量(如实际 GDP)的波动。尽管实际 GDP 是测度总体经济活动最近似的单个指标,但是,经济活动的其他指标如就业、价格水平和金融市场变量,对理解经济周期也是非常重要的。

(2) 扩张和衰退

我们用图 8-2 来表示典型的经济周期。图中虚线表示总体经济总是处于充分就业时的潜在国民产出的增长路径,实线表示实际经济活动的上升和下降。在经济分析中,过去常常把经济周期划分为四个阶段:危机、萧条、复苏和高涨。危机阶段是由高涨转向萧条的过渡阶段,复苏阶段是由萧条转向高涨的过渡阶段。现在一般把经济周期划分为两个阶段:衰退和扩张。总体经济活动的下降成为衰退,如果下降比较严重,就称为萧条。总体经济活动的上升称为扩张。经济周期的两个阶段相互交替的转折点,分别成为波峰和波谷。在经济到达波峰之后,经济开始下降;在经济到达波谷之后,经济开始增长。一般地,我们把总体经济从一个波谷到下一个波谷的时间内所经历的扩张和紧随其后的衰退,或者,总体经济从一个波峰到下一个波峰的时间内所经历的衰退和紧随其后的扩张,称为一个经济周期。

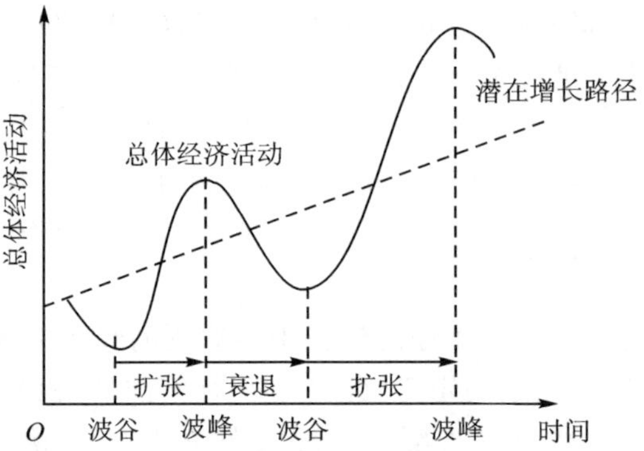

图 8-2 经济周期

(3) 协动性

经济周期是指总体经济活动的波动,并不是指几个部门或仅仅几个经济变量的波动,相反地,扩张或衰退总是同时在许多经济活动中发生。因此,要完整地反映整个经济的活动周期,就必须包括较多的经济指标。尽管在经济中,一些产业或行业对经济周期较其他产业或行业更为敏感,但是在许多产业,产出和就业都倾向于在衰退期下降,在扩张期增加。其他变量,如价格水平、政府支出、投资、市场利率等变量,在经济周期中一般也具有一定的规律性。

(4) 循环性

经济学家常常将经济周期称为经济循环,因为按照严格的定义,周期是指有规律的、可预测的现象或事件发生的时间间隔，或者说固定的时间长度。而我们定义的经济周期，并非周期性发生，既不是按照某一规律或某一时间间隔发生的，也并不总是持续一个固定的时间长度。但是，经济周期却是循环发生的，它总是按照扩张—波峰—衰退—波谷这一标准形态周而复始地出现。因此，我们可以说经济周期实际上并不具有周期性，但具有循环性。

(5) 持续性

经济周期的时间长短存在着较大的差别，有的经济周期可能不到一年，有的则长达几年甚至数十年。但是，一旦经济衰退产生，总体经济将维持衰退一段时间，或者一年或者更长；类似地，一旦扩张开始，经济倾向于持续一段时期。这种衰退之后的进一步衰退的倾向，以及增长之后进一步增长的倾向，被称为经济周期的持续性。

二、经济周期的分类

经济学家根据一个经济周期时间的长短，把经济周期分为不同的类型。

1. 朱格拉周期

世界上第一次生产过剩危机于 1825 年发生于英国，以后经济学家就注意并研究了这一问题。但是，他们大多把危机作为一种独立的事件来研究。1860 年法国经济学家朱格拉在他的《论法国、英国和美国的商业危机及其发生周期》一书中提出，危机或恐慌并不是一种独立的现象，而是经济中周期性波动的三个连续阶段(繁荣、危机、清算)中的一个。这三个阶段反复出现形成周期现象。他对较长时期的工业经济周期进行了研究，并根据生产、就业人数、物价等指标，确定了经济中平均每一个周期为 9～10 年。这就是中周期，又称为朱格拉周期。美国经济学家汉森把这种周期称为“主要经济周期”，并根据统计资料计算出美国 1795—1937 年间共有 17 个这样的周期，其平均长度为 8.35 年。

2. 基钦周期

1923 年，美国经济学家基钦在《经济因素中的周期与趋势》中研究了 1890—1922 年间英国与美国的物价、银行结算、利率等指标，认为经济周期实际上有主要周期与次要周期两种。主要周期即中周期，次要周期为 3～4 年一次的短周期，又称基钦周期。汉森根据统计资料计算出美国 1807—1957 年间共有 37 个这样的周期，其平均长度为 3.51 年。

3. 康德拉季耶夫周期

1925 年，俄国经济学家康德拉季耶夫在《经济生活中的长期波动》中研究了美国、英国、法国和其他一些国家长期的时间序列资料，认为资本主义社会有一种为期 50～60 年、平均长度为 54 年左右的长期波动。这就是长周期，又称康德拉季耶夫周期。

康德拉季耶夫根据对美国、英国、法国 100 多年内批发物价指数、利率、工资率、对外贸易量、煤铁产量与消耗量等的研究，认为从 18 世纪末期以后，经历了三个长周期。第一个长周期从 1789 年到 1848 年，上升部分 25 年，下降部分 35 年，共 60 年；第二个长周期从 1849 年到 1896 年，上升部分 24 年，下降部分 23 年，共 47 年；第三个周期从 1896 年起，上升部分为 24 年，1920 年以后进入下降时期。

对长周期现象有不同的解释。有的经济学家认为这是一种长期积累的变动；有的经济学家认为这是由战争引起的,与政府在繁荣时期的大量军费开支有关;也有的经济学家认为,长周期仅仅是一种价格现象,而不是产量现象。现在有许多经济学家仍然重视对长周期的研究,称之为长波理论。

4. 库兹涅茨周期

1930年,库兹涅茨在《生产和价格的长期运动》中提出了存在一种与房屋建筑业相关的经济周期,这种周期长度在15～25年之间,平均长度为20年左右。这也是一种长周期,被称为库兹涅茨周期,或建筑业周期。

5. 熊彼特周期

奥地利经济学家熊彼特在1939年出版的两大卷《经济周期》第一卷中,对朱格拉周期、基钦周期和康德拉季耶夫周期进行了综合分析。

熊彼特认为,每一个长周期包括6个中周期,每一个中周期包括三个短周期,短周期约为40个月,中周期为9～10年,长周期为48～60年。他以重大的创新为标志,划分了三个长周期:第一个长周期从18世纪80年代到1842年,是“产业革命时期”;第二个长周期从1842年到1897年,是“蒸汽和钢铁时期”;第三个长周期从1897年以后,是“电气、化学和汽车时期”。在每个长周期中仍有中等创新所引起的波动,这就形成了若干个中周期。在每个中周期中还有小创新所引起的波动,这就形成了若干个短周期。这就是熊彼特周期。

第六节　经济周期的成因

从经济周期产生的原因角度出发,将经济周期分为外生经济周期理论和内生经济周期理论。

一、外生经济周期理论

外生经济周期理论的观点是,经济周期源于经济体系之外的因素,如太阳黑子、战争、革命、选举、金矿或新资源的发现以及科学突破或技术创新等。

1. 太阳黑子理论

杰文斯于1875年在他的一篇论文中提出了太阳黑子说经济周期理论。这一理论把经济的周期性波动归因于太阳黑子的周期性变化。因为他发现十年左右会出现一次太阳黑子,而商业危机大概也是十年出现一次,于是他将这两种现象结合起来,创立了太阳黑子说经济周期理论。他认为太阳黑子的周期性变化会影响气候的周期变化,进而影响农业收成,而农业收成的丰歉又会对整个经济产生影响。这是在第一次世界大战前很有影响力的一个理论,其产生是与当时的环境相适应的,因为在杰文斯所处的时期,农业经济占国民经济相当大的比重,农业的丰收与否对社会经济的盛衰会产生直接的影响。但是仅凭数量上的相关关系就将二者联系在一起,并认定二者有必然联系,显然是片面的。

2. 创新理论

创新理论是奥地利经济学家熊彼特提出用来解释经济波动与发展的一个概念。“创新”指的是一种新的生产函数，或者生产要素的一种“新组合”。新的生产函数或者生产要素新组合的出现会刺激经济的发展与繁荣。当生产函数或者新组合出现时，老的生产要素组合依然存在。这种共存会给新组合的创新者提供获利条件。但是，如果新组合的技术扩散，大多数企业获得该技术，停滞阶段便即将临近。在停滞阶段，因为没有新的技术创新出现，很难刺激大规模投资，萧条难以摆脱。新的创新的出现将打破这种现象，并将创造新的繁荣。总之，该理论将经济周期产生的原因归为科学技术创新的非持续性，科学技术创新的非持续性便意味着必然有经济的周期性波动。

3. 政治性周期理论

政治性周期是外因经济周期的一个主要例证。政治性周期理论把经济周期的原因归为政府周期性的决策(主要是为了循环解决通货膨胀和失业问题)。其主要代表人物是波兰经济学家卡莱斯基。该理论认为，经济周期与政府行为有着密切联系，政府为了维持较高的经济增长速度，往往会以扩大总需求为目的采取一些扩张性的货币和财政政策，从而制造一次衰退。当经济出现衰退后，政府在人民的压力下不得不执行充分就业政策，再次执行扩张性政策的结果又推动了新的高涨，继而也不可避免地出现第二次人为衰退。

二、内生经济周期理论

内生经济周期理论是在经济体系内部寻找商业周期的机制。该理论认为，经济的周期波动是经济体系内部——收入、成本、投资在市场机制作用下的必然现象。

1. 纯货币理论

英国经济学家霍特里在1913—1933年间的一系列著作中提出该理论。纯货币理论认为，名义国民收入的波动是由货币供应量和货币流通度的波动引起的，并且极端地认为，经济波动完全是银行体系交替地扩张和紧缩信用造成的，其中短期利率起着重要的作用。霍特里认为，“消费者支出构成了社会的有效需求，而消费者支出的变动主要是由于货币量的变动。”周期中的萧条阶段是由于货币量萎缩造成的消费支出减少引起的，而繁荣阶段，情况则相反。纯货币理论在描述周期的扩张、收缩过程方面是非常成功的，但是，该理论认为经济周期完全是一种货币现象却是片面的，很难令人信服。

2. 投资过度理论

投资过度理论认为投资过度是产生经济周期的原因。当投资过多时，资本品的生产发展过快，资本品生产的过度发展促使经济进入繁荣阶段，但是人们的消费并不像投资那样可以瞬间地增长，这种情况下就会产生剩余，进而厂商减少生产，减少投资，加大裁员比例，这样经济进入萧条阶段。看似很合理的投资过度论并没有考虑引起投资过度的真实原因，难以确定是何种冲击导致投资的过度。

3. 消费不足论/储蓄过度论

消费不足理论的出现较为久远。早期有西斯蒙第和马尔萨斯,近代则以霍布森为代表。该理论把经济的衰退归因于消费品的需求赶不上社会对消费品生产的增长。这种不足又根据源于国民收入分配不公所造成的过度储蓄。该理论一个很大的缺陷是,它只解释了经济周期危机产生的原因,而未说明其他的三个阶段,因而在周期理论中,它并不占有重要位置。

4. 心理理论

心理理论和投资过度理论是紧密相连的。该理论认为经济的周期性波动取决于投资,而投资大小主要取决于资本所有者对未来的预期。预期是一种心理现象,而心理现象具有不确定性的特点,因此,经济波动的最终原因取决于人们对未来的预期且具有不确定性的特点。当预期乐观时,增加投资,经济步入复苏与繁荣;当预期悲观时,减少投资,经济则陷入衰退与萧条。随着人们心理预期的变化,投资大小发生变动,经济也就会发生周期性的波动。

第七节　乘数-加速数模型

一、加速原理

在宏观经济学中,产量水平的变动和投资支出数量之间的关系被称为加速原理。

一般来说,要生产更多的产量需要更多的资本,进而需要用投资来扩大资本存量。在一定的限度内,企业有可能用现有的资本通过集约的使用来生产更多的产品,但在任何时候,企业总认为有一个最优的资本对产量的比率。这个比率不仅在行业与行业之间差别很大,而且还随着社会技术和生产环境的变动而发生变动。在宏观经济学中,为了减少复杂性,通常假定这个比率在一定时间内保持不变。

若以 K 代表资本存量,Y 代表产量水平,v 代表资本-产量比率,即一定时期每生产单位货币产量所要求的资本存量的货币额,则有

$$K = vY$$

注意到 K 是存量而 Y 是流量,所以一般情况下,$v>1$。假定 $v=3$,其含义为要生产 200 元的 Y,就需要有 600 元的 K。

引入时期的概念,则$(t-1)$时期的 K 和 Y 的关系可表示为

$$K_{t-1} = vY_{t-1}$$

如果产量从 Y_{t-1}变动到 Y_t,则资本存量也将从 K_{t-1}变动到 K_t,即

$$K_t = vY_t$$

于是资本存量的增加量是 K_t-K_{t-1}。为了增加资本存量,需要投资支出净增加。记 I_t 是时期 t 的投资净额,即净投资,则有

$$I_t = K_t - K_{t-1}$$

进而有

$$I_t = v(Y_t - Y_{t-1}) \tag{8-16}$$

式(8－16)表明,t 时期的净投资额决定于产量从 $(t-1)$到 t 的变动量乘以资本-产量比。

如果 $Y_t > Y_{t-1}$，则在 t 时期有正的净投资。净投资取决于产量水平的变动，变动的幅度大小取决于 v 的数值。资本-产量比 v 在这里通常被称为加速数。

由于总投资由净投资与重置投资（或更新投资）构成，如果将重置投资视为折旧，则在式（8－16）两边同时加上折旧，便有

$$t\text{ 时期总投资} = v(Y_t - Y_{t-1}) + t\text{ 时期的折旧} \tag{8-17}$$

由式（8－16）或式（8－17）所表示的加速原理说明，如果加速数为大于 1 的常数，资本存量所需要的增加必须超过产量的增加。应当指出，加速原理发生作用是以资本存量得到了充分利用，且生产技术不变，从而资本-产量比固定不变为前提的。

二、乘数-加速数模型的基本思想

乘数-加速数模型在试图把外部因素和内部因素结合在一起对经济周期作出解释的同时，特别强调投资变动的因素。假设由于新发明的出现使投资的数量增长。投资数量的增长会通过乘数作用使收入增加。当人们的收入增加时，他们会购买更多的物品，从而整个社会的物品销售量增加。通过上面所说的加速数的作用，销售量的增加会促进投资以更快的速度增长，而投资的增长又使国民收入增长，从而销售量再次上升。如此循环往返，国民收入不断增大，于是，社会便处于经济周期的扩张阶段。

然而，社会的资源是有限的，收入的增大迟早会达到资源所能允许的峰顶。一旦经济达到经济周期的峰顶，收入便不再增长，从而销售量也不再增长。根据加速原理，销售量增长的停止意味着投资量下降为零。由于投资的下降，收入减少，从而销售量也因而减少。又根据加速原理，销售量的减少使得投资进一步减少，而投资的下降又使国民收入进一步下降。如此循环往复，国民收入会持续下降。这样，社会便处于经济周期的衰退阶段。

收入的持续下降使社会最终达到经济周期的谷底。这时，由于在衰退阶段的长时期所进行的负投资，生产设备的逐年减少，所以仍在营业的一部分企业会感到有必要更新设备。这样，随着投资的增加，收入开始上升。上升的国民收入通过加速数的作用又一次使经济进入扩张阶段。于是，一次新的经济周期又开始了。

三、乘数-加速数模型

由萨缪尔森所提出的乘数-加速数模型的基本方程如下：

$$\begin{cases} Y_t = C_t + I_t + G_t & (8-18) \\ C_t = \beta Y_{t-1}, \qquad 0 < \beta < 1 & (8-19) \\ I_t = v(C_t - C_{t-1}), \qquad v > 0 & (8-20) \end{cases}$$

式中，式（8－18）为产品市场的均衡公式，即收入恒等式。式（8－19）是简单的消费函数，它表明，本期消费是上一期收入的线性函数。式（8－20）按加速原理依赖于本期与前期消费的改变量。将式（8－19）、式（8－20）代入式（8－18），得

$$Y_t = \beta Y_{t-1} + v(C_t - C_{t-1}) + G_t \tag{8-21}$$

西方经济学家指出，在社会经济生活中，投资、收入和消费相互影响，相互调节，通过加速数，上升的收入和消费会引致新的投资，通过乘数，投资又使收入进一步增长。假定政府支出为一固定的量，则靠经济本身的力量自行调节，就会自发形成经济周期，经济周期中的阶段正是乘数与加速数交互作用而形成的：投资影响收入和消费（乘数作用）；反过来，收入和消费又

影响投资(加速数作用)。两种作用相互影响,形成累积性的经济扩张或收缩的局面,这是西方学者对经济波动作出的一种解释。他们认为,只要政府对经济干预,就可以改变或缓和经济波动。例如,采取适当政府刺激投资,鼓励提高劳动生产率以提高加速数,鼓励消费等措施,就可克服或缓和经济萧条。

第八节　实际经济周期理论

实际经济周期(RBC)理论出现于20世纪80年代,属于新古典宏观经济学派,主张自由放任,反对政府对经济的干预,是凯恩斯主义各派的反对者。2004年度的诺贝尔经济学奖授予了RBC的代表人物挪威经济学家基德兰德和美国经济学家普雷斯科特,以表彰他们在动态宏观经济领域作出的贡献。

凯恩斯主义各派和主张自由放任的各派分歧的关键是短期中市场机制的调节是否完善,需不需要国家来调节经济。一个中心的问题就是经济周期问题,实际经济周期学派在这个问题上取得了开创性的成果。

(1) 经济周期的性质

实际经济周期理论认为长期和短期中决定经济的因素是相同的,既有总供给又有总需求,因此,把经济分为长期和短期是无意义的。经济周期并不能说成短期经济与长期趋势的背离,经济周期本身就是经济趋势或者潜在的或充分就业的国内生产总值的变动。所以,经济周期和经济增长是一个问题,并不像凯恩斯主义经济学那样,认为经济增长是研究长期问题,经济周期是研究短期问题。

(2) 经济波动的根源

实际经济周期理论认为市场机制本身是完善的,可以自发调节经济以实现充分就业的均衡。经济周期源于经济体系之外的一些实际因素的冲击,即"外部冲击"。市场经济无法预测这些因素的变动与出现,也无法自发地迅速做出反应,故经济会发生周期性波动。在这些外部冲击中,主要是技术冲击。

(3) 经济波动的传导机制

在RBC理论中,由技术冲击引起的技术波动的核心传导机制是劳动供给的跨期替代。最早是由卢卡斯和拉平在《实际工资、就业和通货膨胀》一文中提出的。主要思想是如果当期的工资上升,家庭会增加当期的劳动供给,减少当期的闲暇;反之则相反。另外,在发生技术冲击时,一方面厂商对劳动力的需求增加,实际工资上升,劳动力供给增加;另一方面,由于下一期资本的边际产出增加,使得家庭认为投资有利,因此储蓄率上升,这使得预期的下一期的消费增长,较高的实际利率也会提高当期的劳动供给,进而使得产量增加。

(4) 经济周期的原因

在实际经济周期理论中,外部冲击可以是正的(有利作用,促进经济繁荣),例如技术的进步;也可以是负的(不利作用,导致经济衰退),例如20世纪70年代的石油危机。一旦这种冲击发生,实际宏观经济变量对此做出的反应是自然而然的。正的冲击引起劳动生产率、就业、投资的提高,扩大了总供给,经济繁荣;反之则相反。经济周期很大程度上表现为经济基本趋势本身的波动,而不是经济围绕基本趋势波动。也可以说周期不是偏离了均衡状态,而只是均衡状态本身的波动而已，产量的变动，仅代表随时间变动的帕累托最优。所以既然是均衡状态，就不存在市场失灵，政府干预也是没有必要的，政府应该为经济的最优增长提供良好的条件，例如提高教育、卫生等公共品，这些措施都可以影响供给，进而影响经济周期性的表现。

(5) 对实际经济周期理论的评价

实际经济周期理论的提出可以说改变了经济周期理论，也改变了宏观经济学，打破了其分为长期和短期以及把经济增长和经济周期分开的说法，这是科学的进步。但RBC理论也遭受了质疑，主要集中在其假设之上，即将技术冲击作为经济波动的根源。RBC假设存在正向和负向的冲击，但负向冲击缺少经验检验，因此导致解释经济衰退的说服力不够。同时，RBC理论中经济波动的传播机制也受到了质疑，有一些经济学家的研究表明，不同时期的劳动力供给对工资变化的反应微弱，但经济波动中所观察到的就业波动却比较大，很难用劳动供给的跨期替代来进行解释。

虽然当前经济学界对于实际经济周期理论还存在不少争论，但是随着这个理论的完善，许多质疑都得到了克服。目前，许多经济学家仍在继续寻找新的方向来发展和完善该理论体系，如多部门RBC模型、异质个体RBC模型、引入离散选择的RBC模型以及引入动态发展的RBC模型等。

【案例8-1】　　什么时间工作？

根据实际经济周期理论，人们通过进行成本-效益的权衡决定什么时候工作。他们比较现期工作的收益与以后工作的预期收益。事实上，学生在学校每天都在进行这种权衡。假设你在宏观经济学这门课程的学习中希望得到优秀的成绩，那么为了实现这一目标，你在整个学期都需要努力学习。不过，在期末考试前几天的时间里，你的学习更加刻苦。为什么呢？因为你认为临近考试时学习的收益率更高，你情愿把休息的时间用来读书，然后在考试完之后再好好休息。

实际经济周期理论认为，工人们的行为和学生的一样。当实际工资率暂时降低时，他们工作的时间就少了，有时甚至不工作；而当实际工资率暂时提高时，他们工作的时间增加了。但为了正确比较现期工资率和未来工资率，工人必须利用利率把未来工资率先进行贴现。例如实际利率为一年6%，那么现在每天赚的100元实际工资到明年同期将变为106元。那么如果明年同期每天工资为105元，工人将认为现在的工资水平高。工人将通过现在多工作而在一年后缩短工作时间，这样的选择使工人可以得到高于1%的实际工资。如果现在的实际利率是一年4%，那么现在赚的100元相当于明年同期的104元，这样工人就会做出现在少工作而明年多工作的选择。

从上面的例子看出，什么时候工作的决策与实际利率有关。在其他条件不变的情况下，实际利率越低，劳动供给越少。劳动供给对实际利率等因素的反应就是劳动供给的跨期替代。实际经济周期理论认为劳动供给的跨期替代效应明显，是实际经济周期理论波动的主要传导机制。

（摘自：朱红恒，《宏观经济学》）

本章小结

1. 经济增长通常被定义为一个国家或地区在一定时期内生产的商品和提供的劳务的增加，也就是实际国内生产总值的增加，这种增加既表现为总量上的增加，又包含了人均量的增长。

2. 经济增长模型有很多,有代表性的模型包括新古典经济增长模型、内生经济增长模型等。

3. 经济周期指的是总体经济运行中不规则的经济扩张与经济紧缩交替更迭、反复出现的波动现象。

4. 一个完整的经济周期要经历萧条、扩张、繁荣、衰退四个阶段,根据周期持续时间的长短,把经济周期分为康德拉季耶夫长周期、朱格拉中周期和基钦短周期。

5. 经济周期理论按成因可以分为外生经济周期理论和内生经济周期理论。内生经济周期理论较有影响的理论是乘数-加速数模型,外生经济周期理论较有影响的理论是实际经济周期理论。

自测题

1. 经济增长的源泉有哪些?
2. 请阐释新古典增长理论。
3. 请阐释内生增长理论。
4. 什么是经济周期? 经济周期包括哪几个阶段?
5. 请分析经济周期的成因。
6. 请分析乘数-加速数模型的基本思想。
7. 请阐释实际经济周期的基本思想。

第九章　开放经济概论

本章知识结构框架图

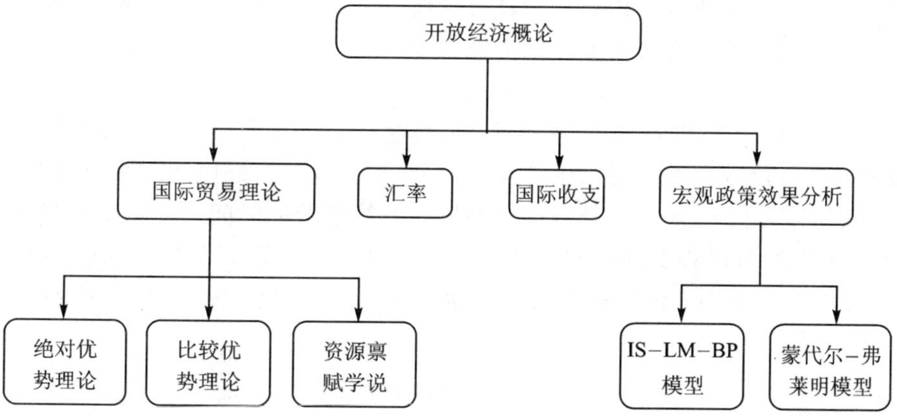

知识导引

到目前为止，本书对宏观经济理论的论述都以封闭经济为假设前提，即假定一国经济不与国外进行联系。但当今的世界已经不是封闭经济，任何一个国家或地区都与其他国家或地区有一定程度的经济贸易往来。本章把封闭经济的假设放弃，以开放经济的视角考察一国宏观经济的运行。

本章学习目标

◇ 了解几种国际贸易的基本理论。

◇ 掌握汇率的相关知识。

◇ 掌握什么是国际收支，了解国际收支平衡表的编制。

◇ 掌握 IS－LM－BP 模型和蒙代尔-弗莱明模型。

◇ 能够运用蒙代尔-弗莱明模型分析开放经济中财政政策和货币政策的效应。

关键概念

绝对优势	比较优势	资源禀赋学说
汇率	固定汇率制	浮动汇率制
美元标价法	直接标价法	间接标价法
国际收支	国际收支平衡表	购买力评价
IS－LM－BP 模型	蒙代尔-弗莱明模型	

第一节　国际贸易理论

国际贸易是指世界上各个国家或地区之间的商品与劳务的交换活动，是国际间分工的形式，反映了各国在经济上相互依靠。是什么导致国际贸易的产生和快速的发展呢？贸易对各国经济和对世界经济有什么好处呢？这里将介绍几种重要的贸易理论：绝对优势理论、比较优势理论和资源禀赋学说。

一、绝对优势理论

绝对优势理论由亚当·斯密在1776年《国富论》中提出的一个支持国家间自由贸易的理论。它的主要内容可以概括为：在两国生产两种商品的情况下，其中一国在一种商品的生产上具有较高效率，另一国在另一种商品中具有较高效率，则两国在不同商品生产上分别拥有绝对优势，此时如果两国根据各自的绝对优势进行专业化加工，并相互进行交换，双方均能从中获益。

假定世界上只有两个国家——本国和外国，都生产小麦和布，而且没有质量差异。进一步假定，本国用1个单位劳动时间可以生产4码布和6千克小麦，外国用1个单位劳动时间可以生产5码布和1千克小麦，本国和外国用这种统一的简单劳动时间来表示生产成本。那么，本国在生产小麦上有绝对优势而外国在生产布上有绝对优势。假设给本国和外国同时分配2小时分别用于生产小麦和布，那么各国的产量和消费量以及世界的产量和消费量如表9－1所列。

表9－1　绝对优势的例子(1)

商　品	本　国	外　国	世　界
小麦/(千克·小时$^{-1}$)	6	1	7
布/(千克·小时$^{-1}$)	4	5	9

根据亚当·斯密绝对优势理论，两国应该按照各自的绝对优势来进行专业化的分工和生产，则本国应该用2小时专业化生产小麦，外国应该用2小时专业化生产布，两国再进行交换，整个世界和两个国家都会获得更大的利益，如表9－2所列。如果本国用6千克小麦去交换外国6码布，本国节约了0.5小时的劳动时间，外国节约了5小时的劳动时间，整个世界的产出也变得更多。

表9－2　绝对优势的例子(2)

商　品	本　国	外　国	世　界
小麦/(千克·小时$^{-1}$)	12	0	12
布/(千克·小时$^{-1}$)	0	10	10

二、比较优势理论

比较优势理论由大卫·李嘉图于1817年在其代表作《政治经济学及赋税原理》中提出。

如果出现一国在两种商品上均处于优势地位，而另一国在两种商品生产上均处于劣势地位，两国间能否还产生贸易？反映到现实生活中，一个在各个产业均具有较高生产力的富国是否有和一个各产业均处于落后地位的穷国进行贸易的必要？这个理论仍然可以用一个简单模型来进行解释后得出，如表9－3所列。

表 9－3　比较优势的例子(1)

商　品	本　国	外　国	世　界
小麦/(千克·小时$^{-1}$)	6	1	7
布/(千克·小时$^{-1}$)	4	2	6

大卫·李嘉图对绝对优势理论做了进一步的发展，提出了比较优势理论。比较优势理论认为：在两国生产两种产品的情况下，其中一国在两种商品的生产上均占据绝对优势，另一国在两种商品的生产上均处于绝对劣势，则两国仍然可以根据其比较优势来进行专业化的分工，即两国分别生产其优势相对较大或劣势相对较小的商品，并进行交换，双方仍能从中获益。每个国家都应根据“两利相权取其重，两弊相权取其轻”的原则，集中生产并出口其具有“比较优势”的产品，进口其具有“比较劣势”的产品。比较优势理论在更普遍的基础上解释了贸易生产的基础和贸易利得(指自愿贸易所增加的福利总额)，大大发展了绝对优势理论。

从表 9－4 中可以看出，在 1 小时劳动时间里，本国能生产出比外国更高的小麦和布，即本国在两种商品的生产上都具有绝对优势，然而从生产率的比较来看，本国在生产布上，生产率是外国的 6 倍，而在生产小麦上，生产率是外国的 2 倍。反之，外国在生产布上，生产率是本国的 1/6，而在生产小麦上，生产率是本国的 1/2。因此，可以确定，本国的比较优势在于生产布而外国的比较优势在于生产小麦。根据“两利相权取其重，两弊相权取其轻”的原则，两国应进行专业化的分工并交换。

表 9－4　比较优势的例子(2)

商　品	本　国	外　国	世　界
小麦/(千克·小时$^{-1}$)	12	0	12
布/(千克·小时$^{-1}$)	0	4	4

假设本国用 2 千克小麦交换外国 2 码布，那么本国经过国际贸易后最终消费量是 10 千克小麦和 2 码布，外国为 2 千克小麦和 2 码布，可以计算得出本国和外国节约的劳动时间分别为 1/6 小时和 1 小时。

三、资源禀赋学说

资源禀赋学说由瑞典经济学家赫克歇尔和俄林提出的用生产要素的禀赋程度来解释国际分工和国际贸易产生的原因和商品流向的理论。

赫克歇尔认为，国际贸易产生的原因是由于各国国家生产要素禀赋状况不同及不同产品的生产过程中所使用要素的比例不同。俄林认为，各国商品价格差异是国际贸易产生的直接原因，各国商品价格比例不同是国际贸易产生的必要条件。以两个国家、两种商品和两种要素(劳动和土地)为例说明，具体如表 9－5 和表 9－6 所列。

表 9－5　资源禀赋学说的例子(1)

商　品	劳　动	土　地
小麦	1	5
布	10	1

表 9－6　资源禀赋学说的例子(2)

价格(USD)	劳　动	土　地
本国	1	4
外国	2	1

根据表9-5和表9-6可以算出:本国生产1单位小麦要用21美元(1×1+4×5),1单位布要用14美元(10×1+1×4),商品价格比为3/2;外国生产1单位小麦要用7美元(1×2+5×1),1单位布要用21美元(10×2+1×1),价格比为1/3。因此,外国可以专业化生产小麦,本国可以专业化生产布,然后彼此交换,两个国家可以同时获利。产生这种情况主要是由于国家的要素禀赋和要素价格不同,导致生产成本差异和商品价格差异,所以国际贸易得以产生。

资源禀赋学说的主要观点是:

① 国际贸易实质上是国与国之间充裕生产要素和稀缺生产要素的交换。

② 在国际分工体系中,一国应生产和出口那些在生产上密集使用本国最丰富、价格最低廉的生产要素生产的商品,应进口那些在生产中密集使用本国最稀缺、价格最高昂的生产要素生产的商品。

③ 各国比较优势的地位由各国原有生产要素的充裕程度决定。

该理论在国际分工和国际贸易产生的依据分析上,比之前的理论更加深入和全面。但是它仍有许多片面的地方,不具有普遍意义,忽视了追逐利润和科学技术的发展等对国际贸易产生的重要作用。

第二节　汇率和汇率制度

一、汇率及其标价法

汇率又称外汇牌价或外汇行市,是两种货币之间的兑换比率,也可以说是以一种货币单位表示另一种货币的价格。外汇是实现两国之间商品交换和债务清偿的工具,汇率是买卖外汇的价格。可以说,外汇是对兑换行为的质的表述,汇率则是对兑换行为的量的度量。

汇率是两种货币折算的比率。折算两国货币时,首先要确定以哪一国货币作为标准,确定的标准不同,汇率的标价方法也就不同。

1. 直接标价法

直接标价法,又称应付标价法、欧式标价法,是以一定单位的外币为标准,折合成一定数量的本币来表示其汇率,即单位外币的本币价格。如中国银行人民币牌价US＄100=￥627.90,其标价方法是将外国货币视为一种普通商品,按本国普通商品的标价方法进行标价。这种标价法的特点是:外国货币的数额固定不变(为一定单位),其折合成本国货币的数额则随着本币与外币的相对价值变化而变动。

如果一定单位外国货币所折算的本币增多,则说明外国货币币值上升,外国货币汇率上升;或者说本国货币币值下降,本国货币汇率下跌;反之,本币额越低,表明外币贬值、本币升值。可见,在直接标价下,汇率的升降与本币对外价值的高低成反比。

2. 间接标价法

间接标价法,又称为应收标价法、美式标价法,是以一定单位的本币为标准,折算成一定数额的外国货币。例如,美国纽约外汇市场(本币为美元)US＄1=JP￥107.350 0。间接标价法的特点正好与直接标价法相反，即本币的数额固定不变，其折合成外币的数额随本币与外币相对价值的变动而变动。在间接标价法下，外币额越高，表示单位本币能兑换的外币越多，说明本币币值越高，外币币值越低；外币数额越低，表明本币贬值，外币升值。

显然，两种标价法下汇率互为倒数。二者只表明汇率表示方法上的不同，并没有实质性的区别。两国货币之间的汇率对一个国家是直接标价法，对另一个国家则是间接标价法。如US＄100＝￥627.72，在美国看来是间接标价法，对中国则是直接标价法。

3. 美元标价法

美元标价法是指以一定单位的美元为标准来计算能兑换多少其他货币。美元标价法下，美元的单位始终不变，美元与其他货币的比值是通过其他货币的量的变化来表现的。

上述三种标价方法的相同之处在于：各种标价方法下，数量固定不变的货币是标准货币或基础货币；数量不断变化的货币是标价货币或报价货币。直接标价法下，基础货币是外币，标价货币是本币；间接标价法下，基础货币是本币，标价货币是外币；美元标价法下，美元是基础货币，其他各国货币是标价货币。三种标价法的共同点，都是以标价货币的数量表示标准货币或基础货币的价格。

二、汇率制度

汇率制度，又称汇率安排，是指一国货币当局对本国汇率水平的确定、汇率变动的方式等所做的一系列安排或规定。汇率制度制约着汇率水平的变动。不同的汇率制度本身意味着政府在实现内外均衡目标的过程中需要遵循不同的规则，所以选择合理的汇率制度是一国乃至国际货币制度面临的重要问题。

世界上的汇率制度主要有固定汇率制和浮动汇率制两种。固定汇率制是指一国货币同他国货币的汇率基本固定，其波动限于一定的幅度之内。浮动汇率制是指一国不规定本国货币与他国货币的官方汇率，听任汇率由外汇市场的供求关系自发地决定。浮动汇率制又分为自由浮动与管理浮动，前者指中央银行对外汇市场不采取任何干预措施，汇率完全由外汇市场的供求力量自发地决定。后者指实行浮动汇率制的国家，对外汇市场进行各种形式的干预活动，主要是根据外汇市场的供求情况售出或购入外汇，以通过对外汇供求的影响来影响汇率。

从第二次世界大战后的情况看，西方各国在20世纪70年代之前是实行固定汇率制，即按照以美元为中心的国际金融体系（又称“布雷顿森林体系”）所实施的固定汇率制。后来，由于美元危机，布雷顿森林体系崩溃，西方各国相继放弃了固定汇率制而采用了浮动汇率制。目前，世界上有80多个国家仍然采用固定汇率制。60多个国家则是采取不同程度的浮动汇率制。

【案例9－1】　　国际汇率制度的演变

在国际金融史上，一共出现了三种汇率制度，即金本位体系下的固定汇率制、布雷顿森林体系下的固定汇率制和浮动汇率制。

1880—1914年的35年间，主要西方国家通行金本位制，即各国在流通中使用具有一定成色和重量的金币作为货币，金币可以自由铸造、自由兑换及自由输出入。在金本位体系下，两国之间货币的汇率由它们各自的含金量之比来决定，只要两国货币的含金量不变，两国货币的汇率就保持稳定。

1914年第一次世界大战爆发,各国停止黄金输出入,金本位体系即告解体。第一次世界大战到第二次世界大战之间,各国货币基本上没有遵守一个普遍的汇率规则,处于混乱的各行其是的状态。金本位体系的35年是自由资本主义繁荣昌盛的"黄金时代",固定汇率制保障了国际贸易和信贷的安全,方便生产成本的核算,避免了国际投资的汇率风险,推动了国际贸易和国际投资的发展。但是,严格的固定汇率制使各国难以根据本国经济发展的需要执行有利的货币政策,经济增长受到较大制约。

布雷顿森林体系下的固定汇率制也可以说是以美元为中心的固定汇率制。1944年7月,在第二次世界大战即将胜利的前夕,二战中的45个同盟国在美国新罕布什尔州的布雷顿森林村召开了"联合和联盟国家国际货币金融会议",通过了以美国财长助理怀特提出的怀特计划为基础的《国际货币基金协定》和《国际复兴开发银行协定》,总称布雷顿森林协定,从此开始了布雷顿森林体系。布雷顿森林体系建立了国际货币合作机构(1945年12月成立了"国际货币基金组织"和"国际复兴开发银行"(又称"世界银行")),规定了各国必须遵守的汇率制度以及解决各国国际收支不平衡问题的措施,从而确定了以美元为中心的国际货币体系。

布雷顿森林体系下的汇率制度,概括起来就是美元与黄金挂钩,其他货币与美元挂钩的"双挂钩"制度。具体内容是:美国公布美元的含金量,1美元的含金量为0.888 671克,美元与黄金的兑换比例为1盎司黄金=35美元。其他货币按各自的含金量与美元挂钩,确定其与美元的汇率。这就意味着其他国家货币都钉住美元,美元成了各国货币围绕的中心。各国货币对美元的汇率只能在平价上下各1%的限度内波动,1971年12月后调整为平价上下各2.25%的波动,超过这个限度,各国中央银行有义务在外汇市场上进行干预,以保持汇率的稳定。只有在一国的国际收支发生"根本性不平衡"时,才允许贬值或升值。各会员国如需变更平价,必须事先通知基金组织,如果变动的幅度在旧平价的10%以下,基金组织应无异议;若超过10%,则须取得基金组织同意后才能变更。如果在基金组织反对的情况下,会员国擅自变更货币平价,基金组织有权停止该会员国向基金组织借款的权利。

综上所述,布雷顿森林体系下的固定汇率制,实质上是一种可调整的钉住汇率制,它兼有固定汇率与弹性汇率的特点,即在短期内汇率要保持稳定,这类似于金本位制度下的固定汇率制;但它又允许在一国国际收支发生根本性不平衡时可以随时调整,这类似于弹性汇率。

1971年8月15日,美国总统尼克松宣布美元贬值和美元停兑黄金,布雷顿森林体系开始崩溃,尽管1971年12月十国集团达成了《史密森协议》,宣布美元贬值,由1盎司黄金等于35美元调整到38美元,汇兑平价的幅度由1%扩大到2.5%,但到1973年2月,美元第二次贬值,欧洲国家及其他主要资本主义国家纷纷退出固定汇率制,固定汇率制彻底瓦解。

固定汇率制解体的原因主要是美元供求与黄金储备之间的矛盾造成的。货币间的汇兑平价只是战后初期世界经济形势的反映,美国依靠其雄厚的经济实力和黄金储备,高估美元,低估黄金,而随着日本和西欧经济复苏和迅速发展,美国的霸权地位不断下降,美元灾加剧了黄金供求状况的恶化,特别是美国为发展国内经济及对付越南战争造成的国际收支逆差,又不断增加货币发行,这使美元远远低于金平价,使黄金官价越来越成为买方一相情愿的价格。加之国际市场上投机者抓住固定汇率制的瓦解趋势推波助澜,大肆借美元对黄金下赌注,进一步增加了美元的超额供应和对黄金的超额需求,最终美国黄金储备面临枯竭的危机,不得不放弃美元金本位,导致固定汇率制彻底崩溃。

一般来讲,全球金融体系自1973年3月以后,以美元为中心的固定汇率制度就不复存在,而被浮动汇率制度所代替。实行浮动汇率制度的国家大都是世界主要工业国，如美国、英国、德国、日本等，其他大多数国家和地区仍然实行钉住的汇率制度，其货币大都钉住美元、日元、法国法郎等。

在实行浮动汇率制后，各国原规定的货币法定含金量或与其他国家订立的纸币的黄金平价，就不起任何作用了，因此，国家汇率体系趋向复杂化、市场化。

在浮动汇率制下，各国不再规定汇率上下波动的幅度，中央银行也不再承担维持波动上下限的义务，各国汇率是根据外汇市场中的外汇供求状况，自行浮动和调整的结果。同时，一国国际收支状况所引起的外汇供求变化是影响汇率变化的主要因素——国际收支顺差的国家，外汇供给增加，外国货币价格下跌、汇率下浮；国际收支逆差的国家，对外汇的需求增加，外国货币价格上涨、汇率上浮。汇率上下波动是外汇市场的正常现象，一国货币汇率上浮，就是货币升值，下浮就是贬值。

应该说，浮动汇率制是固定汇率制的进步。随着全球国际货币制度的不断改革，国际货币基金组织于 1978 年 4 月 1 日修改了“国际货币基金组织”条文并正式生效，实行所谓“有管理的浮动汇率制”。由于新的汇率协议使各国在汇率制度的选择上具有很强的自由度，所以现在各国实行的汇率制度多种多样，有单独浮动、钉住浮动、弹性浮动、联合浮动，等等。

在全球经济一体化进程中，过去美元在国际金融的一统天下，正在向多极化发展，国际货币体系将向各国汇率自由浮动、国际储备多元化、金融自由化、国际化的趋势发展。

三、购买力评价理论

购买力评价理论是当今世界颇具影响、广泛流传的一种汇率决定理论。其基本思想是：汇率由两国货币的购买力之比决定，汇率变化随货币购买力的变化而变化。人们之所以需要外国货币，是因为它在外国具有商品和劳务的购买力。因此，两国货币间的比价主要是由两国货币在各自国内购买力对比决定的。根据购买力评价决定的汇率是一种正常汇率或均衡汇率，而不是实际汇率，在现实兑换中，实际汇率围绕均衡汇率上下波动，并不断接近均衡汇率，所以购买力评价汇率成为纸币流通制度下的基础汇率。

四、影响汇率变动的因素

一个国家货币的汇率变动，表现为本国货币对外国货币的升值或贬值。影响汇率变动的既有经济要素，也有非经济要素。特别是国内、国际政治经济关系发生重大变化的时期，影响汇率变化的因素就更为复杂多变。具体来说，主要有以下几个方面的因素：

1. 国际收支

国际收支是指一国在一个时期（一般为一年）对外贸易和非贸易的收入总额与支出总额的对比。国际收支对汇率的影响是通过改变外汇供求关系的状况来实现的。当一国的国际收支存在较大顺差时，该国国际储备随之增长，外国对本国货币的需求增加，致使本国货币对外币汇率上升而外汇汇率下降；反之，当一国的国际收支出现较大逆差时，对外币的需求便会增加，这自然引起本币贬值，而外币升值。

2. 宏观经济状况

一国的宏观经济状况和经济实力是该国货币汇率持续稳定的物质基础。一国经济持续增长,物价稳定,会增强其商品的国际竞争力,使对外贸易进出口平衡,有力地支持货币汇率的稳定,不致引起汇率的大幅度波动;反之,一国经济停滞,通货膨胀加剧,会引起货币贬值,生产成本提高,国际竞争力削弱,出口贸易萎缩,必然导致其货币汇率难以保持稳定。

3. 国内外利率差异

不同国家的利息率差异是导致国际短期资本流动的直接原因。根据资本流动的规律,资本总是从利息率低的国家抽逃而涌向利息率高的国家。这种资本的频繁流动势必会引起外币市场供求关系的变化,从而引起汇率的变化。当利息率提高时,外汇流入,外汇供给增加,必然引起本币对外币汇率的上升和外汇汇率的下降;而当利息率下降时,外汇大量抽逃,外汇市场供给减少,自然会引起外汇汇率的上升。

【案例 9-2】　　购买力评价与套利?

故事发生在美国和墨西哥边界,一个游客在墨西哥一边的小镇上,用 0.1 比索买了一杯啤酒,他付了 1 比索,找回 0.9 比索。当他到美国一边的小镇上,发现美元和比索的汇率是 1 美元:0.9 比索。他把剩下的 0.9 比索换了 1 美元,用 0.1 美元买了一杯啤酒,找回 0.9 美元。回到墨西哥的小镇上,他发现比索和美元的汇率是 1 比索:0.9 美元。于是,他把 0.9 美元换为 1 比索,又买啤酒喝,这样在两个小镇上喝来喝去,总还是有 1 美元或 1 比索。换言之,他喝到了免费啤酒。

这位游客之所以能在两国不断地喝到免费啤酒,原因在于美元和比索的汇率在两国是不同的,而啤酒价格在美国和墨西哥都是 0.1 个当地货币单位。在美国,美元与比索的汇率是 1:0.9,在墨西哥,比索与美元的汇率是 1:0.9,这位游客正是靠着两国汇率的差异,进行套利活动,喝到了免费啤酒。免费啤酒是指喝酒的人没花钱,但酒店还是得到钱的。谁付了钱呢?如果美国的汇率正确,墨西哥低估了比索的价值,那么啤酒钱是由墨西哥出的。如果墨西哥的汇率正确,美国低估了美元的价值,那么啤酒钱是由美国出的。如果两国的汇率都不正确,则钱由双方共同支付的。

当汇率定得不正确时,就会有人从事套利活动,即把一种货币在汇率高估的地方换成另一种货币,再把另一种货币拿到汇率低估的地方换为原来的货币,套汇是市场上套利活动的一种,套利就是在价格低的地方买,在价格高的地方卖,获取其差额。在国家严格控制外汇,并规定汇率,且汇率与货币实际购买力不一致时,必定有套汇出现。旧中国时,四大家族正是通过套汇攫取国家财产的,在改革开放初期,通过套汇赚钱的人也不少。如果只有美墨边界上的游客喝点免费啤酒,损失倒不大,但两国的交易不只一杯啤酒,套汇者也不止一个游客,那么损失可就大了。

第三节　国际收支

随着经济全球化的发展,各国的对外经济交往日益密切,国内外的商品市场和要素市场逐渐连为一体。各国要很好地发展经济,必须全面掌握本国对外经济交往的全貌。国际收支作为一国对外经济交易的记录，是一国掌握对外经济情况的重要分析工具。

一、国际收支的含义

国际收支是指一定时期内一国或地区的居民与非居民之间由于经济、政治、文化等多项往来而引起的全部国际经济交易系统的货币记录。要更好地理解国际收支概念的内涵，应注重从以下几个方面去把握：

第一，国际收支是一个流量而非存量的概念。国际收支指一国在一定时期(常为一年)内发生的全部对外经济交易的系统记录。它与国际借贷的概念不同，后者是一个存量的概念，是指一国在某一时点对外资产与负债的总和。

第二，国际收支所反映的内容是经济交易。所谓经济交易，是指经济价值从一个单位向另一个单位的转移。分为：

① 一般的进出口贸易，即一般的商品、劳务的买卖；

② 易货贸易，指商品、劳务和商品、劳务之间的交换，即物物交换；

③ 国际间金融资产的交换；

④ 国际间实物捐赠，即无偿的、单向的商品和劳务转移；

⑤ 国际间捐赠，即无偿的、单向的金融资产转移。

第三，反映的是居民与非居民之间的交易。居民即在一国或地区居住期限达一年或一年以上的经济单位。居民包括个人、企业、政府、非盈利团体。但是，一国的国外领事馆成员、在国外的驻军，通常被认为是派出国的居民。全球的国际机构被认为是所有国家的非居民，区域性机构也是如此。例如，联合国、国际货币基金组织、世界银行等是任何国家的非居民。

二、国际收支平衡表

国际收支平衡表是反映一定时期一国同外国的全部经济往来的收支流量表。国际收支平衡表是对一个国家与其他国家进行经济、技术交流过程中所发生的贸易、非贸易、资本往来以及储备资产的实际动态所做的系统记录，是国际收支核算的重要工具。通过国际收支平衡表，可综合反映一国的国际收支平衡状况、收支结构及储备资产的增减变动情况，为制定对外经济政策，分析影响国际收支平衡的基本经济要素，采取相应的调控措施提供了依据。

国际收支平衡表采取的是复式记账原理，每一笔国际交易都要分别记录在国际收支平衡表的借方和贷方，借方项目和贷方项目分别用“－”和“＋”来表示。凡是涉及外国居民向本国居民支付的均属于贷方项目，凡是涉及本国居民支付的均属于借方项目。原则上，贷方项目的总和最终必须与借方项目的总和一致，及国际收支平衡表中所记录的净差额应该等于零。在国际收支平衡表中，国际收支主要分为三大类：经常项目、资本项目和平衡项目。表 9－7 所列反映了中国在 2010 年第一季度的国际收支情况。

经常项目主要反映一国与他国之间实际资源的转移，是国际收支中最重要的项目，涉及居民和非居民之间非金融性交易在内的所有交易，也包括未涉及任何回报而提供或获得的经常性经济价值的转移。经常项目顺差表示该国为净贷款人，经常项目逆差表示该国为净借款人。

表 9-7 中国 2010 年第一季度国际收支平衡表

单位：亿美元

项　目	差　额	贷　方	借　方
一、经常项目	536	3 950	3 414
A. 货物和服务	230	3 526	3 295
a. 货物	303	3 167	2 864
b. 服务	−72	359	431
B. 收益	211	312	101
C. 经常转移	95	112	17
二、资本和金融项目	642	2 133	1 491
A. 资本项目	11	12	1
B. 金融项目	631	2 121	1 490
a. 直接投资	155	304	149
b. 证券投资	22	112	90
c. 其他投资	454	1 705	1 251
三、储备资产	−960	0	960
四、净误差与遗漏	−219	0	219

注：本表计数采用四舍五入原则。

数据来源：国家外汇管理局“统计数据与报告”。

资本与金融项目反映的是居民与非居民之间的资本交易，包括长期或短期的资本流出和资本流入，是国际收支平衡表的第二大类项目。资本项目包括资本转移和非生产、非金融资产的收买或出售。前者主要是投资馈赠和债务注销；后者主要是土地和无形资产(专利、版权、商标等)的收买或出售。金融账户包括直接投资、证券投资(间接投资)和其他投资(包括国际信贷、预付款等)。

平衡项目是用来平衡经常项目和资本项目收支差额的项目，反映储备资产的变动状况以及国际收支账户的会计要求，通常由误差和遗漏、特别提款权分配、官方储备等项目组成。

三、国际收支不平衡

一般而言，一国的国际收支平衡表总是平衡的，但这并不代表该国的国际收支也是平衡的。国际收支平衡表的平衡仅仅是一种账面的平衡，是人为的，而判断一国的国际收支是否平衡要依据不同的标准。一般来讲，国际收支不平衡是指自主性交易不平衡。所谓自主性交易，是指经济主体为了某种自主性目的而从事的各种经济活动。与自主性交易相对的是补偿性交易，也称调节性交易。因此，衡量一国国际收支是否平衡，要看其自主性交易是否平衡。

具体而言，导致一国国际收支不平衡的原因主要有以下几种：

① 临时性不平衡，是指短期的、由不确定的或偶然的因素引起的国际收支失衡。这种失衡一般程度较轻，持续时间不长，带有可逆性，可以认为是一种正常现象。在浮动汇率制下，不需要政策调节，会自动得到纠正。在固定汇率制下，一般也不需要政策调节，动用储备便能调节。

② 结构性不平衡，是指国内经济、产业结构不能适应市场的变化而发生的国际收支失衡。结构性不平衡通常反映在贸易账户或经常账户上，具有长期性，扭转相对比较困难。发展中国家经常发生这种国际收支不平衡。结构性失衡有两层含义：经济和产业结构变动的滞后和困难所引起的国际收支失衡；一国产业结构比较单一，或其产业生产和产品出口需求的收入弹性低，或出口需求的价格弹性高而进口需求的价格弹性低所引起的国际收支失衡。

③ 货币性不平衡，是指一定汇率下国内货币成本与一般物价上升而引起出口货物价格相对高昂、进口货物价格相对低廉，从而导致的国际收支失衡。货币性不平衡可以是短期的，也可以是中长期的。

④ 周期性不平衡，是指一国经济周期波动所引起的国际收支失衡。当一国经济处于衰退期时，社会总需求下降，国际收支盈余，称为顺差；反之，为逆差。

⑤ 收入性不平衡，是指一国国民收入相对过快增长而导致进口需求增长超过出口增长从而引起的国际收支失衡。国民收入过快增长的原因是多种多样的，可以是周期性的、货币性的或者经济处于高速增长阶段引起的。这些原因引起的国民收入过快增长，导致进口需求增加，从而可能引起国际收支不平衡。

以上这些原因常导致国际收支不平衡。其中由经济结构因素和经济增长率变化所引起的国际收支不平衡称为持久性不平衡，具有长期持久的性质。

【案例 9-3】　　东亚危机及其教训

开始于东亚的危机也许是自 20 世纪 30 年代大危机以来对全球经济影响最大的一次危机。在危机之前，世界经济每年增长 2.3%，而且发展中国家每年增长 3.1%。1998 年，这种增长率分别急剧地下降到 1.8%和 2.0%。但发生急剧危机的国家所蒙受的损失更严重。例如，韩国的增长从危机前一年，即 1996 年的 7.1%，骤然下降到危机后一年，即 1998 年的 −5.8%。失业急剧上升增加了 3 倍多，而且实际工资大幅度下跌，不到一年便下降了将近 1/5。随着危机从一国扩大到另一国，人们日益认识到，即使那些有看似良好的经济政策的国家也会受到不利影响，而且他们需要制定出与国际市场不可预期的行为隔离开以保护自己的经济政策。中国完成了举世瞩目的成功的工作，在 1998 年保持了将近 8%的增长率。中国的成功和其他国家遇到的问题向全世界决策者提供了重要的经验和教训。

危机的教训有三个。第一是中国所采用的正确的宏观经济政策有助于稳定经济，而不是在经济衰退中的财政紧缩加剧了衰退。第二是广泛认识到短期资本流动会加剧不稳定性。中国和印度这两个大国都有限制这种资本流动的规定，这是避免了这次危机的两个大的兴旺市场。尽管随着全球金融市场的发展，要控制这种流动会越来越困难，但仍然是可能的。第三个是软弱的金融机构和不良的宏观经济政策同样易于引起宏观经济不稳定。世界各国现在都努力加强自己的金融机构。过分依靠借债——像韩国那样，或者政府过分影响贷款(从而大部分贷款不能偿还)都会成为问题的根源。

注意力还集中在日益增加的透明性上，当债权人简单地收回所有资金时，债权人无法区分“良好的”和“不良的”债务人也许是引起严重衰退的原因。因此，可以使债权人确定它为之提供资金的企业真实状况的良好会计制度有助于稳定资本流动。同样，披露有关国家欠国外债务总量的数据也会有助于债权人更好地判断风险。国际讨论集中在改善信息获得上。要提前了解大多数相关信息，例如有关韩国企业高债务的信息的简要说明，但由于其他原因，人们也怀疑提高透明性的影响是否合适。

事实是20世纪的后25年,金融与通货危机日益频繁和严重,有将近百余个国家遇到了这种危机。日益达成的共识是,基本原因在于不得不应付极为迅速的金融市场和资本账户的自由化,而没有失当的调控结构。这就是说,许多国家被劝说放弃了旨在稳定其金融市场并限制资本频繁流出与流入国内的管制。尽管许多国家有无助于有益目标的管制,但注意力也不应该放在取消管制上,而应该放在寻找加强金融体系,提高其能力,并鼓励竞争的管制结构上。

第四节　资本完全流动下的货币政策和财政政策的有效性

一、开放经济中的 IS－LM－BP 分析

20 世纪 60 年代,罗伯特·蒙代尔和 J. 马库斯·弗莱明提出了开放经济条件下的蒙代尔—弗莱明模型(Mundell-Fleming Model 模型,即 M－F 模型),成为分析开放条件下财政政策和货币政策效力的主要工具。这一模型以货币金融角度为主,对开放经济进行宏观分析,在 IS－LM 模型中引入国际收支,形成开放经济中的 IS－LM－BP 模型,如图 9－1 所示。

在开放条件下,IS 曲线的位置也会受到出口变动的影响:给定其他的条件不变,出口增加会使 IS 曲线向外移动;出口减少使其向左移动。LM 曲线和 IS 曲线的交点确定了国内均衡或内部均衡,BP 曲线上的每一点对应的状态为国际收支平衡或外部均衡。将 BP 曲线引入 LM－IS 模型中,在描述商品市场和货币市场同时均衡的 IS－LM 模型中,加入国际收支均衡曲线,可以分析在开放经济条件下的内外部均衡情况。

开放经济的均衡要求商品市场、货币市场和国际收支同时达到均衡。如图 9－1 所示,当 IS 曲线、LM 曲线和 BP 曲线相交于 E 点时,有唯一的一组利率 i^*、国民收入 Y^*、汇率 e^*,使产品市场均衡、货币市场均衡和国际收支均衡三者同时出现。在该平面的其他任何点都不能同时达到内外部均衡。如果将 BP 曲线向左移动,偏离均衡点 E 点,此时仅有 LM 曲线和 IS 曲线相交,存在商品市场和货币市场同时达到均衡,此时 E 点在 BP′曲线右方,在相同的国民收入情况下,E 点较 BP′曲线上的点有较低的利率,资本流出导致国际收支逆差。反之,如果将 BP 曲线向右移动,此时在保持内部均衡的同时又会存在国际收支顺差。

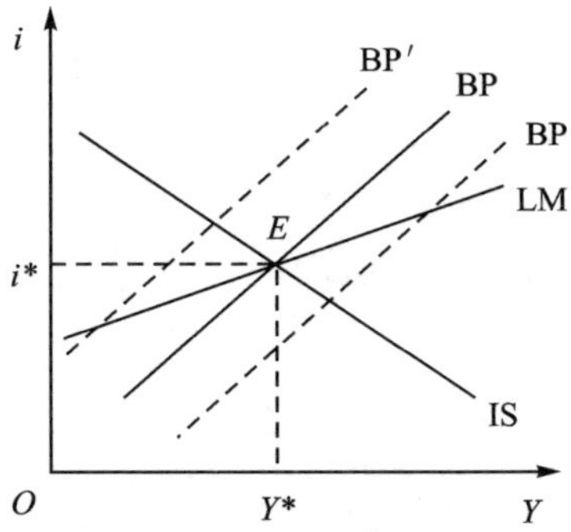

图 9－1　IS－LM－BP 模型

例 9－1　假设存在由以下方程式所描述的经济:$Y=C+I+G+NX$,$Y=5\ 000$,$G=1\ 000$,$T=1\ 000$,$C=250+0.75(Y-T)$,$I=1\ 000-50r$,$NX=500-500e$,$r=r^*=5$。

求:

(1) 国民储蓄、投资、贸易余额以及均衡汇率。

(2) 如果 G 增加到 1 250,求出国民储蓄、投资、贸易余额以及均衡汇率的值。

解:

(1) 消费 $C=250+0.75(5\ 000-1\ 000)=3\ 250$,储蓄 $S=Y-C=5\ 000-3\ 250=1\ 750$,投资 $I=1\ 000-50\times5=750$。

均衡汇率可以通过下式求出：$5\ 000=3\ 250+750+1\ 000+500-500e$，得 $e=1$。

贸易余额：$NX=500-500\times1=0$。

(2) 消费 $C=3\ 250$，储蓄 $S=1\ 750$，投资 $I=750$。均衡汇率由下式决定：$5\ 000=3\ 250+750+1\ 250+500-500e$，得 $e=1.5$。贸易余额：$NX=500-500\times1.5=-25$。

例 9-2　在不考虑资本流动和汇率变动的情况下，已知某经济社会的宏观模型为 $Y=C+I+X-M$，$C=40+0.8Y$，$I=50$，$X=100$，$M=0.2Y+30$，$Y_f=500$，Y_f 为充分就业时的产出水平。

求：

(1) 产品市场均衡的产出水平及贸易收支；

(2) 使贸易收支均衡的产出水平；

(3) 实现充分就业时的贸易收支。

解：

(1) 由 $Y=C+I+X-M$ 得 $Y=400$，$X-M=-10$（贸易赤字）。

(2) 由贸易收支均衡可知，$X-M=0$，$Y=350$。

(3) 充分就业时，$Y=Y_f$，$X-M=-30$。

二、蒙代尔-弗莱明模型

蒙代尔-弗莱明模型（The Mundell-Fleming Model）是以资本具有完全流动性为假设前提的开放经济模型，是特殊的 IS-LM-BP 模型。其特殊性在于 BP 曲线是一条利率为国际均衡利率的水平线，具有完全弹性，利率的微小变动会引起资本的无限量流动。因此，在这种假定下，各国的利率均与世界均衡利率保持一致。该模型认为，在固定汇率制度下，任何国家的中央银行均不可能独立地操纵货币政策。假设一国货币当局采取紧缩性的货币政策提高利率，打破了和国外利率的平衡，由于资本完全流动出现了巨额的资本流入，该国国际收支出现大量顺差，外国人对本国大量金融资产的购买会造成该国货币面临巨大的升值压力。在固定汇率制度下，该国中央银行会干预外汇市场以保持汇率稳定，因此央行会采取公开市场操作，在外汇市场上抛售本币、买进外币，结果使该国货币供应量增加，抵消了最初紧缩货币政策的影响，最终国内利率退回到最初的水平。

如图 9-2 所示，由于资本完全流动，BP 曲线为一条水平线。假设经济的初始状态处于 E 点，此时国内利率 i 与国际均衡利率 i^* 一致，经济在实现内部均衡的同时也实现了国际收支平衡。假定货币当局执行扩张型货币政策，LM 向右移动至 LM′，经济的内部均衡位于 E' 点，在 E' 点利率低于国际均衡利率，资本出现大量外流导致国际收支逆差，对国内货币产生了贬值压力，央行必须干预市场，抛出外汇，收回本币，使汇率保持固定。此时，国内货币供应量减少，LM′ 曲线又向左移动，这个过程会一直持续到重新回到均衡点 E 点为止。

那么，在固定汇率制度下，资本完全流动的情况下，财政政策会有效果吗？如图 9-3 所示，假设经济最初处于均衡点 E，同时达到内部均衡和外部均衡。在货币供给不变的条件下，扩张性的财政政策会使 IS 曲线向右移动至 IS′，经济的内部均衡移动至 E' 点，利率 i 和国民收入 Y 同方向增加，Y 增加到 Y'。此时，利率高于国际均衡利率水平，吸引大量资本流入国内，造成巨额国际收支顺差，对本币造成了升值压力，中央银行干预外汇市场来保持固定汇率，会大量买进外汇，抛出本币。结果使本国货币供应量增加，LM 曲线向右移动。这一过程会一直持续到经济达到新的均衡点 E'',使利率回复到原来的水平。在这个过程中,国民收入进一步增加,从 Y'增加到 Y'',说明在这种情况下,财政政策是有效的。

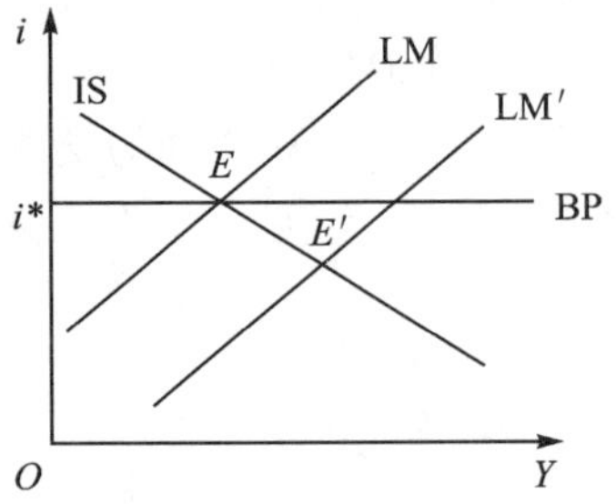

图 9-2　固定汇率制度下资本完全流动的货币政策效应

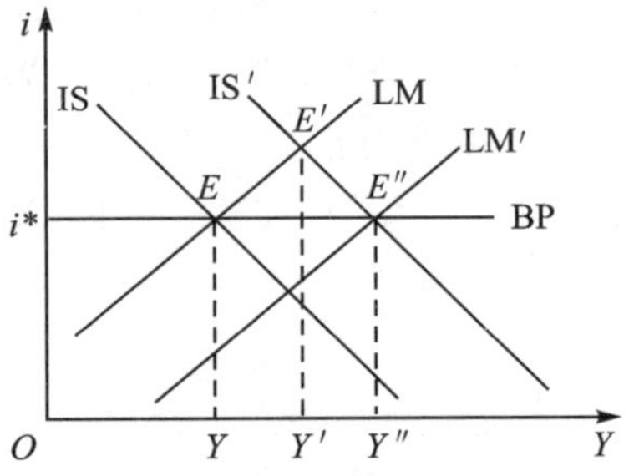

图 9-3　固定汇率制度下资本完全流动的财政政策效应

综上所述,在固定汇率制度下,如果资本具有完全的流动性,任何国家都不可能独立地执行货币政策,不可能偏离世界市场通行的利率水平,任何货币当局独立执行货币政策的行为都将引起资本大量的流入或者流出,造成该国货币升值或者贬值的压力。为了维持固定汇率,货币当局会增加或者减少货币的供给,从而会使利率回到世界上通行的水平,货币政策无效。财政政策会收到好的效果,扩张性或者紧缩性的财政政策会使国内利率升高或者降低,引起资本大量的流入或者流出,货币当局为了稳定汇率,会增加或者减少货币的供给,恢复国际收支的均衡,这样会进一步扩大对国民收入增加或者减少的影响。

三、资本完全流动下宏观经济政策的有效性——浮动汇率分析

在汇率由市场力量决定的浮动汇率制度下,我们对宏观经济政策有效性的分析仍然可使用蒙代尔-弗莱明模型来进行说明,从中可以看出两种不同汇率制度下的宏观经济政策的巨大差别。同样,假定资本是完全流动的,只有一个唯一的利率,即国内利率等于国际均衡利率,只有在这种情况下,国际收支才会处于均衡的状态,BP 曲线为一条水平线。

在固定汇率制度下,资本完全流动时,一国无法实行独立的货币政策。而在浮动汇率制度下,这一结论将会得到修正。如图 9-4 所示,最初保持内部均衡和外部均衡的点为 E 点。假定货币当局采取扩张性的货币政策,实际货币供应量增加,使得 LM 曲线向右移动至 LM′,利率出现了下降,这样会刺激国内投资,提高国民收入水平,导致国内均衡移动到 E'点。在 E'点由于国内利率低于国际均衡利率水平,导致大量的资本外流,国际收支出现逆差,本币贬值。本币贬值后,在国际市场上本国的商品价格竞争力增加,导致出口增加,进口减少,于是 IS 曲线向右移动,直至国际收支恢复平衡为止。最终均衡点移动到 E''点,在该点,国内收入水平提高,利率与国际利率重新相等。结果,扩张性的货币政策导致了产量的增加、就业的提高和汇率的上升。

相反的情况下,如果货币当局执行的是紧缩性的货币政策,那么 LM 曲线向左移动,利率升高且国民收入降低,此时国内利率高于国际均衡利率,吸引资本流入,国际收支顺差,本币升值,从而引起出口减少和进口增加,IS 曲线向左移动,直至国际收支平衡。最终,紧缩性的货币政策导致了产量的减少和汇率的下降。

在浮动汇率制度下财政政策的效果分析如下。如图 9-5 所示,初始内部均衡和外部均衡

点在 E 点，假设政府采取减税或者增加政府开支等扩张性的财政政策，导致 IS 曲线向右移动至 IS′，国内经济均衡点从 E 点也移动到 E' 点，此时产量增加，需求扩张，利率上升。由于资本完全流动，利率上升导致了大量的资本流入，国际收支顺差，本币升值，结果导致出口受到抑制，进口增加，IS 曲线向左移动，直至国际收支的顺差被净进口抵消掉，国际收支重新恢复平衡。经济的内部和外部均衡点重新回到 E 点。这说明在汇率的自由浮动下，扩张性财政政策有一个完全的"挤出效应"，使财政政策在这种情况下是失效的，不会达到影响均衡产出或均衡收入的目的。

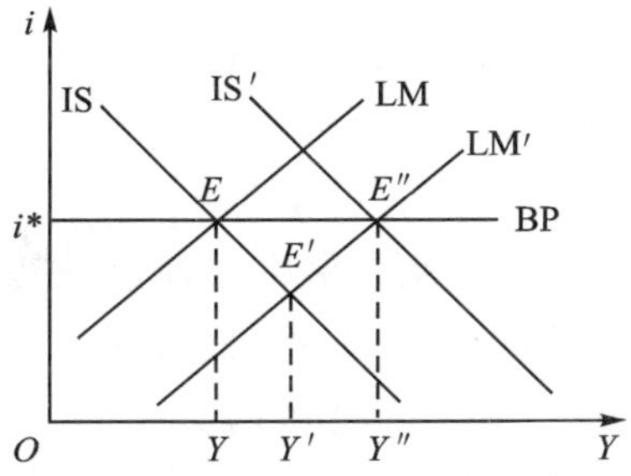

图 9－4　浮动汇率制度下资本完全流动的货币政策有效性

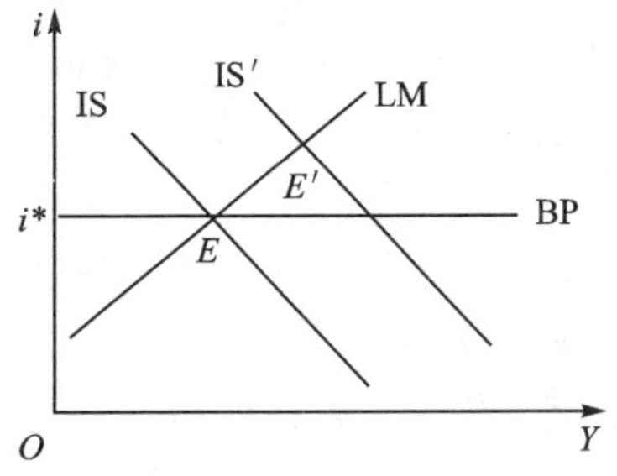

图 9－5　浮动汇率制度下资本完全流动的财政政策有效性

由以上分析可知，在固定汇率制度下和浮动汇率制度下，货币政策和财政政策的有效性是完全不同的。在固定汇率制度下，货币当局必须干预外汇市场来稳定汇率，对货币存量的控制是无效的，货币存量的增长将会被外汇储备的损失抵消掉。而在浮动汇率制度下，中央银行不必干预外汇市场，可以实行独立的货币政策而财政政策将会产出"挤出效应"。

扩张性的货币政策导致货币贬值，净出口增加。实际上，这是一个将国外需求的一部分转移到国内，而国外对其产品的需求会下降，产量随之下降，失业增多。因此，这一政策被看作是在国内减少失业的同时向国外转移国内的失业，或将国内失业向国外出口的一种政策。

本章小结

1. 绝对优势理论是由亚当·斯密在 1776 年《国富论》中提出的一个支持国家间自由贸易的理论。它的主要内容可以概括为：在两国生产两种商品的情况下，其中一国在一种商品的生产上具有较高效率，另一国在另一种商品中具有较高效率，则两国在不同商品生产上分别拥有绝对优势，此时如果两国根据各自的绝对优势进行专业化加工，并相互进行交换，双方均能从中获益。

2. 比较优势理论认为：在两国生产两种产品的情况下，其中一国在两种商品的生产上均占据绝对优势，另一国在两种商品的生产上均处于绝对劣势，则两国仍然可以根据其比较优势来进行专业化的分工，即两国分别生产其优势相对较大或劣势相对较小的商品，并进行交换，双方仍能从中获益。每个国家都应根据"两利相权取其重，两弊相权取其轻"的原则，集中生产并出口其具有"比较优势"的产品，进口其具有"比较劣势"的产品。比较优势理论在更普遍的基础上解释了贸易生产的基础和贸易利得，大大发展了绝对优势理论。

3. 资源禀赋学说是一种用生产要素的禀赋程度来解释国际分工和国际贸易产生的原因和商品流向的理论。赫克歇尔认为，国际贸易产生的原因是由于各个国家生产要素禀赋状况不同及不同产品的生产过程中所使用要素的比例不同。俄林认为，各国商品价格差异是国际贸易产生的直接原因,各国商品价格比例不同是国际贸易产生的必要条件。

4. 汇率又称外汇牌价或外汇行市,是两种货币之间的兑换比率,也可以说是以一种货币单位表示另一种货币的价格。外汇是实现两国之间商品交换和债务清偿的工具,汇率是买卖外汇的价格。根据折算货币的标准,汇率的标价方法可分为直接标价法和间接标价法。

5. 世界上的汇率制度主要有固定汇率制和浮动汇率制两种。固定汇率制是指一国货币同他国货币的汇率基本固定,其波动限于一定的幅度之内。浮动汇率制是指一国不规定本国货币与他国货币的官方汇率,听任汇率由外汇市场的供求关系自发地决定。浮动汇率制又分为自由浮动与管理浮动。前者指中央银行对外汇市场不采取任何干预措施,汇率完全由外汇市场的供求力量自发地决定。后者指实行浮动汇率制的国家,对外汇市场进行各种形式的干预活动,主要是根据外汇市场的供求情况售出或购入外汇,以通过对外汇供求的影响来影响汇率。

6. 购买力平价理论是当今世界颇具影响、广泛流传的一种汇率决定理论。其基本思想是:汇率由两国货币的购买力之比决定,汇率变化随货币购买力的变化而变化。人们之所以需要外国货币,是因为它在外国具有商品和劳务的购买力;外国人之所以需要本国货币,是因为本国货币在其国内市场上同样具有购买力。因此,两国货币间的比价主要是由两国货币在各自国内购买力对比决定的。根据购买力平价决定的汇率是一种正常汇率或均衡汇率,而不是实际汇率,在现实兑换中,实际汇率围绕均衡汇率上下波动,并不断接近均衡汇率,所以购买力平价汇率成为纸币流通制度下的基础汇率。

7. 一个国家货币的汇率变动,表现为本国货币对外国货币的升值或贬值。影响汇率变动的既有经济要素,也有非经济要素。特别是国内、国际政治经济关系发生重大变化的时期,影响汇率变化的因素就更为复杂多变。具体来说,主要有国际收支、宏观经济状况和国内外利率差异。

8. 国际收支是指一定时期内一国或地区的居民与非居民之间由于经济、政治、文化等多项往来而引起的全部国际经济交易系统的货币记录。

9. 导致一国国际收支不平衡的原因主要有临时性不平衡、结构性不平衡、货币性不平衡、周期性不平衡和收入性不平衡。

10. 蒙代尔-弗莱明模型(The Mundell-Fleming Model)是以资本具有完全流动性为假设前提的开放经济模型,是特殊的 IS－LM－BP 模型。其特殊性在于 BP 曲线是一条利率为国际均衡利率的水平线,具有完全弹性,利率的微小变动会引起资本的无限量流动。因此,在这种假定下,各国的利率均与世界均衡利率保持一致。该模型认为,在固定汇率制度下,任何国家的中央银行均不可能独立地操纵货币政策。

自测题

1. 简述绝对优势理论、比较优势理论和资源禀赋学说。
2. 简述汇率的标价方法和影响汇率的因素。
3. 简述世界各国实行的汇率制度。
4. 简述购买力平价理论的内容。
5. 分析国际收支不平衡的几种原因。
6. 给出固定汇率制度下宏观经济政策效果的比较。

7. 给出浮动汇率制度下宏观经济政策效果的比较。

【拓展阅读】　　　　　　　　　欧元升值与中欧贸易

欧盟的经济规模接近美国，是日本的两倍，中欧贸易额仅为中美贸易的一半，也少于中日贸易，双边贸易与欧盟的经济和外贸实力明显不相称。2002 年，朱镕基总理访问欧盟时，欧盟委员会主席普罗迪提出要在未来几年使中欧贸易额超过中美贸易额。但欧盟在环境、卫生、安全、劳工等方面设置很多技术壁垒，对我产品大量实施反倾销，不给予中国市场经济国家的地位。最近，正在酝酿取消我部分产品的关税优惠。欧元升值对我增加欧盟出口有利，但也给欧盟为我出口设限增加了口实。

1. 美元贬值压力向欧元集中，凸现了欧元升值

2001 年 7 月以来，美元开始进入新一轮的回落期，到 2003 年 6 月，美元兑欧元贬值了近 40%，突破了 1999 年 1 月 1 日欧元启动时 1 欧元兑 1.174 7 美元的汇价。美元兑日元没有升值幅度不大。

此轮美元贬值，主要诱因在于人们期待已久的美国经济复苏迟迟未至、美国政府“强势美元”政策发生变化以及美欧利率差过大、美国经常项目逆差居高不下等。

从宏观经济层面上看，欧盟经济明显优于日本，导致美元贬值的压力向欧元集中。日本的通货紧缩和银行呆坏账问题积重难返，宏观调控政策基本没有空间，长期影响日本的政府主导型经济体制、金融体系僵化落后、官财界相互勾结控制经济和政治的三大结构性问题的改革裹足不前，日本经济前景暗淡，为通过出口拉动日本经济增长，日本央行一直干预外汇市场，防止日元对美元升值。欧元区的经济复苏势头和增长潜力好于日本，欧盟国家财政收支基本平衡，贸易没有逆差，欧元具备强势货币的宏观条件；欧元成为真正意义上的货币后，推动了世界金融的多元化，欧元成为各国规避金融风险的重要依托，在美元、欧元、日元三大世界货币中，地位受到青睐。

2. 欧盟国家乐见美元走软

目前，欧元升值的程度对欧元区经济没有太大影响。欧元汇率升值通过不同的渠道作用于欧盟的经济发展。一方面，欧元升值会损害价格竞争优势，减少出口，增加进口；另一方面，能降低进口价格，减轻通货膨胀压力，从而可以压低欧盟的利率水平，刺激内需增长。因此，汇率升值对经济是福是祸依赖于内需和外需的替代程度。如果欧元升值是美国放松货币政策造成的，而且美国货币政策宽松引起经济回升预期使外资没有流出美国，那么欧元升值会使欧元区出口受到严重影响，欧元区短期利率下调对内需的刺激作用抵消不了出口的下降，欧元区经济会有所下降；如果欧元升值是由于美国经常项目逆差过大，造成美元风险升水，投资者对欧元资产需求增加，那么欧元升值不仅可以使欧盟通过降低利率水平刺激投资和消费增加，而且能吸引外资流入，对欧元区经济发展十分有利。从目前的情况看，欧元升值既有美欧利率差较大和美国经常项目逆差过大的原因，也有美国经济发展低于预期等原因，但总的来看，欧元币值和主要贸易伙伴国的货币相比仍低于 20 年来的平均水平，目前欧元的升值态势基本符合欧洲的利益。

欧盟内部市场发达、透明，成员国经济互补性强，内部贸易活跃。内部贸易和与东欧准成员国的贸易已占其贸易总额的 80%，美国以及其货币与美元挂钩的国家对欧盟的贸易占欧盟

对外贸易的15%,其中我国占4%左右。因此,尽管一些欧盟公司会抱怨美元贬值削弱其出口竞争力,但影响有限。目前,欧盟的财政赤字占GDP的比重仅为1.2%,债务余额为60%,是发达国家中最低的;欧元区的利率为2%,大大高于美国的1.25%和日本的零利率,欧盟财政扩张有能力,降息有空间,完全可以通过财政和货币双扩张政策刺激内需增长,抵御欧元升值对出口的影响。

3. 美元适度贬值对世界经济有利

美元适度贬值对世界经济总体上有利。美元疲软只要不引起外资大幅度流出美国,对美国经济是有利的。它会提升美国出口产品在国际市场上的竞争能力,减少其贸易赤字,增强企业的赢利能力,改善美国的经济结构,有利于美国经济持续稳定地增长,使美经济火车头的作用得以长期发挥。美元、欧元、日元三大货币比价向购买力评价水平回归,有利于保持汇率市场的均衡,稳定国际金融体系,为世界经济稳定增长创造良好的国际环境。

美元贬值使我国经济发展处于更加有利的地位。我出口、引资、抑制通货紧缩三收益,增加我宏观经济调控的回旋余地。我国实行有管理的浮动汇率体制,人民币基本盯住美元,欧元和其他一些国家货币相对升值联动我人民币贬值,我国产品在国际市场上的竞争力大幅度提升,有利于我出口增加,特别是在欧洲和非洲市场上;从美国市场上撤出的资金或计划投向而不再投入美国的资金部分会转向我国;人民币贬值带来的输入性通货膨胀效应有利于我抑制通货紧缩,我宏观经济调控的余地增加。

【案例评析】

2001年以来,随着欧元升值,我国对欧盟出口加快,贸易顺差有所扩大,2002年,我对欧盟出口4 890亿美元,我方统计顺差为80亿美元,欧方统计为200多亿美元,欧盟不断要求我增加从欧盟的进口,并对我进口设置很多限制,欧盟是发达国家中利用贸易壁垒限制进口最多的地区,中欧贸易摩擦进一步加大。欧盟和日本、美国一道要求我改变汇率管理体制、加大汇率浮动范围、促使人民币升值。

一是对我出口产品实施贸易保护措施。据最新统计,欧盟目前对我出口产品实施贸易保护措施共38起,其中反倾销案37起,保障措施案1起,涉及我五矿、化工、纺织、机电、土畜等多行业的产品。其中我产品处于反倾销五年征税期的22起,正在进行各种复审的9起,正在调查的6起。涉案产品按2001年对欧盟出口额计算共14.62欧元。欧盟对华实施反倾销的主要原因是不给予中国“非市场经济国家”待遇。1998年欧盟批准将中国从“非市场经济国家”名单中除去,在判定是否倾销的价格标准上,不再用市场经济第三国(例如印度)的替代价格来判断,但欧盟仍视中国为“有条件的市场经济国家”,在某些反倾销案中采用中国本国的正常价值时,须由中国企业提出申请,并能充分证明我产品是在市场经济条件下经营的,只要中国对欧盟的出口价格低于相同产品在国内市场正常价格,欧盟仍有可能确认我出口商品是倾销。事实上,欧盟在反倾销调查中,一直用第三国的生产成本来评估中国产品的正常价值,这存在较大的随意性和不公平性。

二是修改普惠制产品清单,这一修改主要针对中国等少数发展中国家。普惠制是欧盟对发展中国家一种优惠,按照欧盟的标准,如果某行业的发展达到一定规模,就不再享有普及特惠税制度的关税优惠。根据欧盟委员会对2003年度普惠制方案,受影响的中国内地产品如下:可食用动物产品;其他动物产品;谷物、种子、水果、植物;紫胶、树胶及树脂;化学品(肥料除外);塑料及橡胶;皮具及毛皮;纸;鞋履;服装;玻璃及陶瓷;珠宝及贵金属;贱金属及贱金属制品,钢铁制品除外;电机产品;电子消费品;眼镜及钟表;其他杂项,涉及我对欧出口金额超过300亿欧元。欧盟通过《洛美协定》和《欧洲协议》分别给予48个非洲、加勒比、太平洋国家以及东欧和少数前苏联国家进口产品零关税待遇,因此,欧盟修改普惠制产品清单更多的是针对中国等少数发展中国家的。

三是技术壁垒。今年2月13日,欧盟公布了《关于报废电子电气设备指令》及《关于在电子电气设备中禁止使用某些有害物质指令》。前一指令对报废电子设备的回收和处理作出了回收费用由生产者承担的规定。后一指令要求自2006年7月1日起在欧盟市场禁止销售有铅、汞等6种有害物质的电子电气设备,涵盖的产品范围包括家电、通信等十大类电子电气产品。这两个指令对我国机电产品出口欧盟带来了严峻的挑战。据统计,2002年我国机电产品对欧盟出口金额为270亿美元,其中指令中涉及的产品出口值122亿美元,占全部机电产品对欧盟出口总额的45%。如果我国的显示器和彩电生产企业不能在3年之内用液晶、等离子、有机发光等显示技术提升产品档次,则我国彩电和显示器等就不能出口欧洲。

第十章　宏观经济学流派

本章知识结构框架图

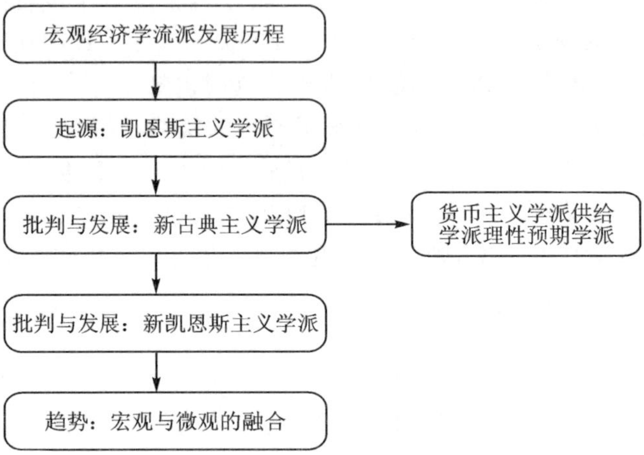

知识导引

本章论述了宏观经济学几个主要流派——新古典综合派、货币主义学派、理性预期学派、供给学派产生的历史背景、理论基础和政策主张，并且分析了新古典宏观经济学和新凯恩斯主义经济学的分歧，最后简要介绍了宏观经济学发展的新趋势。

本章学习目标

◇ 了解宏观经济学产生的历史背景及凯恩斯主义的政策主张。
◇ 掌握新古典综合派产生的历史背景、理论基础和政策主张。
◇ 掌握货币主义学派产生的历史背景、理论基础和政策主张。
◇ 掌握理性预期学派产生的历史背景、理论基础和政策主张。
◇ 掌握供给学派产生的历史背景、理论基础和政策主张。
◇ 掌握新古典宏观经济学和新凯恩斯主义经济学的异同。

关键概念

新古典综合派　　货币主义学派
理性预期学派　　供给学派

第一节　宏观经济学的产生

从 20 世纪 30 年代以来，经济学说史发生了史无前例的、内容极为丰富的变革和发展。这一变革始于“凯恩斯革命”，由此而形成的凯恩斯经济学和凯恩斯主义在第二次世界大战后成为整个西方经济学的新主流，其理论观点和政策主张对资本主义国家经济的影响，远远超过这一时期的其他经济学流派。

凯恩斯是现代经济学说史上最有影响力的经济学家之一。他的《就业、利息和货币通论》(以下简称《通论》)建立了现代宏观经济学的系统理论，是现代宏观经济学产生的标志。以凯恩斯经济学为代表的现代西方宏观经济学与20世纪30年代以前的西方宏观经济学有着显著的不同，它不是研究国民经济总量的变动，而是主要研究国民收入的变动与就业、经济周期波动、通货膨胀等之间的关系。不仅如此，它还通过对以上关系的分析得出资本主义经济不可能自动调节以实现充分就业的均衡，只有政府干预经济才能弥补经济自发调节的不足的结论。

一、凯恩斯的经济理论

凯恩斯的经济理论内容主要包括：就业理论与"有效需求"原理、三个基本心理"规律"、乘数理论和经济周期理论等。

1. 就业理论

在凯恩斯看来，充分就业状态是指没有非自愿失业的状态，也就是说，只要消除了"非自愿失业"，即使存在着"摩擦性失业"和"自愿性失业"，也就算实现了充分就业。

2. "有效需求"原理

在凯恩斯看来，失业的原因在于支付能力的需求不足，或"有效需求不足"。为此，凯恩斯提出了"有效需求"原理。有效需求原理是凯恩斯整个理论的核心，被西方经济学者称为经济学上的"凯恩斯革命"。

凯恩斯断言，资本主义社会之所以存在大量失业(非自愿失业)，原因就在于"有效需求"不足。在没有国家干预经济的条件下，社会对劳动力的需求，一般不足以实现"充分就业"，相反地，在国家干预经济的条件下，只要国家设法刺激"有效需求"，并以实现"充分就业"为目的，就能够实现"充分就业"。

3. 三个基本心理"规律"

根据凯恩斯的理论，失业的产生是出于"有效需求"不足。那么，决定有效需求水平的又是一些什么因素呢？在他看来，有效需求不足是因消费需求不足造成的，而消费需求和投资需求不足又是由三个基本心理"规律"——边际消费倾向规律、资本边际效率规律和流动性偏好规律所决定的。

(1) 边际消费倾向规律

消费需求取决于收入的大小与收入用于消费的多少。现实表明，在任何一国的收入水平下，一般人的消费水平是比较稳定的。凯恩斯关于消费倾向在短时期内比较稳定的假设，是来自现实经验而加以肯定推广的。由于国民收入水平是变化的，消费量也就发生变化，结果，总收入和总消费的比率也因此发生变化，消费的绝对量随收入的增加而增加，随收入的减少而减少。表示随收入水平的变化而变化的消费量的一张表，被称为消费倾向表，简称为消费倾向。

在凯恩斯看来，随着收入的增加，消费也增加，但在增加的收入中，用来消费的部分所占的比例越来越小，用来储蓄的部分所占的比例越来越大。

凯恩斯认为，决定实际消费倾向的，是社会的通常习惯、收入分配情况、税收制度和其他各种因素。若消费倾向高，则对就业有利，因为可使在各种就业水平下的收入与消费之间的空隙不会太大。若消费倾向较低,则收入与消费之间的空隙大,为了保持高度的就业水平,就必须有更多的投资来填补。若消费倾向为百分之百,没有投资,充分就业就可实现,因为全部收入都用在消费上,结果供给为自己创造了需求。

(2) 资本边际效率规律

凯恩斯认为,在资本主义社会,不消费,需求不足,而且导致投资需求也越来越不足。而投资需求的不足,又是由资本边际效率"规律"和流动偏好"规律"的作用所造成的。凯恩斯说:"从一种资本资产之未来收益与其供给价格之关系,可得该类资本之边际效率,说得更精确些,资本边际效率等于贴现率。"

在凯恩斯看来,资本边际效率的波动就是经济循环的根本原因。如果投资者对未来所作的预期是乐观的,则资本产业的活动必然趋于狂热;反之,不可避免地趋于衰落与崩溃。

凯恩斯的资本边际效率规律的基本内容是:在其他条件不变的情况下,投资越多,生产越多,资本家或企业家预期的利润率就低,资本边际效率将逐渐下降。资本边际效率之所以下降,一方面是出于投资物产量的增加,生产设备所受的压力加大,因而成本会提高。但从长期看,更重要的原因是,当投资物的供给增加时,资本家预计将来各个时期从它得到的收益将会下降,这是因为当企业家对工厂设备进行新的投资时,他不只考虑设备的现时数量,而更多地要考虑将来各个时期的技术变化、有效需求、竞争情况、政治形势等对收益发生影响的因素;由于企业家对未来的估计缺乏信心,而希望又往往落空,所以他们预期的资本边际效率常常调低,价格不稳定。这样,私人投资的诱惑越来越弱,从而影响到投资需求的减弱,这就是所谓资本边际效率"规律"对生产和就业产生的不利影响。

(3) 流动性偏好规律

凯恩斯认为,货币最大的特点是具有使用上的灵活性,它是流动性最强的资产。人们总喜欢保留一定数量的货币在手边,以便应付日常开支、意外开支和进行投机动机的需要,灵活偏好就是指人们愿意以货币形式保留一部分财富的心理动机。利息率的高低取决于货币的需求和供给、对货币的需求由灵活偏好决定,货币的供给则是由中央银行控制的。货币供给量的增加在一定程度上虽然可以降低利息率,但由于人们对货币的流动偏见,即人们总是要求取得一定的利息才肯贷出货币,否则他宁可保存货币的流动性。因此,不管中央银行如何增加货币量,利息率总有一个最低限度。而资本的边际效率却有下降的趋势,这样,当资本边际效率降低到利息率以下时,资本家就会减少投资。这就引起投资需求的不足。

凯恩斯认为,正是由于边际消费倾向递减、资本边际效率递减和心理上的流动偏好规律的作用,造成了资本主义社会经常存在着消费需求和投资需求的不足,这就不可避免地要出现危机和失业。凯恩斯正是从有效需求不足和市场机制无法使经济达到充分就业均衡的论断,推导出只有依靠国家干预才能使资本主义经济实现充分就业的政策性结论。

4. 乘数原理

凯恩斯认为,消费倾向在短期内是比较稳定的。因此,要增加总需求,就只能依靠投资需求的增加而增加。凯恩斯利用乘数概念来研究投资变动对总收入的倍数作用。现在,乘数原理已经成为分析宏观经济波动的一种工具,它因其应用领域不同,而有投资乘数、预算乘数、对外贸易乘数、货币创造乘数等。凯恩斯在《通论》中所研究的主要是就业量,但他为了表现上的方便,仍用投资乘数来进行分析。所谓投资乘数,就是指在一定的消费倾向下,增加的投资可以引起收入和就业增加若干倍。他借助于乘数方程式,用数学来说明投资数量同就业和收入之间的依赖关系。

5. 经济周期理论

凯恩斯认为经济周期是非常复杂的现象,要对经济周期做出完全的解释,他的《通论》中每一因素都是需要的,特别是消费倾向的波动、流动偏好状态的波动以及资本边际效率的波动,全都发生作用。但是,他认为,经济周期的主要原因是资本边际效率的波动。

凯恩斯从繁荣后期危机突然发生说起。他认为,在繁荣后期,人们对资本品的未来收益作乐观的预期。这时,资本品不断增多,生产成本不断上升,利率或许也已提高。但是,这一切都被乐观的预期所抵消。在有组织的投资市场上,投机者更为关心的并不是对资本资产的未来收益作理性的估计,而是对市场的近期变动进行预测。当过度乐观、过度购买的市场幻想破灭时,与资本边际效率伴随而来的是对未来的沮丧和不确定性,这自然使流动偏好急剧增强,从而使利率上升。因此,资本边际效率崩溃常常连带着利率上升这一事实,使投资的下降更为严重。不过,凯恩斯并不同意着重用利率上升来解释危机的传统观点,而主张用资本边际效率的崩溃来解释危机;他说,危机主要不是处于利率的上升,而是由于资本边际效率的突然崩溃。只是在资本边际效率崩溃之后,流动偏好者会增加。凯恩斯把资本边际高利率崩溃看作是从扩张进入紧缩的转折点。

6. 总量分析方法代替个量分析方法

凯恩斯以整个社会的经济运行为分析对象,因此,凯恩斯采取了一种新的分析方法,即宏观分析或国民经济总量分析的方法。

凯恩斯认为,国民经济的均衡,亦即社会总供给与社会总需求的均衡,有两种情形:一种情形是国民收入全部转变为社会需求,从而在充分就业的高水平状态下实现均衡;另一种情形是国民收入发生了漏出,没有全部转变为社会需求,这样就只能在低于充分就业水平的状态下实现均衡。凯恩斯认为在资本主义社会,充分就业的高水平的均衡只是一个特例,大量存在的是低于充分就业的均衡。也就是说,在凯恩斯看来,资本主义之所以存在着生产过剩和大量失业,问题出在需求方面,在于国民收入未能转变为足够的有效需求。

二、凯恩斯的政策主张

凯恩斯经济学说包括紧密相连的两部分内容:一是以有效需求原理为核心的理论;二是以国家干预为核心的一整套政策主张。

1. 政策主张的出发点——国家干预经济

凯恩斯认为,现代资本主义社会心理规律的作用,单纯依靠私营经济的市场自动调节,不能保证社会资源的使用达到充分就业水平,而必须依靠国家干预经济来提高社会的消费倾向和加强投资引诱,以扩大社会有效需求。最聪明的办法便是双管齐下,一方面设法由社会来统治投资量,让资本边际效率逐渐下降,同时用各种政策来增加消费倾向;在目前消费倾向之下,无论用什么方法来操纵投资,恐怕充分就业还是难以维持,因此两种政策可以同时并用:增加投资,同时提高消费。可见,凯恩斯的经济政策观点最本质之一就是主张国家调节经济,干预经济生活,也就是主张发展和加强国家垄断资本主义。

2. 政策主张的重心——财政政策

凯恩斯的政策主张是以实行财政政策为重心。所谓财政政策,就是资本主义国家的政府有意识、有目的地通过国家财政收入和支出活动来影响有效需求。货币政策则是由资本主义国家的中央银行有意识地变动货币数量和利息率,以影响经济活动的政策,又称金融政策。

凯恩斯认为,可以通过中央银行调节货币供应量,以影响利率的变动来间接影响社会总需求。因为社会的总供给增加后,可以使一般为满足投机所需的货币增加,结果利率即可因此下跌。利率下跌可以刺激投资,投资增加的乘数效应使收入加倍增加。随着收入的增加,交易动机和谨慎动机所需货币也增加,于是,增加的货币量就会有一适当的比例分配于交易动机和投机动机之间。但是,这种货币刺激的办法究竟能收到多大效果,就要视利率因货币供给增加下降的程度、利率下降后投资增加的程度以及投资增加后收入增加的程度而定。

3. 对外经济政策

凯恩斯认为,扩大对外商品输出和资本输出,都可以扩大有效需求,为国内滞销商品和"过剩"资本找到出路,从而带来许多的就业机会和较多的国民收入。他认为,增加顺差是政府可以增加国外投资的唯一直接办法。同时,他还认为,若贸易为顺差,不仅可以增加国外投资,而且由于输入黄金,可以降低利率,从而间接增加国内的投资吸引力。基于此,他主张政府干预,扩大出口,限制进口的政策。

第二节　新古典综合派

新古典综合派或后凯恩斯主流经济学派,在当代诸多的西方经济学流派中占有举足轻重的地位。20 世纪 50 年代以来,这个学派在资产阶级经济学界一直居于重要地位,成为绝大部分当代西方经济学家信奉的教义。

一、新古典综合派的形成过程

2009 年以 94 岁高龄去世的美国经济学家萨缪尔森在 1948 年出版了教科书《经济学》,可以说标志着该学派正统地位的萌芽。

所谓新古典综合,是指把凯恩斯的宏观经济管理理论与他以前的马歇尔或瓦尔拉斯的微观经济理论即所谓的新古典学派融合为一体,形成一种既有宏观又有微观的"现代经济学"体系。

萨缪尔森等人认为,当代资本主义经济是一种"混合经济",那么经济理论应当不仅有反映政府干预经济的宏观经济学,而且有反映市场经济的微观经济学。因此,新古典综合派既研究市场竞争机制,也研究政府在宏观上对整个经济的干预和调节。此外,凯恩斯在《通论》中的某些观点和提法,也为萨缪尔森等人的理论"综合"提供了依据。在新古典综合派经济学家看来,传统的经济理论和凯恩斯主义不仅不矛盾,而且是相辅相成,完全可以结合起来的。

二、新古典综合派的主要观点

1. 对通货膨胀和失业并发症的解释

自20世纪60年代后期以来，通货膨胀与失业的并发使得菲利普斯曲线不可能再成为资本主义各国实行"需求管理"的依据，而且这种并发症也动摇了标准凯恩斯主义的调节总需求的理论，因为通货膨胀不是在达到充分就业之后出现过度需求时产生的，而是在失业甚至是大量失业存在的条件下出现的；至于失业，也不是通过刺激需求就能减少的。事实证明，政府一再刺激需求也无法把大量失业减除。

按照凯恩斯理论，过度需求产生通货膨胀，有效需求不足以产生失业，既然过度需求与有效需求不足不可能同时出现，所以通货膨胀和失业是不会同时并发的。因此面对"滞胀"，凯恩斯的有效需求原理已无法自圆其说。

新古典综合派必须对这种"滞胀"离奇病症在理论上作出解释，并在政策上筹谋救治，这就构成它的"滞胀"理论。其主要特点是：大量采用微观经济分析，着重从供给方面来研究通货膨胀与失业并发症问题，以弥补宏观经济分析之不足。

2. 经济增长理论

经济增长是新古典综合派当前关心的另一个重要问题。新古典综合派的经济增长理论，是由索洛于1956年根据凯恩斯的经济理论和凯恩斯以前的经济理论提出的。它与以标准凯恩斯理论为依据的哈罗德经济增长理论是不同的，既有凯恩斯主义经济学的成分，又有新古典学派的理论成分。它被认为是新古典综合派理论特征"综合"的典型例证。

新古典综合派的经济学家分析国民经济稳定、均衡增长的途径同哈罗德一样，也是以凯恩斯的投资等于储蓄的假定为前提和基础。但索洛认为，哈罗德等人在分析中错误地假定生产技术水平不变，从而错误地认为资本-产量比率也不变。但在实际经济生活中，这些都是可变的。他们认为，通过市场制度的调节就可以实现这种改变，使国民经济稳定、均衡增长。还认为，为了达到经济增长的目标，有资本优势的国家应发展资本密集型产业，而有劳工优势的国家，应当发展劳动密集型产业。

新古典综合派认为，要实现保证经济增长而又不至于导致通货膨胀的目标，不能单靠20世纪60年代以前所使用的那一套传统的经济增长的方法。他们建议采取多种经济政策来解决。在多种经济政策中，仍然包括20世纪60年代前期使用的通过减税、扩大政府开支和增加货币供给量来刺激投资的政策，也包括一些对财政政策和货币政策的补充措施，比如收入政策、人力政策、浮动汇率政策、对外贸易管制和外汇管制政策、消费指导政策等。

第三节　货币主义学派

货币主义或货币学派发源于美国芝加哥大学，该校经济学教授米尔顿·弗里德曼是公认的货币主义的代表人物。自20世纪50年代后期，弗里德曼便打着对抗"凯恩斯主义"的旗号，提出"现代货币数量论"，重新强调货币政策的首要作用。与此同时，他还竭力反对凯恩斯提出的在布雷顿森林会议决定实施的固定汇率制，主张通过市场的自由活动以实现自由汇率或浮动汇率。然而当时,弗里德曼提出的观点并未引起学界和政府的重视。

20世纪60年代后期,随着美国和其他主要资本主义国家经济危机的日益严重,以弗里德曼为首的货币主义便逐渐得到政府当局的青睐。1976年,弗里德曼被授予诺贝尔经济学奖,货币主义更是盛极一时。

在货币主义阵营中,除了芝加哥大学弗里德曼的追随者外,英国的艾伦·沃尔特斯、戴维·莱德勒、迈克尔·帕金等,也是有影响的货币主义者。

一、货币主义的理论基础

货币主义有两个基本理论:新货币数量论和自然率假说。

1. 新货币数量论

货币主义认为,货币数量是解释价格水平涨落的基本因素。不过这种观点在历史上早已有之。应该经济学家休谟是这个命题的早期解说者。20世纪初期,英美经济学家也提出"货币数量论",其中以美国欧文·费希尔的"交易方程式"和英国庇古的"剑桥方程式"最为著名。

1956年,弗里德曼在文章《货币数量论的重新表述》中提出了新货币数量论。新货币数量论是弗里德曼在吸收和修正古典学派货币需求理论和凯恩斯流动性偏好的基础上推演出来的。弗里德曼提出的个人财富持有者的货币需求函数如下:

$$M = f\left(P, r_b, r_e, \frac{1}{p} \cdot \frac{dP}{dt}, \omega, Y, u\right)$$

式中,M为个人财富持有者手中保存的名义货币;P为一般价格水平;r_b为市场债券利息率;r_e为预期的股票收益率;$\frac{1}{p} \cdot \frac{dP}{dt}$为预期的物质资产的收益率,即价格的预期变动率($t$表示时间),下面为说明方便,令$r_p = \frac{1}{p} \cdot \frac{dP}{dt}$;$\omega$为非人力财富和人力财富之间的比例;$Y$为名义收入;$u$为其他影响货币需求的变量。

弗里德曼强调,如果用于表示价格和货币收入的单位发生了变化,那么所需要的货币数量应同比例地进行变化。也就是说,如果用美元来表示上式中的P与Y时,M的大小为某一数量,那么,当人们改用美分来表示P与Y时,M的大小必然为该数量的100倍。即弗里德曼提出的货币需求方程式应被看作P与Y的一次齐次式,即

$$f(\lambda P, r_b, r_e, r_p, \omega, \lambda Y, u) = \lambda f(P, r_b, r_e, r_p, \omega, Y, u)$$

特别地,如果令$\lambda = \frac{1}{p}$,则弗里德曼提出的货币需求方程式就可以转变为

$$\frac{M}{P} = f(r_b, r_e, r_p, \omega, y, u)$$

式中,$y = \frac{Y}{P}$为实际国民收入,$\frac{M}{P}$为财富持有者手中的实际货币量,所以这一方程式代表了对实际货币的需求。这是新货币数量论常见的表达式。

考察该货币需求函数表达式,可以看出,货币需求量主要取决于四个方面的因素。

第一,总财富的多少。弗里德曼认为,总财富是决定货币需求量的一个重要因素。总财富包括收入或"消费性服务"的一切源泉,其中之一是个人的生产(或挣钱)能力,这也是弗里德曼

起初在消费函数理论中提出的持久性收入的概念。由于总财富很难估算，所以用收入来代替。这样，用 y 表示的持久性收入，就作为社会总财富的指标而进入货币需求方程式。

第二，非人力财富在总财富中所占的比例。弗里德曼认为，总财富可以分为非人力财富和人力财富两部分。非人力财富是指有形的财富，包括货币持有量、股票、债券、不动产、资本品、耐用消费品等。人力财富又称无形财富，是指人的挣钱能力。这两种财富的形式是可以互相转换的，不过受到制度上的限制，这种转换有一定的难度，主要是人力财富转换为非人力财富比较困难。例如在出现就业困难时，工人的人力财富就不容易转换为货币收入，而在未转换为收入之前，工人就需要货币来维持生活。因此，非人力财富在总财富中所占的比例大小对货币需求量就产生影响。当非人力财富在总财富中所占比例越小时，对货币的需求也越大；反之亦然。因此，ω 就称为影响实际货币需求的一个变量。

第三，各种非人力财富的预期报酬率。弗里德曼认为，人们选择保存资产的形式是多样的，除了有价证券外，还可以选择资本品、不动产、耐用消费品等有形资产。那么，在各种资产中，货币与其他有形资产之间按何种比例分割，取决于各种有形资产的预期报酬率。通常，它们的预期报酬率越高，人们愿意持有的货币就越少。因为这时人们用其他有形资产的形式来代替货币的形式保存财富，对自己更为有利。

第四，其他影响货币需求的因素，例如个人偏好等，用变量 U 表示。

如果令 $\lambda=\dfrac{1}{Y}$，则弗里德曼的货币需求方程式将变化为

$$\frac{M}{Y} = f\left(r_{\mathrm{b}}, r_{\mathrm{e}}, r_{\mathrm{p}}, \omega, \frac{P}{Y}, u\right)$$

式中，$\dfrac{M}{Y}$为货币的流通速度。利用货币流通速度的定义，则上式可写为

$$Y = Py = V(r_{\mathrm{b}}, r_{\mathrm{e}}, r_{\mathrm{p}}, \omega, y, u)\cdot M$$

式中，$V(r_{\mathrm{b}}, r_{\mathrm{e}}, r_{\mathrm{p}}, \omega, y, u)=\dfrac{1}{f(r_{\mathrm{b}}, r_{\mathrm{e}}, r_{\mathrm{p}}, \omega, y, u)}$为货币流通速度。

弗里德曼强调，新货币数量论认为速度 V 不是不变的常数，而是决定它的其他几个数目有限的变量的稳定函数。即虽然 V 经常变动，但其变动并不是任意的，而是由其他一些变量决定的。货币主义既维持传统货币数量论关于 V 在长期中不变的数量这一观点，又认为 V 在短期可以做出轻微的波动。

2. 自然率假说

自然失业率的概念是弗里德曼在 1967 年美国经济学会第 80 届年会的会长演说(题为《货币政策的作用》)中提出的。所谓自然失业率，便是自然失业(包括自愿失业或摩擦性失业和结构性失业)人数占全体劳动力总数的比率。按照自然率假说，在没有货币因素干扰的情况下，当劳动力市场在竞争条件下达到均衡时，由于市场的不完全性、需求和供给的随机变化、获得有关工作空位和可利用的劳动力的情报的费用、劳动力的流动费用等因素的作用，导致并不是所有的工人都已就业，有的认为现行的工资低而不愿意就业(自愿失业)，有的则进行工作变动而没有就业(摩擦性失业)，有的则是由于经济结构的变化处于失业状态(结构性失业)，而此时的失业率就是自然失业率。弗里德曼认为，旨在使失业率低于自然失业率的货币政策措施，只在短期内有效，且必须以不断恶化的通货膨胀为代价，而在长期中，这种政策不会成功。这主

要是因为在弗里德曼看来,菲利普斯曲线所反映的通货膨胀和失业率之间的交替关系,只有在短期内才存在,在长期中是不能成立的。也就是说,短期内可以通过货币政策以不断恶化的通货膨胀为代价,把失业率人为地维持在自然率以下,但在长期中,这种政策只能导致通货膨胀的加剧,而不能降低失业率。

二、货币主义的主要观点

货币主义在上述理论基础上,形成了以下几个理论观点。

1. 货币供给对名义收入变动的决定作用

从弗里德曼的货币需求方程式可以看出,由于货币流通速度 V 只可以在短期内做出轻微的调整而在长期中是不变的数值,货币供给量 M 是影响名义收入 Y 的决定性因素,即货币数量是货币收入波动的主要原因。而货币供给量 M 完全取决于货币当局的决策和银行制度。

2. 通货膨胀归根到底是一种货币现象

从长期看,货币数量的作用主要在于影响价格以及其他用货币表示的量(如货币工资等),而不能影响就业量和实际国民收入。弗里德曼认为,就业量和实际国民收入是由技术水平、资源数量等非货币因素决定的,因此在弗里德曼的货币需求方程式中,实际国民收入 y 与货币供给量 M 无关。同时,货币流通速度 V 在长期中又是一个常数,货币数量 M 能影响的是价格和由货币所表示的变量。因此,通货膨胀归根到底是一种货币现象。

3. 在短期内,货币数量的变动影响就业量和实际国民收入

货币主义的两个理论基础都支持货币在短期内影响实际变量的说法。首先,根据新货币数量论,货币流通速度 V 在短期内可以微量变动;其次,根据自然率假说,货币政策所导致的通货膨胀在短期内可以增加就业量和实际国民收入。

4. 反对国家过多干预经济,认为私人经济具有自身内在稳定性

该观点的理论基础是自然率假说。按照自然率假说,市场的自发力量具有使经济自然而然地趋向均衡的作用。因此,市场机制仍然是调节资源合理配置的有效工具。尽管各种随机扰动将使经济出现短期波动,但经济本身仍具有长期均衡的趋势。在他们看来,第二次世界大战后资本主义经济的大波动大多数是由于政府采取了旨在干预经济的错误财政金融政策造成的,因为这些政策干扰了市场机制的作用,从而导致经济失衡。

三、货币主义的影响

货币主义的理论曾一度在西方具有相当大的影响。其政策主张主要体现在力主单一规则货币政策和尽量避免国家干预。货币主义的这些主张在 1979 年撒切尔夫人出任英国首相时得到了充分实施。撒切尔夫人上任后,就实施了紧缩信贷,严格控制货币增长率,大幅度削减财政支出,改革税收制度,采取多项削弱或消除政府干预的措施,这些都是根据货币主义理论开出的政策药方。美国的里根总统上台后提出的“经济复兴计划”中,把制定一种稳定货币增长政策作为主要项目,也是深受货币主义理论影响的体现。英国《经济学家》杂志 1977 年 7 月

2 日报道说，“货币供给量的增长目标现正成为国际风尚”。

此外，货币主义主张自由放任和反对国家干预的观点使它成为当时流行于西方的新自由主义思潮的一个组成部分。

然而，实行货币主义的经济政策的后果却是 20 世纪 80 年代初西方各国经济的持续衰退。这时货币主义理论及其政策主张某些局限性的一个证明。时过境迁，目前货币主义在经济政策上的影响已经非常有限了。

第四节　理性预期学派

理性预期学派作为凯恩斯主义的一个对立学派，发端于 20 世纪 60 年代，形成于 70 年代，最早出现在美国。该学派的理论观点和政策主张与货币主义有着密切的联系，甚至是货币主义的引申和发展。

美国经济学家穆思于 1961 年在美国《经济计量学》杂志上发表了《理性预期和价格变动理论》一文，首次提出来“理性预期”的概念。不过，这一概念在当时并未引起经济学家们的太多关注。20 世纪 70 年代，美国芝加哥大学的经济学教授卢卡斯连续发表关于稳定性经济政策的论文，并将理性预期概念运用其中，从而在美国逐渐形成了以卢卡斯、萨金特和华莱士为主要代表人物的理性预期学派。

理性预期学派的出现在西方经济学界引起了较大的震动。至 20 世纪 80 年代，理性预期的概念已被广泛接受。由于理性预期学派的基本政策主张与坚持新古典经济学理论主张的货币主义和供给学派大致相类似，也由于理性预期学派在 20 世纪 80 年代以来出现了重要发展，原来的名称不足以体现该学派的全部特色，于是，在实践中形成了今天的新古典宏观经济学派。新古典宏观经济学派以原先的理性预期学派为主体，逐渐融合了货币主义和供给学派的相关内容，内涵变得更加丰富。

一、理性预期学派的基本假说

理性预期学派的理论依赖于四个假说。

1. 个体经济利益最大化假说

理性预期学派认为，宏观经济现象是个体经济行为的结果。宏观经济理论必须具有微观理论的基础，要符合人们追求个体经济利益最大化这个微观经济学的基本假定。

2. 市场出清假说

来源于古典经济学的市场出清假说意味着价格和工资都具有充分的弹性，当产品市场和劳动市场出现暂时的供求失衡时，价格和工资可以根据供求状况做出迅速调整。因此，每个市场都会处于或趋向于供求相等的一般均衡状态。

3. 理性预期假说

经济学中对预期问题很早就有涉及。例如关于价格预期的“蛛网理论”、凯恩斯的“对资本资产未来收益的预期”等都包含着预期的因素。经济学中的预期是指经济当事人对经济变量

（如价格、利率、利润或收入等）在未来的变动方向和变动幅度的一种事前估计。预期作为经济当事人活动的特征，支配着他们的现实行为。

穆思认为，在理性预期概念产生之前，经济理论研究中所涉及的预期理论，可以分为三类，这里以价格预期为例加以说明。首先是静态预期。这种预期是假定经济活动的主体（企业或个人）完全按照过去已经发生过的情况来估计和判断未来的经济形势。例如把上一期的实际价格看作现期的预期价格，即认为价格是固定不变的。其次是外推型预期。这种预期表示，人们形成第 n 期的预期价格时，不仅要依据上一期实际价格，而且要考虑到上一期的实际价格与其前一期的实际价格相比较的变动幅度，这种预期虽然已把价格看成变动的，但还是单纯地把过去的实际价格变动情况完全当成是今后也将出现的情况。第三是适应性预期。这种预期表明，人们在形成对现期的预期价格时，要考虑到上一期的预期误差，上一期预期价格高于实际价格时，现期预期价格下降；反之，上一期预期价格低于实际价格时，现期预期价格上升。显然，适应性预期已不是简单地依赖于过去的实际价格，比外推型预期又前进了一步。然而，穆思认为，上述三种类型的预期都存在着一个共同的缺点，即人们只是处于被动的地位，只能根据过去的经验对未来做出判断，而把当前一切可供利用的信息以及他们对政府政策效应的知识统统排除在预期形成机制之外。因此，这些预期假说都不合乎理性。

穆思认为，信息是一种资源，追求利益最大化的经济主体在做出预期时会充分利用这种资源，而不会浪费它。他们总是设法利用一切可获得的信息（过去的、现在的）来对所关心的经济变量在未来变动情况做出尽可能准确的预测，这种预期才是合乎理性的。1961 年，穆思在《理性预期与价格变动理论》一文中给理性预期概念做出了明确的规定。他在该文中写道："由于预期是对未来事件有根据的预测，所以与有关的经济理论的预测本质上是一样的。我们把这种预期叫做'理性'预期。"综合来说，所谓理性预期，是指在有效地利用一切信息的前提下对经济变量做出的、在长期中平均来说最为准确的，而又与所使用的经济理论、模型相一致的预期。理性预期包含三层意思。第一，做出经济决策的经济主体是理性的。为了追求自身的最大经济利益，他们总是力求对未来做出最正确的预期。第二，为了做出正确的预期，经济主体总是会力图得到有关的一切信息，其中包括反映经济变量之间因果关系的系统知识（当然包括有关的经济理论和模型在内）和有关的资料数据。第三，经济主体在预期时不会犯系统性的错误。它会随时随地根据所得到的新信息来修正其预期值的错误。因此，从整体上和长期中来看，理性预期对某一经济变量的未来预期值与未来的实际值是基本一致的。所以，理性预期是指，在长期中，人们会准确地预测到趋向于实际数值的经济变量的值。

4. 自然率假说

理性预期学派同意货币主义对自然率假说的阐述，并将其含义加以引申，因此自然率假说也成为理性预期学派的理论基础之一。由此可见，理性预期学派是货币主义学派的一个发展。

理性预期学派认为，有效的政策必须通过它对预期通货膨胀率与实际通货膨胀率的差额的影响来造成幻觉，使人们具有错误的看法，否则，就业量等于自然率。因此，宏观经济政策要想有效，必须具有欺骗性。

二、理性预期学派的政策主张

理性预期学派认为，如果经济不反复遭受政府的冲击，基本上就会是稳定的。凯恩斯主义所主张的干预经济征税的财政政策和货币政策(所谓"积极行动主义的宏观经济政策")能够生效的前提是：政府可以出其不意地实行某种政策以影响经济生活，即政府总是比公众高明。

理性预期学派在批判凯恩斯主义的"积极行动主义的宏观经济政策"时，主要提出了三点看法：

第一，凯恩斯主义经济政策在抵消产量、就业或其经济总量的波动方面是不会取得任何成效的，在某些场合它们也许能在一定程度上影响经济生活，但它们不可能克服经济周期。

第二，凯恩斯主义经济政策的结果大部分是不确定的，而任何一种经济理论都明确地告诫人们，政策的结果确定性越小，实施政策就越要小心谨慎，因为任何一项错误的政策都会将事情弄得很糟。同时，政策的制定更加需要从容不迫，步子更要谨慎，决不能用那些曾经使用过的大规模的措施去刺激经济增长。

第三，对于许多凯恩斯主义经济政策，即使知道它将会产生的结果，我们仍然无法判断这种结果是否符合公众的意愿。根据凯恩斯主义的方法来制定政策的人无法让经济中的个人去选择自认为有良好结果的政策，他们是被迫选择这些政策的。其结果是：除非人们的偏好恰好与政策制定者的规定相配合，否则这些经济政策很可能使人们的处境普遍地变得更糟糕。

理性预期学派提出政府干预只能引起经济的混乱。为保持经济稳定，唯一有效的办法就是尽量减少政府对经济的干预，充分发挥市场的调节作用，因为市场比任何模型都聪明。

政府的任务只是在于为私人经济活动提供一个稳定的可以使人们充分了解的环境，为了做到这一点，需要的是稳定的政策，而不是积极行动主义政策。

第五节 供给学派

供给学派是20世纪70年代后期在美国兴起的又一个与凯恩斯主义相对立的经济学流派，其基本主张的提出者是罗伯特·蒙代尔。1971年，加拿大籍美国经济学家罗伯特·蒙代尔对美国政府通过增加税收抑制通货膨胀的做法提出了批评。他认为，政府一方面应该紧缩货币供给量以抑制通货膨胀，另一方面应该减税，以刺激经济增长，并且他认为减税未必会减少政府的税收。这些都是供给学派的基本思想。因此，罗伯特·蒙代尔被称为"供给学派的先驱者"。

总体来讲，供给学派在理论上是比较薄弱的，它只是偏重经济政策的一个流派。在供给学派内部大体上还可以分为两个分支：一个是"激进的供给学派"；另一个是"温和的供给学派"。人们一般把"激进的供给学派"作为供给学派的代表。

"激进供给学派"的最主要代表人物是南加利福尼亚大学的阿瑟·拉弗。在里根执政期间，拉弗成为了总统经济顾问委员会成员，他提出的"拉弗曲线"被看作是供给学派的思想精髓。此外，该派的代表人物还有裘德·万尼斯基、乔治·吉尔德等人。

一、供给学派的主要观点

1. 否定凯恩斯主义，肯定萨伊定律

在"凯恩斯革命"以前，西方经济理论信奉萨伊定律。所谓萨伊定律，是指在充分就业的自由市场经济条件下，商品和劳务的供给能够创造出自己的需求。根据萨伊定律，经济不会发生严重的购买力不足的情况，市场的自动调节能够使经济达到充分就业。

供给学派认为，凯恩斯主义的经济理论无非是与萨伊的"供给自行创造需求"相对应的一种"需求自行创造供给"的理论。他们认为，当今的美国经济与凯恩斯当时的大萧条情况不同，需求的增长不一定会造成实际产量的增长，而只能单纯增加货币数量，引起通货膨胀，使储蓄率和投资率放慢，技术变革延迟。

在否定凯恩斯主义的同时，供给学派坚持萨伊定律是完全正确的。在他们看来，供给是需求的唯一可靠的源泉，没有供给就没有需求；没有出售产品的收入，就没有可以用来购买商品的支出。在充分自由的市场经济条件下，利率的下降会使储蓄全部转化为投资，这样就不会产生资本品的需求不足和过度需求的问题。因此，只要根据萨伊定律，制定一系列的"供给管理政策"来刺激储蓄，储蓄便会自动转化为投资，而投资增长就会促进经济增长。这样，既实现了充分就业的均衡，又避免了通货膨胀的发生。进而，供给学派认为，经济学研究的主要问题应该是决定供给的因素是什么，以及如何促进生产增长和怎样消除阻碍生产增长因素的问题。

2. 生产要素的投入和激励以及生产率的增长决定产量增长

供给学派认为，产量是劳动力、资本等生产要素投入的直接结果。而在各种要素中，他们认为资本是最重要的，生产率的增长主要决定于投资规模。他们通过比较发现，凡是储蓄比率和投资比率高的国家，例如日本、法国、联邦德国，生产率增长和生产增长都要快一些，从而证明储蓄和投资是生产增长的最重要的因素。

同时，供给学派认为，个人和企业作为经济主体都会对各种激励敏感地做出反应，即经济主体的行为取决于各种激励。他们会为积极性的激励所吸引，并且避开消极性的激励。因此，要促进生产增长，政府就要着眼于对经济主体的经济行为的激励，分析各种激励对经济的供给效应。

3. 高税率阻碍经济增长

经济主体进行经济活动的最终动力是获取报酬和利润。但此处指的并非是名义上的报酬和利润，而是除去各种税费以后的报酬和利润。因此，税率特别是边际税率，是激励经济主体从事经济活动的一个至关重要的因素。边际税率是指增加的收入中纳税部分所占的比例。经济主体在考虑是否增加经济活动时，主要看增加活动所带来的净收入是多少。供给学派认为，高税率对经济带来了很大的危害，他们从以下几个方面进行了分析：

第一，高税率特别是高的边际税率是妨碍人们工作积极性和造成劳动生产率下降的重要原因之一。当边际税率很高时，多劳动所得的收入需要按照更高的税率纳税，实际收入就很少，从而改变了劳动和不劳动(闲暇)之间的相对价格，闲暇的价格相对降低了。这样，人们就不愿意加班加点努力工作、积极学习和提高技能以多挣工资，最终导致劳动生产率的下降。另外，从企业主的角度来看，税率的提高将使他停产或进行较低水平的经济活动，社会甚至会失去这个企业的全部产品，因此降低了生产率。

第二，很高的边际税率是导致储蓄和投资供给不足、经济增长停滞不前的根本原因。首先，边际税率很高，降低了纳税后的投资收益，从而改变了现在消费和将来消费(投资)之间的相对价格。用于消费的价格就变得低廉，用于投资和储蓄的价格相对提高，从而鼓励人们多消费、少投资和储蓄。其次，高边际税率还会引起资本外流，流向边际税率低的国家和地区。供给学派认为，在各种要素中资本是最重要的，生产率的增长主要决定于投资规模，因此，高的边际税率导致资本的减少，最终必然导致经济增长停滞不前。

第三，过高的边际税率不仅阻碍了个人和企业的财富积累，更重要的是它使个人投资者的革新、发明、创造的动力丧失殆尽，这是经济增长和社会进步的最大危害。吉尔德断言："在任何经济制度中创造性和主动性的主要来源都是个人投资者。经济不会自行增长，也不能靠政府的影响而发展起来。经济是由于对人们的事业心，即甘冒风险，把设想变成垄断，把垄断变成工业，并在知道得到什么回报之前就给予的这种意愿做出反应而增长的。"

4. 拉弗曲线

供给学派认为，边际税率的高低和税收量的大小不一定按同一方向变化，甚至还有可能按相反方向变化。为此，供给学派用拉弗曲线来说明这一命题。拉弗曲线是说明税率和税收之间的关系以及减税在经济增长中的作用的曲线，如图 10－1 所示。图中，纵轴表示税率，横轴表示税收量。拉弗曲线实际包含这样一个含义，即"总是存在着能产生同样税收收益的两种税率"。

图 10－1 表明，如果税率为零，则政府税收收入为零。但是，当税率为 100％时，由于人们的全部经济活动收入都会被政府以税收的形式拿走，人们就不再工作和从事经济活动了。这样，即便税率是 100％，可是没有供征税的收入，政府的税收收入仍然为零。供给学派认为，高的边际税率不但会减少人们从事正常经济活动的动力，还会促使人们从事地下经济活动，偷税漏税，其后果是减少了政府的税收收入。与此相反，边际税率的降低可以防止偷税漏税，鼓励人们从事正常的经济活动，从而会增加政府的税收收入。在拉弗曲线上，当税率处于一个特定区域（如图中的 OF 范围内）时，随着税率的增加，政府的税收收入也会随之增加；当税率超过这一区域，进入更高的税率区域（如图中的 FG 范围内）时，随着税率的提高，政府的税收收入反而会随之减少。

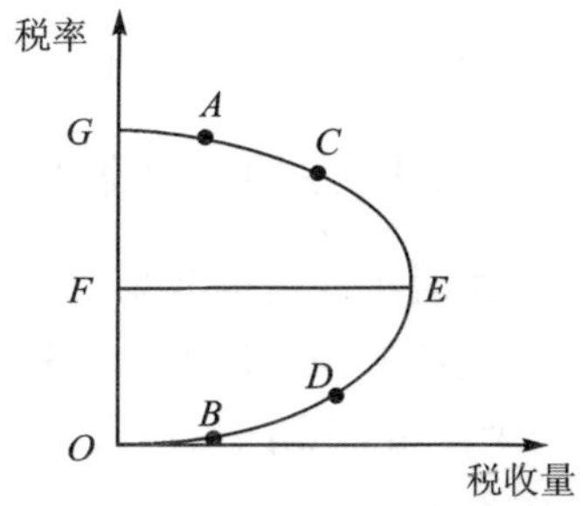

图 10－1　拉弗曲线

二、供给学派的政策主张

供给学派的政策主张主要包括：减税、削减社会福利支出、精减规章制度等。

1. 减　税

边际税率是供给学派经济理论的中心，降低边际税率也就成为供给学派经济政策主张的核心内容。供给学派的经济学家认为，20 世纪 70 年代美国的税率水平恰好处于上述拉弗曲线的 FG 范围内，高税率是美国储蓄率和投资率下降、劳动供给减少、偷税漏税严重和地下经济盛行的原因，所以应该实行大幅度的减税政策，而且减税并不会减少政府的财政收入。

供给学派提出的减税不同于凯恩斯主义者的减税政策。凯恩斯主义的减税政策重点是削减平均税率以增加低收入阶层的消费需求，而供给学派的减税政策重点是削减边际税率以增加高收入阶层储蓄和投资的能力。此外，供给学派主张的减税不是凯恩斯主义相机抉择（根据情况变化而制定的）暂时的减税，而是大规模的持久的减税。

供给学派认为,减税还有抑制通货膨胀的作用。他们根据传统的货币数量公式 $MV=Py$ 指出:在货币数量 M 和流通速度 V 不变时,提高税率会使总产量 y 下降,价格水平 P 就会上升;如果降低税率使 y 上升,价格水平 P 就会下降。这就是说,增税会产生通货膨胀效应,而减税会产生抑制通货膨胀的效应。

2. 减少社会福利支出

供给学派认为减少社会福利支出是促进供给增长的又一重要措施。但他们声称,削减支出的目的不是为了要弥补因减税而造成的政府收入的减少,而是为了减少政府对经济的干预,充分发挥市场机制的作用。供给学派认为,私人经济部门的效率要比公共部门活动的效率高,因而减少政府支出可以避免由此而造成的对私人经济部门的挤出效应。

但是,供给学派所要削减的不是政府支出中的政府购买,而是政府支出中的政府转移支付,如社会福利的支出。供给学派认为,庞大的社会福利支出,需要有相应的社会福利机构和众多的管理人员以及烦琐的管理制度。这些不仅会造成社会财富的巨大浪费,还会助长官僚主义弊端。更为严重的是,庞大的社会福利支出削弱了人们工作和储蓄的热情,扼杀了人们的竞争力和独创性,使人们产生了依赖政府的思想,阻碍生产的发展。

3. 减少限制性的规章制度

供给学派对于政府的各项规章制度,并不是主张完全取消,只是主张要精减那些束缚企业主动性和积极性的规章制度。他们认为,第二次世界大战后的美国政府所制定的许多法令、规章,例如关于价格、工资、生产安全等方面的法规条例,加重了企业的负担,增加了产品的成本,削减了产品在国际市场上的竞争力。

供给学派认为,经济自由的实质在于冒险、创业、进步精神的维持。政府管制越少,私人经济运行就越有效率,他们敦促政府要减少限制性的规章制度,让企业尽量自由地经营,让企业家精神得以充分发挥。

三、供给学派的影响

供给学派的经济理论曾经是美国里根政府制定经济政策的主要依据之一。1981 年里根上任后不久便向国会提交了“经济复兴计划”,这其中就体现了供给学派的政策主张。主要表现在以下四个方面:

① 削减个人所得税和企业税率。

② 削减联邦政府开支,减少预算赤字,逐年平衡预算。

③ 放宽和取消政府对企业的一些限制性的规章制度。

④ 控制货币信贷,推行有节制的稳健的货币供给政策。

不过,供给学派是一个 20 世纪西方经济学中昙花一现的学派。由于该学派在理论上没有多少吸引人的内容,而且在政策方面也没有取得显著的成效,随着里根的卸任,该学派的影响也就逐渐消失了。

第六节　新古典宏观经济学和新凯恩斯主义经济学

本节对目前西方宏观经济理论中两个有影响的理论流派，即新古典宏观经济学和新凯恩斯主义经济学的主要异同点作一个简单介绍，使读者能够把握西方宏观经济理论在目前的进展情况。

一、新古典宏观经济学与新凯恩斯主义经济学概述

新古典宏观经济学派的发展大体上经历了两个阶段：第一阶段为 20 世纪 70 年代的理性预期学派。主要代表人物有卢卡斯、萨金特和华莱士等人。他们提出了理性预期假说，把古典经济学的最大化原则引入了宏观经济学中，试图为宏观经济学提供一个微观基础；提出货币经济周期理论；提出货币政策无效性命题等。第二阶段为 20 世纪 80 年代，主要代表人物有巴罗、基得兰德等人。他们提出了实际经济周期理论以及政策无效性命题等。

在经历了 20 世纪 70 年代西方经济的“滞胀”局面的现实挑战，以及由此带来的对以美国“新古典综合派”为代表的凯恩斯主义经济学的责难之后，20 世纪 80 年代出现了一个主张政府干预经济的新学派，这就是新凯恩斯主义经济学派。这个学派的出现及其以后的迅速发展，似乎使人们在反对政府干预经济的自由主义思潮席卷西方宏观经济学领域之时，看到了凯恩斯主义经济学重振雄风的希望。新凯恩斯主义是一个松散的联盟，他们沿袭了凯恩斯主义的传统，否定市场总是出清的说法，同时弥补了凯恩斯主义理论的不足，强调对市场失灵微观原因的探讨。新凯恩斯主义的主要成员有格雷高里・曼昆、约瑟夫・斯蒂格利茨等人。

二、两个流派在基本假设上的分歧

新古典宏观经济学和新凯恩斯主义经济学在基本假设方面的分歧主要表现在以下两个方面，即市场出清假设和理性预期假设。

1. 关于市场出清与否的分歧

新古典宏观经济学家认为，工资和价格具有充分的弹性，可以迅速调整。这样，随着工资和价格的不断调整，供给量和需求量就会相等，市场连续处于均衡状态，即市场被连续出清。总之，新古典宏观经济学家把表示供给量和需求量相等的均衡看作市场经常处于的一种状态。

相反，新凯恩斯主义则认为，工资和价格具有粘性，当经济出现需求扰动时，它们不能够迅速调整到使市场出清。缓慢的工资和价格调整使经济回到实际产量等于正常产量的状态需要一个很长的过程，而在这一调整过程中，经济处于供求不等的非均衡状态。

2. 关于理性预期假设上的分歧

新古典宏观经济学关于理性预期的假设，在之前已经进行了详细的论述，在此不再赘述。新凯恩斯主义一般并不反对理性预期假说，他们中的多数人接受了这一假说并力图把它纳入到新凯恩斯主义的宏观经济模型中。但是新凯恩斯主义理性预期的概念又不同于新古典宏观经济学派的“理性预期”。新古典宏观经济学派认为，由于公众的理性预期，政府的政策是无效的；而新凯恩斯主义使用理性预期的概念，认为由于市场不完全和信息不对称，公众的理性预

期通常受到限制,致使政府政策效力大于与传统静态预期相联系的政策效力。总的来看,理性限制性预期概念的引入增加了而不是削弱了政府政策的效力。

三、两个流派在解释经济波动方面的分歧

新古典宏观经济学和新凯恩斯主义经济学在解释经济波动方面的分歧在于,前者试图用实际因素从供给扰动方面解释宏观经济波动,后者则用货币因素从需求扰动方面解释宏观经济波动。

1. 新古典宏观经济学对宏观经济波动的解释

新古典宏观经济学家认为,经济波动主要是由意料之外的实际经济方面的原因造成的,因而他们提出了实际经济周期理论。在他们看来,宏观经济会受到一些实际因素的冲击,例如石油危机、农业歉收、战争、人口增减和技术革新等。虽然冲击经济的因素是多种多样的,但是它们引起经济波动的途径却是有限的,最主要的是技术方面。

实际经济周期理论认为,在人口和劳动力固定的情况下,一个经济中所产生的实际收入便取决于技术和资本存量,从而总量生产函数可以表示为

$$y = zf(k)$$

式中,y 为实际收入;k 为资本存量;z 为技术状况。于是生产中的技术变动反映在 z 值发生的变化上,z 值的变动表现为生产函数的变动。假定资本折旧率为 δ,于是没有被折旧的资本存量为$(1-\delta)k$,那么在所考察时期的期末,经济中的可供利用资源为当期的产量加上没有折旧的资本存量,即 $zf(k)+(1-\delta)k$。

图 10-2 给出了生产函数和资源函数。图中,横轴 k 为资本存量,纵轴 J 表示这样几个变量,即实际收入、消费、下期的资本存量和投资。总资源函数为 $zf(k)+(1-\delta)k$。图中向右下方倾斜的直线为经济中的约束线(又称消费和资本积累可能线),它反映消费和积累的关系,当期供消费的最大量为当期收入加上未折旧的资本量,如果这个量被消费掉,则下一期将没有资本存量。易知约束线的斜率为-1,因为下一期每单位额外资本存量的增加正好来自于当期每单位消费量的减少。在约束线上的每一点可供经济社会选择。假定约束线上的 A 点代表经济的稳定状态。这时下期资本存量为 k_0,投资为 i_0,消费为 C_0,实际收入为 y_0。如果资本存量 k_0 保持不变以及生产函数(从而总资源曲线)不发生变动,则消费、投资和实际收入将会重复下去。

下面再用图 10-3 来说明实际经济周期理论对宏观经济波动的解释。

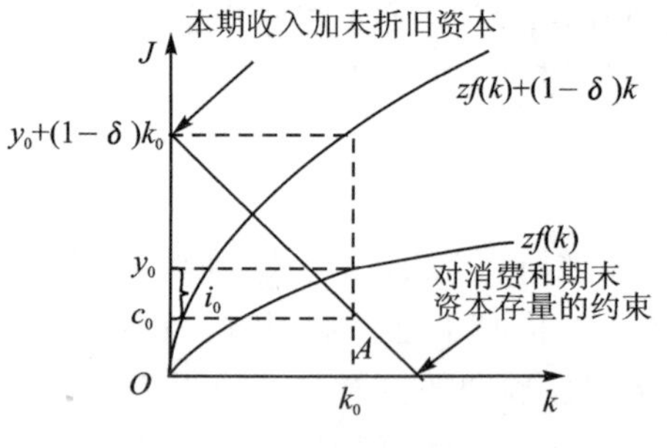

图 10-2　生产函数和资源函数

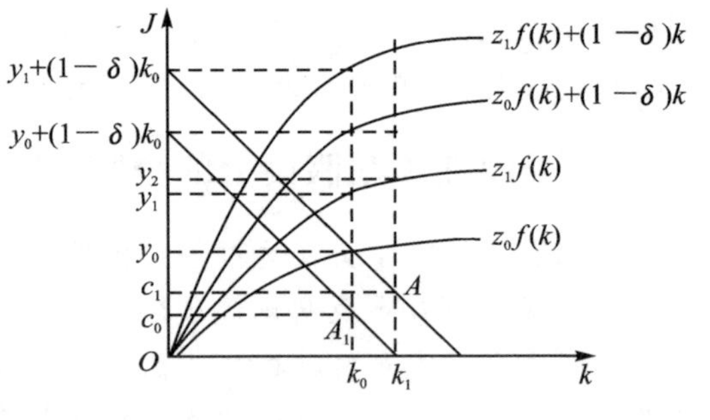

图 10-3　实际经济周期理论对宏观经济波动的解释

经济原来的稳定状态为图中的 A_1 点，现在假定由于技术进步使 z 值从 z_0 增加到 z_1，则生产函数和总资源函数曲线向上移动。原有的资本存量为 k_0，产量增加到 y_1，总资源增加到 $y_1+(1-\delta)k_0$，从而使下期的消费和资本积累相应地增加，这表现为约束线向右移动。如果新约束线上的 A' 是被经济社会所选择之点，则资本存量增加到 k_1，消费上升到 c_1，实际收入进一步增加到 y_2。如果没有进一步的技术变化，则经济随着总资源的增长，会继续扩张直至达到新的稳定状态，在新的稳定状态下，将有更高的消费和资本存量以及更高的实际收入。以上便是新古典宏观经济学的实际经济周期理论对经济波动的解释。

2. 新凯恩斯主义经济学对宏观经济波动的解释

价格粘性是凯恩斯主义的基本信条之一，新凯恩斯主义坚持和发展了这一信条。价格粘性是指价格不能随着总需求的变动而迅速变化。其重要性在于它可以转换为市场是否出清的问题。为此，新凯恩斯主义经济学区分了名义粘性和实际粘性。

如果名义工资和名义价格不能按照需求的变动而相应变动，就存在名义粘性。和名义粘性不同，实际粘性是一种工资相对于另一种工资的粘性，一种工资相对于另一种价格的粘性，以及一种价格相对于另一种价格的粘性。新凯恩斯主义经济学对名义粘性和实际粘性提出了形形色色的理论说明。对于名义价格粘性，他们将其归因于产品市场上的不完全竞争。对于实际价格粘性，他们认为主要起因于企业的成本加成定价。新凯恩斯主义经济学解释名义工资粘性的理论有“菜单成本论”、“长期劳动合同论”等，解释实际工资粘性的有“隐含合同论”、“不对称信息论”、“局内局外利益论”、“效率工资论”等。为了说明新凯恩斯主义经济学对宏观经济波动的解释，这里着重阐述“长期劳动合同论”。

在西方国家中，工资合同有具体期限，而且一般又不短暂。例如在美国，许多重要的行业（汽车、钢铁、建筑、航空等）是高度工会化的，在这些高度工会化的行业中，劳资双方一般签订为期三年或不同期限的劳动合同。而一些非工会化的行业（服装、餐饮、零售）往往效仿工会化行业订立劳动合同。这就造成了每三年谈判一次工资的周期。但是不同厂商或行业的合同的谈判和签订不是同步的，而一般是分开进行的。现实情况往往是：一批工资合同正在执行中，另一批工资合同已经到达期限，还有一些工资合同已经执行了四分之三的期限等。在三年的周期中，每年都会有新的合同签订，也有合同期满。劳资双方在签订劳动合同时要对影响工资谈判的因素进行调查，这些因素主要包括：预期的劳动生产率、生产增长率、通货膨胀率、失业率和其他可比工人的工资等，因而谈判要花费一定的成本。如果谈判破裂出现罢工等事件，由此给双方带来的损失就会更大。可见，长期劳动合同对厂商和对工人都是有利的，可以降低谈判成本，减少罢工次数。所以，追求利益最大化的厂商和工人都愿意通过谈判签订为期几年的长期劳动合同，以便预先规定厂商和工人的未来行为。结果，不但合同期内工资固定，合同到期后，工资也受未到期合同工资固定的影响而不能迅速充分地调整，从而排除了工资适应条件变化而迅速调整的可能性。

为了解释宏观经济波动，有必要先介绍新凯恩斯主义的短期总供给曲线。新凯恩斯主义的短期总供给曲线可以如图 10－4 所示推导出来。

其中，图(a)中的 N_d 和 N_s 依次表示劳动的需求曲线和供给曲线，它们都是实际工资 $\frac{W}{P}$ 的函数。然而事实上，厂商所支付的和劳动者所得到的只是货币工资。因此，劳动的需求和供给两方面都必须使用一定的价格指数 P 去除货币工资才能得到实际工资 $\frac{W}{P}$。

新凯恩斯主义者认为,厂商在决定它所支付的实际工资的高低时,应该用该厂商的产品价格去除货币工资。因为根据微观经济学的生产理论,对于厂商而言,只要劳动的边际产量(代表劳动给厂商带来的利益)大于它为了这一劳动而必须支付的成本(劳动的实际工资),它便会增加雇佣的劳动一直到代表利益的边际产量与代表成本的实际工资相等时为止。即每一位厂商都会用所生产产品的实际价格去衡量所支付的实际工资。这样从整个经济社会的角度去看,厂商整体必然会用实际存在的价格指数或价格水平 P 去计算实际工资。图(a)中的 N_s 当然也是实际工资 $\frac{W}{P}$ 的函数。在劳动者用什么样的 P 去衡量实际工资 $\frac{W}{P}$ 的问题上,新凯恩斯主义和理性预期学派(也是新古典宏观经济学)都一致认为,劳动的供给曲线所使用的 P 是预期价格 P_e,因为劳动者不如厂商集体那样能够准确地知道实际价格水平,他们所使用的只能是在签订合同时所预期的价格 P_e。

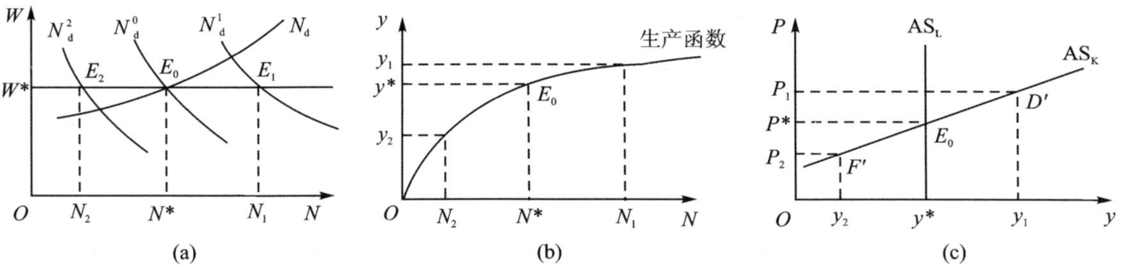

图 10-4 新凯恩斯主义短期总供给曲线的推导

根据一定的 P_e,工会代表劳动者与厂商通过谈判达成工资协议,协议规定了货币工资 W 为多少。通过上述有关粘性工资理论(“长期劳动合同论”)的介绍,我们知道,协议生效后,不论客观情况如何,双方都会遵守协议,那么在合同期内,根据 P_e 而决定的 W 是粘着不变的。但在同一时期内,市场的实际价格水平却是经常变动的,而厂商又按照实施价格 P 来决定对劳动的需求。如果 P 正好等于 P_e,如图(a)中的 N_s 所示,而 N_d^0 是根据与 P_e 相等的 P^* 而作出的劳动需求曲线。由于 $P=P_e$,所以 N_s 和 N_d^0 相交于 E_0 点。该点表示的价格水平 P 和就业量 N_d^0 依次为 P^* 和充分就业量 N^*。将其代入生产函数可得图(b)中的 E_0 点,从而相应的充分就业量为 y^*,于是在图(c)中可找到与 P^* 和 y^* 相对应的点 E_0。E_0 点便是新凯恩斯主义短期总供给曲线上的一点。

新凯恩斯主义者认为,厂商雇佣劳动的数量取决于 W 和 N_d 的共同作用。假设在工资合同期内,价格水平从 P^* 上升到 P_1,这时图 10-4(a)中的劳动需求曲线从 N_d^0 移动到 N_d^1。由于工资水平 W^* 已为合同所规定,无法改变,为了实现最大利润,厂商只能根据既定的货币工资 W^* 和新的劳动需求曲线 N_d^1 来决定雇佣的劳动数量。由图 10-4(a)可知,这时厂商实际雇佣的劳动数量为 N_1,从而产出数量为 y_1。在图 10-4(c)中可得到与 P_1 和 y_1 相对应的点 D'。如果实际的价格水平为 P_2,则 N_d 曲线处于图(a)中的 N_d^2 的位置。按照同样的方法便可找到 N_d^2 和 W^* 两线交点 E_2 所决定的 N_2,于是在图(c)中又得到 F'点。

可见,根据在工资合同期内不同的 P 可得到不同的 N,根据这些不同的 N 便可在图(b)中得到不同的 y,从而可在图(c)中找到不同的点(如 E_0、D'、F'等),用一条光滑的曲线将这些点连在一起便得图(c)中的曲线 AS_K，这便是新凯恩斯主义的短期总供给曲线。

由上述短期总供给曲线的推导过程可知，如果货币工资降低，即图(a)中的 W^* 下移，则在同一价格水平下，由于劳动需求量将提高，从而总产出将相应增加。这意味着，如果货币工资下降，则短期总供给曲线将向右方移动。

在长期总供给曲线中，由于劳动者可以知道实际的 P 值，所以 P_e 等于实际的 P，从而劳动者可以按照实际的 P 来决定 W 为多少。因而能使 N_d 和 N_s 相交于充分就业点。新凯恩斯主义认为，长期的总供给曲线是图(c)中相当于 y^* 的垂直线 AS_L。

新凯恩斯主义者利用短期和长期总供给曲线，考察经济遭受总需求扰动(如总需求下降或上升)后回复到正常状态的过程，就此说明经济的波动过程。

四、两个流派在政策主张上的分歧

新凯恩斯主义经济学和新古典宏观经济学在政策主张上的分歧主要集中在是否赞成政府对经济的积极干预问题上。前者主张政府对经济的干预，而后者则认为政府的经济干预政策往往是无效的，反对政府对经济的积极干预。

新凯恩斯主义者认为，由于价格和工资存在粘性，经济在遭受到总需求的冲击后，从一个非充分就业的均衡状态恢复到充分就业的均衡状态是一个缓慢的过程。因此，政府实施宏观经济政策是必要的，不能等待工资和价格水平自动恢复到充分就业的均衡状态，因为这是一个长期的痛苦的过程。

新古典宏观经济学认为，宏观经济政策是无效的甚至是有害的。以卢卡斯为代表的货币经济周期理论，从不完全信息出发论证了货币政策的无效性命题。新一代的新古典宏观经济学家不满足于货币政策无效性的命题，他们将新古典主义宏观经济学的研究方法应用到财政政策分析，得到了财政政策也无效的结论。

五、宏观经济学理论研究的新趋势

经过 20 世纪下半期凯恩斯主义与货币主义的争论和新古典主义宏观经济学与新凯恩斯主义经济学的争论，宏观经济学家们在一定程度上逐渐接受了对立面的观点和方法，在一些问题上相对取得了共识，例如对菲利普斯曲线的看法，对预期基础的看法，对经济行为假定的看法等，大致上都取得了某种共识。当然，分歧还是存在的。不过西方宏观经济学流派间已经开始出现了融合的趋势。

另外，还出现了宏观经济学与微观经济学的融合趋势。新古典宏观经济学家和新凯恩斯主义经济学家通常都是从微观基础出发来说明宏观经济问题。这种研究视角的变化使得在 20 世纪 80 年代中期以来的西方经济学中，宏观经济学和微观经济学的界限变得越来越不明显。著名经济学家斯蒂格利茨在 1997 年出版的《经济学》教科书第 2 版序言中写道：“经济学界已经逐渐认识到宏观经济行为必须和其背后的微观经济学原理结合在一起，只有一套经济学原理，而不是两套。”

此外，在寻求宏观经济学微观基础过程中，经济学家开始深入研究在以往的宏观经济学研究中所忽略的一些问题，比如对经济政策的博弈论研究，新制度经济学对宏观经济学的影响，信息经济学对推动宏观经济学微观基础的研究等，这些都是目前宏观经济学深入研究的问题。

本章小结

1. 凯恩斯的《就业、利息和货币通论》建立了现代宏观经济学的系统理论,是现代宏观经济学产生的标志。凯恩斯的经济理论内容主要包括就业理论与“有效需求”原理、三个基本心理“规律”、乘数理论和经济周期理论等。凯恩斯经济学说包括紧密相连的两部分内容:一是以有效需求原理为核心的理论;二是以国家干预为核心的一整套政策主张。

2. 新古典综合派既研究市场竞争机制,也研究政府在宏观上对整个经济的干预和调节。新古典综合派建议采取多种经济政策来解决,包括 20 世纪 60 年代前期使用的通过减税、扩大政府开支和增加货币供给量来刺激投资的政策,也包括一些对财政政策和货币政策的补充措施,像收入政策、人力政策、浮动汇率政策、对外贸易管制和外汇管制政策、消费指导政策等。

3. 货币主义学派的基本理论有新货币数量论和自然率假说。该学派的主要观点有货币供给对名义收入变动具有决定作用;通货膨胀是一种货币现象;在短期内,货币数量的变动影响就业量和实际国民收入;反对国家过多干预经济,认为私人经济具有自身内在稳定性。

4. 理性预期学派的理论依赖于以下四个假说:个体经济利益最大化、市场出清、理性预期、自然率。理性预期学派提出政府干预只能引起经济的混乱。为保持经济稳定,唯一有效的办法就是尽量减少政府对经济的干预,充分发挥市场的调节作用,因为市场比任何模型都聪明。

5. 供给学派的主要观点是:否定凯恩斯主义,肯定萨伊定律;生产要素的投入和激励以及生产率的增长决定产量增长;高税率阻碍经济增长。供给学派的政策主张主要包括:减税、削减社会福利支出、精减规章制度等。

6. 新凯恩斯主义经济学和新古典宏观经济学在政策主张上的分歧主要集中在是否赞成政府对经济的积极干预问题上。前者主张政府对经济的干预,而后者则认为政府的经济干预政策往往是无效的,反对政府对经济的积极干预。

自测题

1. 古典学派与凯恩斯学派对总供给曲线和总需求曲线的理解有什么不同?
2. 凯恩斯学派与货币主义学派在经济理论上的分歧主要有哪些?
3. 理性预期理论与古典学派理论有什么异同?
4. 理性预期理论存在哪些缺陷?
5. 主流经济学派主要吸收了其他学派的哪些重要经济思想?

参 考 文 献

[1] 高鸿业.西方经济学.5版.北京:中国人民大学出版社,2011.
[2] 黎诣远.宏观经济分析.北京:清华大学出版社,2000.
[3] 宋承先.现代西方经济学.上海:复旦大学出版社,1994.
[4] 魏埙,蔡继明,等.现代西方经济学教程.天津:南开大学出版社,1992.
[5] 厉以宁.西方经济学.北京:高等教育出版社,2000.
[6] 汤敏,茅于轼.现代经济学前沿专题(第二集).北京:商务印书馆,1989.
[7] 朱善利.资源配置的效率与所有权.北京大学学报(哲学社会科学版),1992(6):47-54.
[8] 樊纲.两种改革成本与两种改革方式.经济研究,1993(1):3-15.
[9] 盛仕斌,徐海.要素价格扭曲的就业效应研究.经济研究,1999(5):66-72.
[10] 周小康.对"新古典综合"概念的重新思考.中国经济学教育科研网,http://economics.cenet.org.cn/show-1545-38778-1.html,2003-5-31.
[11] 陈东琪.对近两年宏观经济政策操作的思考.经济研究,1998(12):3-12.
[12] 魏杰.消费需求的周期性与反周期财政政策.光明日报,1998-11-20.
[13] 李京文.中国经济前景(2001).北京:团结出版社,2001.
[14] 刘小怡,夏丹阳.财政政策与货币政策.北京:中国经济出版社,2001.
[15] 孙国茂.宏观经济与资本市场.济南:山东人民出版社,2001.
[16] 巴曙松.中国货币政策有效性的经济学分析.北京:经济科学出版社,2000.
[17] 张曙光.市场化与宏观稳定.北京:社会科学文献出版社,2002.
[18] 杨伯华,等.西方经济学原理.成都:西南财经大学出版社,2003.
[19] 尹伯成.简明西方经济学教程.上海:上海人民出版社,2003.
[20] 余少谦.宏观经济分析.北京:中国金融出版社,2004.
[21] 吴易风,等.政府与市场.北京:商务印书馆,1998.
[22] [美]保罗·克鲁格曼,罗宾·韦尔斯.宏观经济学.赵英军,等译.北京:中国人民大学出版社,2009.
[23] [美]保罗·萨缪尔森,威廉·诺德豪斯.经济学.18版.萧琛,蒋景媛,译.北京:人民邮电出版社,2011.
[24] [美]戴维·罗默.高级宏观经济学.苏建,等译.北京:商务印书馆,2001.
[25] [美]戴维·柯兰德.宏观经济学.6版.胡修浩,译.上海:上海人民出版社,2008.
[26] [美]多恩布什,费希尔.宏观经济学.6版.冯晴,等译.北京:中国人民大学出版社,1998.
[27] [美]杰弗里·萨克斯.全球视角的宏观经济学.费方域,译.上海:上海三联书店,2003.
[28] [美]罗伯特·巴罗.宏观经济学:现代观点.沈志彦,等译.上海:上海人民出版社,2008.
[29] [美]罗伯特·霍尔,约翰·泰勒.宏观经济学.5版.张帆,译.北京:中国人民大学出版社,2000.
[30] [英]迈克尔·帕金.宏观经济学.5版.梁小民,译.北京:人民邮电出版社,2003.